本书由安徽工程大学校级～
"'互联网+'背景下出租车行业～
径研究"（2019YQQ021）资助出版

制度基础、行动者与路径创新
——出租车行业监管政策变迁

ZHIDU JICHU XINGDONGZHE YU LUJING CHUANGXIN
CHUZUCHE HANGYE JIANGUAN ZHENGCE BIANQIAN

路稳玲 ◎ 著

知识产权出版社
全国百佳图书出版单位
—北京—

图书在版编目 (CIP) 数据

制度基础、行动者与路径创新：出租车行业监管政策变迁 / 路稳玲著 .—北京：知识产权出版社，2022.5

ISBN 978-7-5130-8270-9

Ⅰ . ①制… Ⅱ . ①路… Ⅲ . ①出租汽车 – 运输企业 – 行业管理 – 监督管理 – 研究 – 中国　Ⅳ . ① F542

中国版本图书馆 CIP 数据核字 (2022) 第 138655 号

内容简介

本书以 1978—2019 年出租车行业监管政策为研究对象，依据历史制度主义理论构建制度 – 历史 – 行动者分析框架, 运用内容分析法、比较分析法等研究方法，依次考察了制度基础、阶段划分、具体表征、动力机制及路径态势五个关于出租车行业监管政策变迁的核心问题，阐释了出租车行业监管政策变迁的模式与过程，提出出租车行业监管政策变迁路径向上下融合型变迁路径转变的观点，以此洞悉良性监管政策变迁的形成机制。

责任编辑：徐　凡　　　　　　　　　　责任印制：孙婷婷

制度基础、行动者与路径创新
　　——出租车行业监管政策变迁

路稳玲　著

出版发行　*知识产权出版社* 有限责任公司　　网　　址：http://www.ipph.cn
　　　　　　　　　　　　　　　　　　　　　　　　　　http://www.laichushu.com
电　　话：010-82004826
社　　址：北京市海淀区气象路 50 号院　　　　邮　　编：100081
责编电话：010-82000860 转 8533　　　　　　责编邮箱：laichushu@cnipr.com
发行电话：010-82000860 转 8101　　　　　　发行传真：010-82000893
印　　刷：北京中献拓方科技发展有限公司　　经　　销：新华书店、各大网上书店及相关专业书店
开　　本：720mm×1000mm　1/16　　　　　印　　张：14.25
版　　次：2022 年 5 月第 1 版　　　　　　　印　　次：2022 年 5 月第 1 次印刷
字　　数：232 千字　　　　　　　　　　　　定　　价：68.00 元
ISBN 978-7-5130-8270-9

前　言

　　监管政策是连接政府与市场的桥梁，是政府进行行业治理的重要工具和手段。透视监管政策变迁过程，可以呈现政策场域的发展趋势，挖掘政策要素嬗变的特点，洞悉政府与市场、社会边界勘定的机制。历史制度主义理论重视历史因素，强调政策场域内非对称的制度结构关系，认可行动者的能动性，也非常赞同理念在解决不确定性问题时的有用性和独特作用，因而是阐释监管政策变迁过程和机制的重要工具。出租车行业是我国市场化改革较早的一个行业，既经历过急速壮大的繁荣期，也有过规模稳定的闭锁期，科技创新背景下又遭遇了网约车的挑战。因此，出租车行业监管政策的发展历程蕴含着稳定和变动的双面性，是改革开放后我国监管政策变迁的一个缩影，具有典型性和代表性。通过对出租车行业 40 年来监管政策变迁历程的梳理，探析改革开放以来在特定行业领域政府与市场、政府与社会的关系走向、发展动力和发展趋势，对丰富和发展历史制度主义理论、扩展深化监管政策变迁研究具有理论意义，对推进监管政策创新、提高出租车行业政府监管的效果和效率具有现实意义。

　　本书以 1978—2019 年出租车行业监管政策为研究对象，借助文献研究方法，获取了丰富的国内外数据资料；使用历史制度主义的关键节点理论，对出租车行业监管政策变迁的阶段进行了划分；运用比较分析方法，阐述出租车行业监管政策变迁的模式；借助演绎推理和归纳分析等方法，诠释出租车行业监管政策变迁的动力；运用历史制度主义的路径依赖理论，阐明出租车行业监管政策变迁的路径、机制和当前态势。

　　具体来说，本书从以下几方面展开研究。

　　首先，本书明确了研究的背景、意义、方法和思路，对与出租车行业监管政策变迁相关的国内外研究成果进行查阅、梳理，厘清研究的核心概念。

其次，本书将历史制度主义理论作为本书的理论基础，从制度、历史、行动者三个维度出发，依据问题分析的逻辑，依照出租车行业监管政策执行的实践和文本，构建了分析出租车行业监管政策变迁的理论框架。该分析框架指出，制度是出租车行业监管政策变迁的前提，形塑着行动者的偏好和行动策略；历史反映出租车行业监管政策变迁的形式和过程，体现行动者展开活动的舞台场景；行动者是推动监管政策变迁的根本动力，他们通过发挥能动性，勘探着旧制度中的"矛盾潜能"，以期改变政策场域既有的结构关系。在路径依赖机制的作用下，上述三方面相互作用、影响，出租车行业监管政策呈现出与以往不同的变迁路径和发展态势。

基于此，后续内容的展开力图回答关于出租车行业监管政策变迁研究的四个核心问题：监管政策变迁有着怎样的制度背景，监管政策何时变迁，监管政策怎样变迁，以及监管政策为何变迁。对第一个问题的回答主要立足于转型期这个历史背景，从中央与地方的府际关系，政府与市场、社会的关系两个制度维度阐述出租车行业政策场域所独有的特征。央地府际关系蕴含着政策主体纵向的权力配置体系，政府与市场、社会的关系则是考察公共政策过程中横向权力关系的重要维度。在这两种制度的制约和影响下，出租车行业政策子系统内部的行动主体形成了不同的价值偏好，监管政策系统也呈现出不同的特点。对第二个问题的回答主要依据历史制度主义的关键节点理论，指出出租车行业监管政策发展存在着三个关键节点：①市场化改革的推行；②特许经营制度的建立；③网约车的合法化。据此，可以将出租车行业监管政策变迁历程分为三个阶段：监管政策的产生与发展阶段、监管政策的稳定与固化阶段、监管政策的突破性创新阶段。对第三个问题的回答，主要通过对出租车行业监管政策文本和实践进行考察，发现出租车行业年均政策数量不断攀升，监管政策目标逐渐叠加，监管政策工具应用由管制型发展为复合型，监管政策制定主体频繁转移；从政策网络角度看，出租车行业政策网络在权力结构、利益关系及沟通机制方面均发生了显著变化。对第四个问题的回答，主要从理念、利益、信息技术三方面出发，指出三者共同影响、制约着行动者行动策略的展开，然后从路径依赖理论解析了出租车行业监管政策变迁的路径、机制和当前态势。

　　本书主要在以下四方面进行了创新性探索：①构建了出租车行业监管政策变迁的制度－历史－行动者理论分析框架；②调适了历史制度主义的关键节点理论和路径依赖理论；③指出了出租车行业监管政策变迁的模式；④提出出租车行业监管政策变迁路径向上下融合型变迁路径转变的观点。本书虽然仅聚焦于出租车行业监管政策，但是可以以小见大地展现改革开放至今，尤其是在信息技术日益更新、新兴利益组织迅速崛起的现实背景下，相关行业监管政策变迁的模式、动力和路径，为实现良性监管政策变迁提供一定的理论支撑和现实思考。

　　今后，本书作者的研究将集中在多领域的案例对比，即对融合型监管政策变迁路径研究作进一步深化。相信这些研究将会有助于行业监管政策研究的进一步发展，有利于良性监管政策变迁路径的形成。在此，感谢我的博士生导师魏淑艳教授提出的宝贵意见，感谢安徽工程大学人文学院的领导和同事给予的支持和帮助，感谢出版社编辑认真负责的工作。

　　由于学术水平有限，本书的缺点和不妥之处在所难免，真诚期望读者和广大同仁给予批评指正。

　　本书由安徽工程大学校级科研启动基金项目"'互联网＋'背景下出租车行业监管政策变迁的路径研究"（2019YQQ021）资助出版。本书也是该项目的结题成果。

目　　录

第1章 绪　　论

1.1　研究背景与意义

1.1.1　研究背景

1. 问题背景

改革开放 40 余年来，我国社会、经济、文化等各领域发生了翻天覆地的变化，取得了举世瞩目的成就，同时也出现了一些需要思考与探索之处。在公共管理领域，最为核心、最引人关注的是政府与市场的边界界定问题。自由市场理论的支持者鼓吹自由市场模式可以规避权力对权利的侵犯；国家主义的倡导者认为政府干预是社会公平的基石且可以维护有序的社会经济生活。改革开放的实践表明，有为的政府和有效的市场协同融合是经济发展的重要推动力。政府与市场之间并不是非黑即白的对立关系，而是共存、融合和重叠的关系，而政府监管恰好作用于政府与市场重叠的区域。政府是否应该介入经济，政府是否应该进行监管，并不是一个真问题，但是政府监管的最优范围和程度一直是我国转型期体制改革的核心问题之一。立足改革开放经验、面向新时代改革要求去探究政府监管的嬗变，无疑可为政府改革提供一定的方向预判和经验借鉴。而"互联网＋"的兴起则开启了政府监管的新时代，促进了改革进一步发展深化。

"互联网＋"的发展为政府监管提供了机遇，也提出了挑战。"互联网＋"是信息技术革命的综合成果。它的蓬勃发展产生了淘宝、京东、美团、携程等新生经济业态组织，催生了政务微博、政务微信公众号等新型政务载体，促成了电子公告板（BBS）、网络社区、朋友圈等新型社会交往模式。这些新生事物对传统的经济关系、政治关系、社会关系提出挑战，发挥着融合与颠覆的双向作用，并形构了政府监管的新环境、新对象，为政府监管提供了机遇，也提出了新挑战。网约车是典型的"互联网＋"行业，其源自传统的出租车行业，但与之又有所不同。共享经济需要弹性、高效的政府监管模式，非正式制度"四方协议"挑战、瓦解着既有的制度秩序，新兴利益组织、个人的出现扩展了原有的政策场域。为了应对以上这些变化，政府监管创新成为了题中之义。

监管政策是沟通政府和市场的桥梁，其演进为理解政府与市场边界勘定的过程提供了一个很好的视窗。作为硬币的两面，稳定与变化的动力因素可以同时受到关注。一方面，监管政策何以维持不变，既定的政府、市场边界如何得以强化、巩固需要探究；另一方面，监管政策何以发生改变，政府、市场边界如何得以重新勘定同样值得思考。出租车行业监管政策的发展与社会转型同步，既经历过急速壮大的繁荣期，又有过规模稳定的闭锁期，在科技创新背景下又遭遇了网约车的挑战，因而出租车行业监管政策的发展蕴含着稳定和变动的双面性，是改革开放后我国监管政策变迁的一个缩影。以出租车行业监管政策作为研究对象，可以以小见大地展现改革开放至今，尤其是在信息技术日益更新、新兴利益组织迅速崛起的现实背景下，监管政策变迁的模式、动力和路径，为实现良性监管政策变迁提供一定的理论支撑和现实思考。因此，考察出租车行业为考察政府监管政策变迁提供了一个适宜的研究切入点。

2. 理论背景

20世纪80年代以来，公共管理研究范式发生转移，行为主义式微，新制度主义崛起。行为主义研究范式盛行于20世纪50年代，其将人类行为作为研究对象，倡导价值中立，强调科学理论方法。随着行为主义研究范式的发展，其内在的矛盾也日益凸显。首先，价值中立的公共管理研究难以实现，社会问题的观察和解决往往都以一定的价值判断为前提。其次，并非所有的社会现象都适合用"纯科学"的方法来解决，很多公共管理问题涉及公共利益，难以单纯应用成本－收益方法进行分析。于是，制度的作用再次受到学者的重视。在对传统理论批判继承的基础上，新制度主义于20世纪80年代兴起，并被广泛应用于政治学、经济学、社会学等学科领域，受到国内外众多学者的青睐，科斯、诺思、奥斯特罗姆夫妇、斯科克波尔、皮尔逊、马奇、奥尔森、杨光斌、陈振明、杨瑞龙、朱德米、何俊志等中外学者均从不同角度对新制度主义理论进行了解读、论述。历史制度主义、理性选择制度主义、社会学制度主义及话语制度主义构成了新制度主义的四个流派。新制度主义理论沿袭了传统政治学对制度的关注，通过应用比较分析方法、历史分析方法规避静态和描述性的研究，认可个体角色的重要性，但又反对过分注重政治形式、忽视政治实质，在古典制度主义与行为主义之间建立起沟通的桥梁，扬长避短，既体现了个体选择和制度在制度变迁中的重要作用，又突出了研究的动态性、可追踪性。新制度主义进一步拓宽了制度研究的范畴，推动了新政治经济学的形成和发展，显示出强大的生命力和解释力，正在成为一种新思潮、新范式，并对政治、经济等学科领域产生深远影响。

历史制度主义是新制度主义四个流派中的一个，与另外三个理论派别相比，历史制度主义理论在研究层次和研究对象上具有显著的特点。首先，历史制度主义是一种中层理论框架，介于社会制度主义和理性制度主义两者之间，其认为人的行为既是理性的产物，也是特定文化模式的产物，但归根到底是制度的产物，不论是个体的理性还是既有的文化模式都扎根于制度之中，受到制度的塑造和制约。其次，历史制度主义重视探究历时性因素。与社会制度主义偏重制度的同形化研究，理性制度主义偏重以快照的方式勾勒出即时性的政策选择问题不同，历史制度主义者多聚焦于公共政策的制定与执行模式、社会运动的产生与发展、现代国家的建立与发展、政治经济制度的起源与动力等重大问题，不仅注重探究制度（政策）变迁过程中即时性的因果关系，也注重发掘历时性变迁中的因果关系，探究"过去对现在"产生的影响。

公共政策问题的普遍性和重要性使得公共政策成为历史制度主义者进行研究的一个重要主题，卡赞斯坦、斯科克波尔、伊格玛特、哈塔姆等历史制度主义学者均以不同国家、不同领域的公共政策为研究对象，阐释了这些国家政策模式差异的制度成因。公共政策与历史制度主义理论在内涵上的耦合使得历史制度主义理论成为政策变迁研究的重要途径。从发展背景来看，公共政策与历史制度主义的兴起有着耦合性、重叠性，公共政策的内涵与历史制度主义所界定的"制度"的范畴有着重叠之处。公共政策是对全社会价值所做的权威性分配，是调节人类社会关系、规范人类行为的重要工具，是社会中的个人、组织互动的核心规则，直接且强烈地影响着现代公民的日常生活。因此，公共政策是制度的一种重要形式，历史制度主义理论自然也就成为了政策变迁研究的重要途径。

1.1.2　研究意义

1. 理论意义

本书以政策变迁作为研究的聚焦点，利用历史制度主义理论考察出租车行业监管政策的嬗变，力图在理论探索与应用方面实现以下效果。

1）拓展和深化政策变迁的研究领域。国内外研究者从不同理论视角和途径对政策变迁做了诸多富有成效的工作，如从倡导者联盟、政策网络、间断均衡理论来阐释政策变迁，但是鲜有以历史制度主义理论为立足点考察某一行业政策变迁模式和过程的研究。历史制度主义更强调"历史的因素"，对政策变迁中非对称性制度结构更为敏感，其最大的特点是按照时间序列将政策变迁置于该国特定的历史背景之下，具有更强的针对性和解释力，因而有利于政策变迁研究领域的拓展和深化。

2）丰富历史制度主义理论研究。国内关于历史制度主义理论的研究相对较为薄弱，理论应用、案例研究都较为匮乏。国外的研究偏重对国家与国家之间制度产生的原因、实施的背景和结果进行比较，用以说明制度是如何发挥作用的，以及受到哪些特定历史因素的影响。进行研究时，研究者如同进入了宏大的历史背景之中，从中探寻偶然性、突发性事件的重大意义。与相对宏观的研究相比，本书力图通过更为翔实、具体的我国出租车行业监管政策变迁的历程，借助制度－历史－行动者这个历史制度主义分析框架，利用历史制度主义中的关键节点理论、路径依赖理论阐释出租车行业监管政策演变的表现、动力和机制，从相对微观、具体的层面丰富历史制度主义理论研究。

3）对政策变迁与政府监管难题进行尝试性建构。改革开放以来，中国政府在推进经济社会改革方面取得了令人瞩目的成就，但同时也面临着一些监管困境。政府作为监管政策的主要供给者，其政策供给质量和效率直接影响着行业的发展。监管政策演化过程中，政府与市场的互动关系是值得关注的。借助历史制度主义还原监管政策变迁过程，客观如实地呈现政府在监管政策变迁中的地位和作用，有利于进一步探讨政府监管职能改进措施及优化方向。

4）为政府与市场、政府与社会关系的勘定过程提供全景式阐释。政府与市场、政府与社会的关系是公共管理领域中较为核心的问题，以往学者注重通过法律规范、社会中心主义、多元主义等理论阐释这一过程，过于重视静态的法律规范和即时性的结构主义关系，而忽视了历史性的制度根源。我国的改革开放与西方市场经济发展历程有着截然不同的历史背景。从制度背景出发，考察出租车行业监管政策变迁的过程，可展现我国改革开放40年来，在特定行业领域政府与市场、政府与社会关系的走向、发展动力和发展趋势，为政府与市场、政府与社会关系的变化提供动态、全景式的阐释。

2. 实践意义

"互联网＋"与出租车行业的融合形成了新的治理环境，这为推进政府监管政策创新提供了动力之源，为进一步提升政府监管政策供给效率提供了依据，也为促进类似行业的监管政策改革提供了经验。

1）为推进政府监管政策创新提供思路。在社会转型和科技迭代创新背景下，有些行业供给的产品或服务属性在发生改变，例如，出租车行业市场化进程中，出租车服务从原来的公共物品属性逐渐向准公共物品甚至是私人物品属性转变。转变过程中，新兴的利益群体出现。他们对原有的秩序和政策提出了挑战，造成了利益冲突、秩序失衡等问题。为了解决这些冲突和矛盾，需要创新监管政策。监管政策是政府进行行业治理的有力工具，分析行业监管政策的变迁过程，有助于更好地理解政策变迁的逻辑和规律，为推进转型期政府监管政策创新提供思路。

2）进一步提升出租车行业监管政策变迁的效果和效率。通过对出租车行业监管政策变迁的动力、路径和机制的分析，可发现出租车行业监管政策发展过程中的动力因素和阻碍因素，因而监管主体应充分动员、发挥积极因素，减少、规避不利因素，促进出租车行业实现高质量、高效率的政策发展。

3）为"互联网＋"背景下类似行业监管政策的改革提供可资借鉴的经验和建议。近年来，"互联网＋"行业在我国蓬勃兴起，快速的信息流动方式和先进、新颖的生产营销模式标志着新的经济经营模式的产生。新兴的"互联网＋"对传统行业发挥着颠覆与融合的双向作用，有些新兴行业或经营模式往往介于传统政府监管领域的灰色地带，这些领域的合法性问题易于受到关注。网约车是典型的"互联网＋"行业，与传统出租车行业形成了竞争与合作的关系，其合法化的过程、特点、动力可以为类似行业监管政策改革提供经验教训。

1.2 研究现状与评价

1.2.1 国内研究动态

国内学界相关研究为本书提供了坚实的理论基础和丰富的现实经验，推动本书研究向着纵深方向进一步发展。本书研究的主题主要聚焦于行业监管，监管政策，政策变迁，以及出租车行业的监管、监管政策、政策变迁研究四个方面，以下针对上述四个主题分别阐述国内学术研究动态。

1. 行业监管研究

改革开放以来，尤其是 2001 年我国加入 WTO 后，公用事业行业监管一直是学界研究的主要聚焦点。学者通过实证研究，深入分析了行业监管的效果和效率。除此之外，行业监管模式，行业监管与法律、制度之间的关系，以及国外行业监管经验的引介等研究主题也日益受到学者的关注，有诸多持续性的跟进研究。

（1）结合实证的行业监管效果分析

实证分析具有客观性强、可验证的优点，国内学者常应用此方法来分析行业监管效果。公用事业行业是自然垄断行业的主要组成部分，其市场化改革的效率与效果在一定程度上反映了我国市场化改革的方向和进程，因此，公共事业行业监管一直是学界关注的聚焦点。尤其在 2001 年中国加入 WTO 后，公用事业行业市场化的改革呼声越来越高。为此，2004 年建设部发布了《市政公用事业特许经营管理办法》，旨在推进公用事业行业市场化进程，解决经营效率低下的问题。然而，从实际研究结果来看，学界对公用事业行业市场化改革的效果褒贬不一。部分学者指出，私有化未必就代表着高效率，国有化未必就代表着低效率，仅凭产权的性质——国有或者私有——是无法做出企业效率高或者企业效率低的判断的。行业监管的"终极目标是要解决公用事业领域资源的优化配置，最大限度地实现'公众利益'"[1]。企业经营效率的提高，需要引入竞争关系、破除行政垄断，而这与企业的所有制属性无关，即企业可以具有多样性的经济成分。市场化与政府监管并不是非黑即白的对立关系，而是可以和谐共生的。而且，政府多一些还是市场多一些，政府强一些还是市场强一些，始终处于变化之中，因此，关于政府与市场关系的探讨与争论一直延续至今，自然垄断行业的监管依旧是学界关注的热点问题。

（2）行业监管模式的探索

国内学界关于行业监管模式的分析多从监管的构成要素角度考察监管主体、监管客体及监管方式之间的关系，或是针对某一监管要素的构成、结构、特征进行阐释，并提出创新、改进监管模式的对策。孙司芮等学者考察了网络游戏行业监管模式，提出了增强行业监管有效性的对策[2]。曹富国等学者认为，垃圾处理行业市场化程度不断深入，市场化形式日益丰富，原有的监管体系滞后，因而应创新监管制度框架[3]。

（3）行业监管与法律、制度之间关系的探讨

法律、制度是监管实行的背景因素，嵌入监管的实践之中，影响监管的方向、方式及有效性。卢显洋通过对《典当行业监管规定》进行考查，指出规章对典当行业的行业属性、设立许可合法性等方面存在误判，立法体例欠科学[4]。张家宇以垄断行业的行业法与《中华人民共和国反垄断法》存在的冲突为着眼点，指出现实中反垄断执法管辖权存在困境，需要进一步完善立法，并保障反垄断法的实施[5]。

（4）国外行业监管经验的引介

也有学者考察了美国、英国、德国、法国等西方国家的监管实践和监管方式，为进一步完善我国行业监管体制提供了借鉴。谢地、刘佳丽梳理了发达国家自然垄断行业监管理论的发展阶段，指出发达国家监管理论的演进遵循了"市场失灵—监管失灵—重建监管机制"[6]的路径。技术进步、市场规模及市场范围的变化均会促使自然垄断行业的边界发生改变。因此，监管理论和监管实践需要不断地发展、调试。徐双敏通过对西方发达国家市场监管实践的考察，指出政府监管主体可以不限于政府部门，包括立法机构在内的国家权力机关、第三方机构、行业组织等都是重要的监管主体，可以对行业实现合法、权威、专业、独立的监管[7]。

2. 监管政策研究

行业监管主要通过监管政策推行，监管政策是行业监管的主要工具。许多学者并没有将行业监管与行业监管政策做明确的区分，认为两者的内涵是相同的。因而，学者关于行业监管政策与行业监管的研究存在着重叠，研究内容、研究方法极为相近。但是，从公共政策理论视角来看，行业监管政策与行业监管的研究则存在着一定的差异。行业监管政策是公共政策的一种，因而公共政策的经典研究理论框架同样适用于行业监管政策研究。下面主要依据公共政策过程论、公共政策要素论及比较公共政策三条路径对国内学界的相关研究展开梳理。

（1）基于监管政策过程论的研究路径

从过程论视角来看，监管政策可以分为制定、执行、评估三个阶段，政策变迁研究则属于上述三个方面的综合性研究。

1）监管政策制定的研究。从检索到的文献来看，关于监管政策制定的研究偏少，而且多集中于自然垄断行业监管政策制定的研究。付金存、任建辉指出，私人资本在逐利天性的驱使下，存在着为降低成本而牺牲城市公用产品质量的倾向，因而提出应采取适度区分城市公用产品质量与服务质量的标准体系等措施，构建城市公用产品质量规划的政策体系[8]。

2）监管政策执行的研究。监管政策执行中的利益博弈、机会主义行为所造成的政策梗阻引起了学界广泛关注。陈富良、吴佐文运用公共选择理论分析了产业监管政策执行失灵的现象，指出执行主体的政监合一、执行客体的逐利性、"搭便车"行为及执行体制权责不清是监管政策执行失灵症结的成因 [9]。

3）监管政策评估的研究。公共政策的有效性、稳定性、持续性一直是学界关注的热点，监管政策领域也不例外，诸多学者对此进行了探索性研究。刘郁、陈钊对我国环境规制政策效果进行了定性评估，指出环境政策的有效性有赖于执行的严格程度，因而探讨如何建立长效的环境政策执行监督机制格外重要 [10]。

4）监管政策变迁的研究。监管政策变迁的表现形式和动力是此领域学界研究的主要聚焦点。于潇考察了 1978—2016 年环境监管政策的演进历程，揭示了环境监管政策从命令 – 控制模式向多元化模式演变的轨迹，强调政府强化内生性监管政策的同时，还需重视外生性监管政策 [11]。王程韡则更关注政策变迁的动力机制，并以"馒头国标"政策场域为切入点，指出不同制度舞台的政策学习促成了多样化的政治交互行为，导致监管政策所承载的社会功能发生变化，面临制定和执行的困境 [12]。

（2）基于监管政策构成论的研究路径

加拿大学者豪利特提出，可以从政策目标、政策行动者、政策工具等政策构成要素来探究公共政策问题 [13]。政策要素论也是分析监管政策的有力框架。监管政策目标的调试整合，监管政策行动主体的地位、作用，以及监管政策的选择创新等研究主题均是国内学者关注的焦点议题。

1）探讨监管政策目标的调试整合。监管政策价值目标对监管实践具有导向和评价功能，是监管政策有效制定和实施的前提。然而，公共政策的价值理性与工具理性之间往往存在着分歧和冲突、公平与效率的抉择。群体价值与个体价值的调适是监管主体无法规避的现实问题。钟庭军、刘长全阐释了监管的内涵和分类，认为不同的监管目标应采用不同的监管工具，但社会管制与经济管制存在着重叠，可能会出现以社会性监管之名行经济性监管之实 [14]。

2）探讨监管政策行动主体的地位、作用、网络关系及对监管政策的影响方式。颜卉等学者基于三方博弈模型，分析了农产品供应链网络信息平台发展和监管过程，政府、企业、消费者各自所拥有的资源和采取的策略，进而提出政府应发挥宏观调控政策的作用，通过适当的激励措施引导企业和消费者建设并使用网络信息平台[15]。

3）探讨监管政策工具的内涵、选择及创新。关于监管政策工具的研究已有相当数量的文献。国内学者初期的研究主要聚焦于监管政策工具的内涵、分类和特征。近几年，随着工具选择理论的丰富发展，政策工具的选择、优化等研究主题逐渐兴起。王红梅运用贝叶斯模型平均（BMA）方法对环境领域的四种政策工具进行了对比分析，认为监管政策工具应形成一个有机、有序的治理体系，这样才能提高监管工具的有效性[16]。黄岩基于苹果公司的社会责任报告文本，分析了社会认证体系在保护劳工权益方面所发挥的积极作用，认为社会认证是区别于传统的国家立法和工会的一种全新监管政策工具[17]。

（3）基于比较公共政策的研究路径

跨空间、跨时间、跨主题的政策比较有助于理解和管理政策过程，有助于建立起政策判断的规范，从而认识政策问题的本质。刘鹏、李钢以环境监管政策为立足点指出，我国的环境监管强度远远超过了美国等发达国家同期水平。尽管目前我国的经济发展阶段不同于发达国家，但是可借鉴美国当前基于市场型环境监管和信息披露型环境监管模式，加强政府环境监管力度，提高公众参与度[18]。随着转基因技术的迅速发展，转基因生物监管政策成为了国际社会的重要议题。郭籽实等学者以转基因抗虫棉为例探讨了印度转基因技术监管面临的优势和挑战，指出近年来印度积极借鉴欧美发达国家的转基因生物监管制度，促进了本国转基因技术的发展，但同时也存在着监管制度不够完善、转基因立法工作缺乏统一性与专业性等问题。[19]

3. 政策变迁研究

国内学界关于政策变迁的研究主要集中于以下几方面：政策变迁基本问题的探讨，国外政策变迁模型的引介、修正及应用，政策变迁影响因素的探究，涉及多领域的实证案例研究，以及立足于多种方法的探索性研究。

（1）政策变迁基本问题的探讨

政策变迁的基本问题主要是对政策变迁的概念、类型及过程等问题进行阐述。吴文强、郭施宏从价值共识和政府现状偏好两个维度丰富发展了哈克、西伦的政策变迁类型理论，指出政策维持、政策更续、政策叠加和政策替代是政策变迁的四种基本类型，并应用该理论分析了我国卫生政策变迁的类型和机理[20]。曲纵翔阐释了政策变迁与政策终结的关系，认为两者都是动态性行为，但是政策终结只是政策变迁的一种子形态[21]。另外，也有学者阐述了政策变迁的基本理论及其关系。骆苗、毛寿龙从倡议者联盟、多源流理论及间断－均衡理论三重路径阐释了政策变迁的过程，同时指出，需要结合具体的制度情境探讨理论适用性[22]。杨代福系统检视梳理了 30 余年来西方公共政策变迁研究的成果[23]。魏淑艳、路稳玲认为政策转移对我国公共政策发展与变迁有着显著影响[24]。

（2）政策变迁模型的本土化修正应用

政策变迁的理论模型是学者通过对问题反复提出、证伪、再创新过程建构而来的，力图通过简约的架构反映复杂的社会现实，因而经典、深刻且应用广泛。我国学者经常引介应用的政策变迁模型有多源流理论、间断－均衡理论、政策网络理论及新制度主义理论。多数学者立足于我国国情、结合具体案例对上述模型进行了本土化修正、应用。如孙岩、刘红艳、李鹏以倡议联盟为分析框架，认为重大事件、联盟资源、政策学习及政策信念四个变量是对推动中国环境信息政策变迁的影响要素[25]。柏必成运用多源流理论对改革开放以来我国住房政策变迁的动力进行分析，并构建了一个政策变迁动力模式[26]。魏娜、缪燕子结合我国实际，修正了间断－均衡理论模型，从制度－价值框架出发，指出意识形态、执政者价值选择、经济体制改革、政治体制改革等因素是造成社会救助政策场域间断性变迁的原因[27]。杜兴洋、裴云鹤借鉴政策网络分析框架，解释了户籍政策变迁的内在逻辑[28]。刘东彪、傅树京立足于话语制度主义重新界定了制度、个体及其相互关系，阐释了教育政策变迁的实践过程[29]。

（3）政策变迁影响因素的探究

有学者从政策企业家、政策学习、政策传播等方面探讨政策变迁的影响因素。王向民勾勒了公众人物的群体特征，指出公众人物通过偶然性的公共事件和制度性的机会结构，选择恰当的行动机会，促进公共政策变迁[30]。朱旭峰根据社会政策变迁的两个关键属性，界定了四种专家参与模式[31]。

（4）多领域的案例实证分析

结合案例进行实证分析是国内政策变迁研究的重要聚焦点，涉及教育、社会组织、农业、环境、外交、财政、税收等诸多领域。王星霞指出了义务教育领域政策变迁的成就及存在的冲突[32]。吴磊等学者从多重逻辑视角分析了社会组织政策变迁的原因[33]，陈文胜考察了"三农"政策变迁和改革的轨迹[34]。

（5）基于多种研究方法的探索研究

包国宪、马翔应用清晰集定性比较分析法研究了兰州洒水治污政策变迁的演进路径，发现8个变量驱动政策发生了变迁[35]。许阳基于内容分析法对1982—2015年我国161项海洋环境治理政策进行了分析，指出了政策变迁的特点[36]。

4. 出租车行业监管、监管政策及监管政策变迁研究

下面主要从出租车行业监管研究、出租车行业监管政策研究、出租车行业监管政策变迁研究三方面梳理国内学界研究动态。网约车的出现使得行业既有的监管理念、监管体制、监管工具面临挑战，与之相应，学界的研究方向也随之发生改变。故这里以网约车的出现作为梳理相关研究的分割点，将学界研究分为网约车产生前研究阶段和网约车产生后研究阶段。

（1）出租车行业监管研究

国内学者关于出租车行业监管的早期研究侧重于探讨监管工具的合理性。很多学者支持政府对出租车行业采取价格管制、数量管制、准入管制，但同时也认为，政府监管存在科学性不足的问题，需要改进创新。如陈明艺认为，出租车行业准入管制是必要的，但是目前的措施不合理，应该转变服务方式，加大行业内的技术投入，提高司机进入行业的标准，放松对车型的管制[37]。王智斌认为，数量管制是必要的，但原有的监管模式存在问题，应建立以车辆管制为主体的制度，以有偿竞争方式发放有期限的许可，对个体化和公司化经营持开放态度的监管模式能够更好地实现数量管制[38]。顾海兵、郑杰对价格管制制度进行了经济学分析，认为政府不必在价格和数量两方面对行业进行控

制，而应当放开数量监管、控制价格并加强对行业服务纪律、质量的监管 [39]。另一部分学者则认为，数量管制是行政垄断的根源，应该予以废除。例如，余晖认为，出租车行业是一个可完全竞争的行业，只要采取一定程度的质量监管即可 [40]。

此后，监管工具的优化、行业监管困境的分析及行政许可制度的评价成为了学术研究的新方向。郭锐欣、毛亮以北京为例，通过模型分析指出，数量管制工具需要优化 [41]。唐小斌等学者分析了出租车行业监管困境及成因 [42]。于左从利益相关者角度寻找解决方案，指出应取消或大幅降低出租车公司收取的"承包费"和"份子钱"，协调出租车司机、公司和地方政府之间的利益分配矛盾 [43]。黄益新和李俊慧从产权的角度阐述了出租车行业行政许可制度的本质 [44-45]。

与此同时，也有学者开始引介国外的行业监管经验。陈明艺梳理了 20 世纪 70 年代以来国外出租车行业的解除管制实践，指出我国应借鉴国外的监管理论和监管经验，加强质量监管，放松组织形式的限制，采取透明的招投标方式，保证机会均等 [46]。王军的《为竞争而管制——出租车业管制改革国际比较》一书，对英国、美国、荷兰、日本等国家的出租车行业监管状况进行了详细的介绍，并从准入管制、数量管制、价格管制等视角对各个国家的管制工具进行了比较研究，极大地扩展、丰富了此领域的研究 [47]。

网约车兴起之后，学界研究更为丰富立体。徐天柱指出，出租车行业应改革特许经营制度，放松监管的要求。尽管网约车取得了合法地位，但是巡游车依然具有竞争优势。特许经营制度是阻碍这一优势发挥的制度性因素。因而，应进一步放松巡游车的准入管制、价格管制、数量管制，设立最低服务质量管制标准 [48]。蔡瑞林认为，政府的公序监管有其必要性，但同样也存在局限性，而网约车的双边市场模式具备私序监管的资源和能力，因而为了达到合意的监管效果，应适度弱化公序监管的刚性，发挥私序监管的辅助作用，实现两者的兼容 [49]。冯博等学者提出，网约车与传统出租车行业具有不同的属性特征，我国应借鉴国外监管经验，建立"竞争优于管制"的理念，放松事前监管，增加网约车平台的自主权和责任承担 [50]。陈东进立足于监管模式转变的特点，分析了互联网时代出租车行业监管模式的转变，并指出专车出现之后出租车行业的监管模式发生了范式变迁，从离散走向融合，从微观走向宏观，从封闭走向开放，改变了传统出租车行业的交易属性和城市交通整体效率[51]。

另外，基于法律权责分配探讨网约车监管模式也是这一阶段学界研究的热点。网约车是共享经济，网约车平台不仅发挥着中介作用、连接着供需双方，而且对供需双方均具有约束力，发挥着保障契约执行的功能，因而网约车平台的角色不仅是中介，而且是客运运营合同的主体，是客运运营的组织者、管理者，对供需双方具有强大的影响力。因此，网约车平台应具有自我监管的意愿和能力。但是，网约车服务可能会产生平台公司权力滥用、信息安全等问题，这些问题的解决需要政府与平台公司、行业协会、消费者群体共同解决，进行合作监管。因此，基于网约车平台的功能、性质，应该实行自律监管和合作监管相结合的混合监管模式[52]。照搬传统出租车行业的监管模式难以体现新型产业特征和共享经济特征，政府应转变职能，坚持法治价值，尊重市场规律，从拥抱技术革命等维度去探索网约车监管模式[53]。

（2）出租车行业监管政策研究

网约车监管政策出台后，学界的研究方向出现了转折，主要表现为，从规范研究转向实证研究，从应然研究转向实然研究。

网约车监管政策出台之前，研究主要侧重于传统监管政策的效果和影响。王军是较早对出租车行业监管政策效果进行研究的学者。他在《管制政策下的北京出租汽车业》一文中详尽阐述了北京市出租车行业监管政策的发展历程、结果与影响，指出向市场体制转型过程中，政府应为企业自由发展和市场竞争开辟更多的制度空间[54]。此后，相关研究日渐丰富。李志锋运用政府管制理论、准公共物品理论分析了北京出租车行业准入管制政策失效的原因，认为政府在这一行业没有合理划分其与市场的作用范围，从而导致了国家、消费者与出租车司机的利益损失[55]。

网约车出现后，国内学界对出租车行业监管政策的研究出现了一个小高潮，研究维度丰富，研究方法多元。

1）多维的研究视角。学者从经济学、法学、政治学、社会学等多个视角进行了相关研究。王小芳、赵宇浩在规制经济学的视角下对我国网约车规制政策进行了分析评述[56]。徐昕从法学视角阐释了网约车监管细则与相关法律冲突之处，指出应采取个案救济、合法性审查等方式完善网约车监管细则[57]。张海柱立足于制度主义视角，指出政策制定是"话语结构化"与"话语制度化"的过程，网约车政策的出台源于"政府管制"和"自由市场"两个话语联盟的互动和竞争，两者围绕着网约车合法化的政策议题建构话语、诠释意义、展开竞争，最终促成了"分类监管"政策的出台[58]。田帆等学者从公共安全、公共利益的角度出发，揭示了网约车监管政策目标应聚焦于外部性和安全性，进而评价了当前监管政策[59]。

2）研究方法从定性向定量发展，日益多元化。多数学者运用定性方法分析了监管政策的合理性，评析监管政策的不足。但也有学者运用定量分析方法对监管政策效果进行了量化研究。宋心然、张效羽以北京市网约车规制细则为例，从成本收益角度分析评价了网约车地方监管细则，指出网约车监管政策成本高于收益约三成，因而应采取降低网约车排量要求、放宽网约车驾驶员准入、避免从业资格重复考试等措施降低管制政策的成本[60]。张永安、伊茜卓玛借助 PMC 方法分析、比较了北京等 6 个城市的网约车政策，指出规制力与规制效果之间受交通拥堵指数和人口密度的约束[61]。马亮、李延伟运用定性、定量两种方法分析了网约车监管政策，指出政府在众多主体之间利益的平衡策略导致网约车监管政策趋同或殊异[62]。

（3）出租车行业监管政策变迁研究

截至 2018 年，在中国知网上以主题"出租车（网约车）"和主题"政策变迁"为检索条件，可查询到 4 篇关于出租车 / 网约车政策变迁的文献，其中，2014 年 1 篇、2017 年 1 篇、2018 年 2 篇。这 4 篇文献分别运用间断均衡模型、倡导者联盟模型、多源流理论模型考察了出租车（网约车）行业监管政策变迁的过程。尽管理论视角不同，但 4 篇文献都聚焦于监管政策何以变迁这一问题。文宏运用间断均衡理论考察了 1982—2012 年兰州出租车行业的监管政策，指出宏观层面的价值倾向、地方领导班子的态度及公民的反应是政策变迁的动力[63]。宋心然在倡议联盟框架下分析了近10年我国网约车监管政策的变迁，指出外部事件、跨联盟的政策学习导致网约车政策发生变迁，但是由于政策子系统核心信仰没有发生改变，变迁的发生很大程度上是外部事件、外部力量推动的，因而政策变迁结果的稳定性差，极易发生改变[64]。张丽、刘明同样基于倡导者联盟理论，将出租车的利益相关者划分为支持管制的联盟和支持放松管制的联盟，指出地方政策子系统、政策取向的学习及社会经济系统不可调和的矛盾推动了出租车行业监管政策发生了变迁[65]。黄扬、李伟权则以2018年5月交通运输部出台的《关于加强和规范出租车汽车行业失信联合惩戒对象名单管理工作的通知（征求意见稿）》和《出租汽车服务质量信誉考核办法》为考察对象，运用多源流理论阐述了网约车监管政策出台的过程与动力[66]。出租车行业监管政策变迁文献的理论基础、核心观点和研究对象见表1.1。

表1.1　出租车行业监管政策变迁文献的理论基础、核心观点和研究对象

作者	时间	理论	核心观点	研究对象
文宏	2014 年	间断均衡	宏观层面价值 地方领导班子的态度 公民反应	兰州出租车行业监管政策（1982—2012 年）
宋心然	2017 年	倡议者联盟	外部事件 跨联盟的政策学习	近 10 年我国网约车监管政策
张丽、刘明	2018 年	倡议者联盟	地方政策子系统 政策取向的学习 社会经济系统不可调和的矛盾	30 年来出租车行业监管政策
黄扬、李伟权	2018 年	多源流	问题流 政治流 政策流	2018 年交通运输部出台的两项政策

上述4篇文献均聚焦于政策变迁的动力机制研究，以明晰的理论框架，从价值观、外部因素、政策学习、政策之窗的开启等角度阐释了出租车行业监管政策变迁的原因（见表1.1）。这提升了学界对出租车行业政策场域的理解，进一步丰富了相关理论研究。但以上研究均忽视了另外两个同样重要的问题——政策变迁的表征和政策变迁的程度。事实上，对上述两个问题的回答直接影响着问题的界定和范围。因为，政策变迁毕竟是一种常态，30年的政策

可能会终止，10 年的政策可能会有创新，1 年的政策可能会调整，因而，界定政策发生了怎样的改变、改变的程度和速度如何关乎问题阐释的精确性和深度。此外，通过对政策变迁表征和变迁程度的追问，还可发现阻碍政策变迁的因素。因此，本书研究试图弥补上述研究中存在的缺憾，进一步深入探究出租车行业监管政策变迁的表征和政策变迁的程度，以期更全面地阐释监管政策变迁的动力之源与阻力机制。

另外，上述 4 篇文献的研究对象均是出租车行业的监管政策，但是它们涉及的政策的时间历程不同。文宏、张丽等学者以近 30 年的政策发展过程为切入点，宋心然和黄扬则是以近 10 年或近 1 年的政策为研究对象。与短期政策历程相比，考察长期的政策历程能够更深入地分析、阐释行业发展的源起和主要矛盾，得出相对稳定的分析结论。

再者，以上研究还忽视了行业属性对政策变迁的影响。行业属性也是影响某一领域政策变迁的关键要素。萨巴蒂尔指出，问题领域（物品）的基本属性是影响政策变迁的重要因素，一般情况下特定行业的基本属性相对稳定。但是，在经济、科技迅猛发展的背景下，我国出租车行业的属性实质上发生了重大改变，即出租车服务从准公共物品向可竞争物品进行了转变，这就决定了政府与市场、政府与社会的关系必然会发生改变。而这种改变源于自上而下的政策学习还是源自自下而上的政策学习，则体现着政策变迁的程度和路径。

1.2.2 国外研究动态

西方国家已有几百年的市场经济发展历程，形成了丰富的监管理论和实践知识。公用事业行业监管一直是国外行业监管研究的重要领域，近年来社会福利领域监管逐渐成为新的研究方向，对"双用技术"①等新兴领域的监管也进入了学者的研究视野。在强化监管、放松监管、监管改革等实践的基础上，经济合作与发展组织（OECD）（以下简称"经合组织"）创新、发展了监

---

① 双用技术（due-use technology）主要是指可以应用于两个或多个领域的技术。由于该项技术的研发和应用可能会引发公共安全、公共伦理等问题，因而需要政府进行监管。例如，国防技术的民用和军用、生物医学领域的公共安全和生物恐怖主义预防、基因工程的公共福利和伦理问题等均属于双用技术。

管政策内涵，进而监管政策影响评估、监管政策影响要素等研究广泛展开，同时监管政策延迟、监管政策不连贯等新颖理论被提出。西方学界在政策变迁研究方面形成了丰硕的研究成果，既包括理论模式的提出和扩展，又包括政策变迁基本问题的详尽阐述，还包括新颖的制度主义研究途径的提出。出租车行业监管与社会经济发展历程同步，不同的发展阶段学术研究聚焦点也不同。网约车产生后，为了探寻新技术条件下共享经济的监管模式，出租车行业监管政策变迁成为了新的研究热点。

1. 行业监管研究

公用事业行业监管是中外学者共同关注的研究领域，但研究侧重点不同。我国学者注重科学监管体系构建方面的研究，西方学者则更关注监管模型与监管工具的创新研究。除此之外，基于福利国家与政府监管关系的研究逐渐增多，对"双面技术"等新兴行业监管的研究也日趋深入。

（1）公用事业行业监管探究

燃气、水利、电力、通信、交通、民航等公用事业行业监管一直是西方学者研究的主要领域。与西方经济社会发展历程同步，这些行业的监管经历了政府垄断供给、放松监管、监管重构三个阶段，学界研究的聚焦点也从监管工具的选择转向监管机制的重塑，最后发展到监管体制的重构。

20世纪30—70年代，西方学界关于行业监管的研究主要聚焦于监管工具的选择，此时政府被认为是公共利益的代表者、维护者，掌握行业发展的完全信息，政府监管的目的是纠正市场失灵。在公共利益监管理念的指导下，学界研究侧重于监管价格制定机制的研究，如霍特林（Hotelling）提出了边际成本定价模型[67]，布瓦特提出了拉姆齐－布瓦特定价[68]，阿尔夫莱（Alfred）则证实了边际成本定价机制的广泛应用性[69]。

20世纪70—90年代，西方学界监管研究的聚焦点是监管机制的重塑。20世纪70年代，为了应对滞胀危机，西方各国普遍放松监管，在公用事业领域推行自由化、市场化、私有化改革。一方面，政府是公共利益代表者的理论受到了质疑。阿顿（Utton）认为，监管政策未必会实现资源配置最优，反而会阻碍市场竞争[70]，斯蒂格利茨（Stiglitz）提出了著名的监管俘获理论[71]，布坎南（Buchanan）等人提出了公共选择理论[72]。另一方面，促进原有企业和新进入企业进行竞争的管制机制研究也被提上日程，不对称监管理论被提出，李特查尔德（Littlechild）创造性地把价格管制和零售价格与生产率联系在一起，提出了著名的 RPI-X 价格管制模式[73]。

21 世纪初期，公共事业市场化产生的问题开始引起学者的注意，理论反思、监管制度等议题进入学者的研究范畴。作为对 20 世纪 80 年代以来放松监管的反思，卡彭特（Carpenter）提出了腐蚀性监管模型。他认为，受监管的客体公司通过减少"制定、应用或执行"现有监管制度的方式，将监管过程推向较弱方向[74]。费尔南德斯－古铁雷斯（Fernandez-Gutierrez）等人指出，市场竞争并没有在缩小社会不平等程度方面发挥作用[75]。

（2）社会福利领域监管的探讨

近年来，西方学者开始关注社会福利领域自由化、市场化改革与政府监管的关系，形成了兼具社会、经济目标的监管福利国家研究。哈伯（Haber）探讨了经济自由化后以色列电力和水利部门如何保护弱势消费者免受服务中断的影响，指出政府应从"积极状态"转为监管状态，在英国、美国、以色列等有限福利国家里，监管型福利将会更加普遍[76]。贝尼什（Benish）等学者对英国和以色列的低收入工人所缴纳的养老金进行了比较，指出监管型福利国家强调最低限度的社会保护而不是更平等的地位，在市场领域创造"公共选择"安排是监管型福利国家常用的战略[77]。利维福尔（Levi-Faur）将监管治理的视角延伸到福利国家的核心，指出监管国家与福利国家并不是对立的，福利国家的概念确定了国家承担或将承担的角色，而监管国家的概念确定了国家使用的工具[78]。

（3）新兴行业监管的探究

21 世纪初，对"双用技术"行业如国防、生物医药、科技研发等领域的监管开始受到西方学者的关注，随后研究逐渐深入。莫拉斯－加拉特（Molas-Gallart）于 2002 年最先研究欧洲国防行业双用研发战略缺失的问题[79]。之后，"双用技术"面临的伦理挑战也开始受到学者的关注。威廉姆斯（Williams）等人以加拿大双用技术行业政策为例，考察了双用技术行业治理机制面临的困境，并将其与其他国家的治理政策进行比较，提出了一些发展更稳健治理机制的方法[80]。格拉特和伊恩卡（Glatter，Ienca）通过访谈的方法考察了研究人员和社会公众对"双用技术"政策的认识，指出应该建立坚实且普遍的"双用技术"监管理论框架，扩大生物伦理学和生物安全培训，使用最大限度减少生物安全而不损害研究自由的管制政策[81]。

2. 监管政策研究

随着西方国家监管改革的推进和监管实践的积累，学界对监管政策的研究亦不断深化拓展，其主要表现为监管政策内涵研究逐渐深化、监管政策效果评估研究日益多元、监管政策影响因素的研究不断拓展、监管政策延迟和不连贯等方面的研究日趋丰富。

（1）监管政策内涵探究

一直以来，西方学者都极为重视监管的研究，但是缺乏对监管政策内涵的探究，而只倾向于将监管政策等同于政府监管，这使得在放松监管、监管改革等活动中一些问题反复发生，难以得到有效解决。因此，监管政策作为系统、科学地规划、指导、评估监管改革、监管管理的工具被提上研究日程。经合组织最先对监管政策的发展、内涵进行了研究界定。在对成员国的放松监管、监管改革进行了长期、连续的追踪报道和研究后，经济合作与发展组织公共管理委员会于2002年发布了报告《OECD国家的监管政策：从干预主义到监管治理》。报告指出，监管政策概念的提出源于对放松监管、监管改革及监管性管理等政府活动历程的反思和继承，意味着监管问题从减少哪些监管转变为改善监管结构和提高监管质量[82]。2012年，经合组织又进一步深化、发展了监管政策的内涵，认为政府作为主体颁布监管政策，应该依据证据制定政策，明确界定政策目标、政策工具，将监管政策视为从目标制定到设计评价的一个循环过程[83]。2018年，经合组织再次指出，监管政策决定着人们安全和生活的轮廓，监管政策由政府颁布用以保护消费者、工人、环境等，但是监管过多或过少都会造成危害[84]。拉达利和弗朗西斯（Radaelli，Francesc）指出，更好的监管运动催生了新的行政程序和标准、事前审查程序、中央监管质量单位、新型的监管质询组织及多层面的网络，这标志着具有自身参与者、资源、工具、过程和结果的新兴监管政策的出现[85]。

（2）监管政策效果评估研究

监管政策效果评估在英文中被称为 Regulatory Impact Analysis（RIA）。20 世纪 90 年代后期大多数经合组织国家都引入了此种方法，随后迅速传播，目前几乎每个经合组织国家都会依赖一些 RIA 方法，如监管文件必须向公众咨询公开，考虑竞争和市场开放的影响，对成本收益进行量化等，并已经积累了丰富的实践经验。卡瓦略（Carvalho）等人采用事后监管影响评估方法，分析了葡萄牙 194/2009 号管制文件的影响，认为该政策缩小了特许权履行方面的差距[86]。埃利格和菲克（Ellig, Fike）用 logit 回归分析法，全面评估了监管流程改革与监管效果之间的关系，指出提前通知进行重大调整、与受管制实体进行提前协商、使用咨询委员会及扩大信息和管制办公厅的影响和作用将提高监管评估效果的质量[87]。尼尔、舒尔茨和托森（Knill, Schulze, Tosun）提出了监管密度和监管强度两个概念，运用实证方法检验了监管政策产出和影响之间的关系[88]。

（3）监管政策影响因素探究

弗雷莫（Fremeth）等人以电力行业为例，运用实证分析指出，在美国，消费者联盟机构能够对监管政策产生重大影响[89]。沃辛（Vocin）指出，一方面，美国总统对监管政策的影响越来越大，总统的监管政策议程被不断推进；另一方面，联邦政府与州、地方政府之间的"没有经费的授权"受到州和地方政府的抵制，因而联邦政府和地方政府之间的沟通机制有待增强和完善[90]。斯达（Skogstad）对欧盟国家食品安全政策的创新因素进行了探究，他指出，在食品安全问题高度公开和政治化的背景下，欧盟国家的内部食品监管危机和超国家的食品安全监管框架共同推进了欧盟国家食品安全监管政策创新，管理委员会充当了企业家的角色，但是其协调方式限制了监管政策创新程度[91]。

（4）监管政策延迟、监管政策不连贯等方面的研究

美国学者考察了总统对政策连贯性的影响并普遍认为，为了实现任期的政策承诺，新当选的总统常常拖延前几届政府的决策。斯罗尔（Thrower）研究了特朗普政府是否及何时决定延迟奥巴马政府的重大经济政策，指出政治和

组织动机是监管政策延迟的显著决定因素 [92]。戈利亚尼思（Coglianese）从多个维度、层次对监管政策碎片化、不连贯性状况进行了衡量、描述，认为非监管性惩罚责任的存在、可供选择的补救办法、违规者的心理状态、监管目标的类型等因素都可能造成监管政策不连贯 [93]。

3. 政策变迁研究

1953 年，林德布洛姆（Lindblom）提出了渐进政策变迁理论，学界由此展开了政策变迁的研究。时至今日，西方学者在政策变迁研究方面形成了颇为丰富的研究成果，概括起来主要包括以下几方面。

（1）理论模型的提出与扩展

我国学者经常运用的倡议者联盟模型、间断均衡模型、多源流理论等政策变迁的分析框架均是由西方学者创建的。并且，随着时间的推移，这些理论框架被不断地修正、完善。1988 年，萨巴蒂尔提出了倡议者联盟框架，该框架被广泛传播和应用 [94]。1996 年，米恩斯洛姆（Mintrom）和韦尔加里（Vergari）提出可从政策企业家角度修正倡议者联盟，从而解释政策的稳定和变迁 [95]。2009 年，韦伯和萨巴蒂尔（Weible，Sabatier）等对近 20 年的 80 个案例进行了评析，认为倡议者联盟理论框架适用范围广泛，不受研究主题、研究地域的限制。他们同时指出，该理论框架的假设虽然很清晰，但也存在一些问题，如联盟成员的背离、外部事件和政策变迁的因果关系及跨联盟学习的条件等方面还有待进一步明确 [96]。

间断–均衡理论是鲍姆加特纳（Baumgartner）等人在 20 世纪 90 年代首次提出的。2009 年，鲍姆加特纳等人以比较政策的视角，运用幂律分布法，分析了美国、比利时和丹麦制度摩擦力与政策变迁的关系，指出间断–均衡模式可以应用于复杂的社会环境中，同时也提出了诸多未来研究的方向，例如，否决点越多是否意味着越多的间断期，导致不同间断模式的具体约束条件，等等 [97]。近几年，间断–均衡理论被广泛应用于分析财政政策 [98]、金融政策 [99]、能源政策 [100] 等领域的政策变迁现象。当然，其中也不乏理论性的综述和评价，如认为间断–均衡框架极大地促进了个案知识的积累，但是经验性分析中缺乏对严谨、普适性模式的探究 [101]。

1984 年，金登（Kingdon）提出影响深远的多源流理论，时至今日其依旧是公共政策领域重要的引用文献。凯尼（Cairney）等指出，多源流理论一方面促进了间断 – 均衡等创新性理论的发展，另一方面激发了大量的实证性文献的产生 [102]。克纳加德（Knaggard）依据金登"问题流可以独自促进政策发展"的观点，提出了"问题破坏者"的概念，认为"问题破坏者"可以使三流更加独立清晰，进而将问题形成的框架作为一个独立过程进行探究，以窥见行动者的行动策略和方向 [103]。

除了以上三个应用广泛、影响深远的理论模型外，西方学者还致力于理论的糅合和再创造。米恩斯洛姆和诺曼（Mintrom，Norman）认为，政策企业家理论可整合到渐进主义模式、多源流理论、制度主义、间断 – 均衡理论和倡议者联盟理论之中，是未来解释政策变迁的重要模型 [104]。里奥 – 达托（Real-Dato）提出，可将多源流理论、倡议者联盟框架及间断 – 均衡理论进行整合，通过强调理论间因果关系论证的互补性，提供一个更明确的理论要素构成框架，进而发挥三者的优势和共性 [105]。

（2）基于新制度主义的研究途径

新制度主义从制度和行动者的关系入手，认为正式和非正式制度是塑造行动者行为策略的背景因素，制度常被作为因变量来分析政策失败、政策学习等政策变迁现象。阿德里安（Adrian）考察了不同制度变迁模式下政策失败和政策学习之间的关系，认为政策失败会触发去制度化过程，并为后续的政策学习创造条件 [106]。利伯曼（Liberman）将制度、理念和秩序进行整合，认为交错的制度和冲突的理念模式运行时形成了碎片化的制度空间以促成政策变迁，并据此阐释了美国 20 世纪 60—70 年代民权法案的修正 [107]。施密特和拉达埃利（Schmidt，Radaelli）突破了传统结构 – 行动者的维度，从话语制度主义角度解释了不同制度背景下的行动者如何利用新理念冲破既得利益的藩篱、克服制度和文化障碍以促成欧洲公共政策变迁 [108]。另外，基于新制度主义的比较政策研究也是一个重要的方向。施密特通过对英国和新西兰的对比研究、荷兰和德国的对比研究、意大利和法国的对比研究发现，福利国家政策调整的过程中，话语不仅发挥着重要的作用，更为关键的是，要探究话语发挥作用的时机。只有当话语发挥因果作用的时候，政策变迁才能发生[109]。

（3）政策变迁方式的探讨

政策何以发生改变，即政策变迁的动力，是国外学者关注的重点和焦点。迄今，已经有许多理论模式被提出并广泛应用。而政策变迁的方式、模式则是研究的一个难点，原因是衡量指标、判断方法多样，研究内容广泛、庞杂。因此，目前既不存在对变化类型的明确定义，也不存在对变化类型的详尽分类，从而导致增量变化和范式变化仍是尚未明确的概念[110]。20 世纪 90 年代以后，政策学习、政策扩散、政策转移、政策拆解成为新的研究趋势。如维兰德（Weyland）聚焦于瑞士模式的养老金私有化政策，阐述了该政策模式在拉美国家扩散时所表现出来的三个特征，认为意识 - 心理框架能够更好地解释这一政策扩散现象[111]。马什和沙曼（Marsh，Sharman）认为政策转移和政策扩散是互补的，同时又指出两者研究的异同，如政策扩散强调结构，而政策转移注重代理人，政策扩散探究模式，而政策转移追踪过程[112]。鲍尔和尼尔（Bauer，Knill）认为，政策拆解是政策变迁的一种独特类型，且标志着政策变迁的方向[113]。需要注意的是，政策变迁的方式和动力并不是绝对独立的，两种研究之间往往存在着交叉、重叠。如西伦和莫霍尼（Thelen，Mahoney）力图将变迁的模式与动力对应起来，但是，范德海登（Van Der Heijden）认为，他们并未清楚地说明模式与动力间的因果联系，而是力图阐释动因和模式间存在的不必然关系[114]。本尼特和豪利特（Bennett，Howlett）也试图将不同类型的政策变迁模式归因于不同类型的政策学习。

4. 出租车行业监管、监管政策及监管政策变迁研究

出租车行业存在着信息不对称问题和环境污染等外部性问题，因而出租车行业监管、出租车行业监管政策及监管政策变迁研究受到了国外学者持续关注。

（1）出租车行业监管研究

20 世纪 70 年代以来，国外出租车行业监管经历了严格监管、放松监管和再监管的过程，与之相对应，学术研究的聚焦点依次是监管的必要性、放松监管的实证考察、再监管的工具选择。网约车出现后，学术研究的重点则转为传统出租车行业与网约车监管平衡的研究。

20 世纪 70 年代，相关学术研究聚焦于监管的必要性。支持监管的学者如道格拉斯（Douglas）分析认为，在等车时间不确定、服务质量不确定的情况下，竞争并不会提高行业效率[115]。施莱伯（Shreiber）也支持监管。他基于信息不对称和负外部性问题，同样持有支持监管的观点。他认为，价格监管能够解决行业信息不对称和需求缺乏弹性的问题[116]。反对行业监管的学者认为，出租车行业与自然垄断行业不同，不存在规模经济，市场竞争可以形成有效价格，另外，规制者被俘极易导致监管垄断。比斯利（Beesley）等认为，尽管存在市场失灵，但是由于监管者难以获得充分的信息，因而自由进入优于监管[117]。

20 世纪 80 年代，相关学术研究聚焦于放松监管的实证研究。随着放松监管作为西方国家普遍采纳的政府工具，很多国家、城市放松了对出租车行业的监管，学术研究的重点也随之转向了放松监管后的效果评估研究。弗兰克纳（Frankena）等对美国 103 个城市的出租车市场进行了调查，运用经济学分析论证了放松管制的合理性[118]。冈特（Gaunt）实证考察了新西兰出租车行业放松管制后的效果，指出放松管制后出租车市场竞争力增强[119]。托纳（Toner）则对英国出租车行业放松管制持有异议，认为取消管制的地区竞争并没有促使价格降低，但质量执行标准普遍较低，因而他认为在没有适当设定票价和质量要求的情况下，放松管制不太可能给消费者带来显著好处[120]。

20 世纪 90 年代，相关学术研究聚焦于行业监管改革研究。20 世纪 80 年代出租车行业放松监管改革实施后取得的效果优劣参半动摇了放松监管的理论基础，引发了学者的质疑。这些学者并非完全否定放松监管，而是认为应继续深入考察出租车行业放松监管的效果。摩尔和巴拉克（Moore，Balaker）试图通过实证研究解释出租车行业监管效果不佳的成因[121]。

21 世纪初期，相关学术研究开始聚焦于传统出租车行业与网约车平衡监管研究。金（King）等人认为，随着网约车服务的增长，应考虑减少对出租车行业服务范围的管制，在保持公平获得出租车服务的同时最小化空间限制是至关重要的[122]。西摩（Seymour）认为，应建立监管交换市场，提高出租车服务效率[123]。波森（Posen）认为，共享经济发展过程中，不应用过时的出租车法规规制网约车,而应依靠安全方面的实验性法规,允许消费者自己选择需要的服务,同时确保安全。波森(Posen)也指出,随着可用信息的增多,监管者将能够评估这些法规的有效性[124]。哈丁(Harding)指出,网约车有效地降低了出租车行业的进入壁垒和交易成本,提供了有效的市场细分和质量反馈机制,并在一定程度上缓解了行业分散化经营的问题。因此,监管者应允许网约车市场加速发展,但监管的重点应放在市场垄断和市场合谋上[125]。也有学者提出应对网约车进行数量管制。安德森(Anderson)将营利性共享乘车模式与传统出租车模式进行比较,指出放松对营利性共享乘车的监管可能导致污染和拥堵的增加[126]。

(2)出租车行业监管政策研究

国外学者对出租车行业监管的研究主要围绕着严格监管、放松监管到再监管这一历程展开,对出租车行业监管政策的研究则主要聚焦于监管政策目标的调整确立、监管政策主体的优化及监管政策工具的调整创新三方面。

1)监管政策目标的调整确立研究。阿尔豪格(Aarhaug)等从地理空间维度出发,指出城市和农村出租车市场因人口密度和地理密度而截然不同,因而统一的招标监管模式侵害了农村地区居民的出行便利性等利益,应实行混合型监管模式予以解决[127]。乔基宁(Jokinen)从福利最优政策角度分析了出租车服务共享运输模式与传统公交车和出租车服务的根本区别[128]。

2)监管政策主体的优化研究。弗洛雷斯古里(Flores-Guri)认为,应该用大都市监管取代市政监管,从而提高相邻城市出租车市场的效率[129]。

3)监管政策工具的调整创新研究。夏勒(Schaller)通过实证调查指出,应该根据不同市场属性(电话订车市场和传统巡游市场)、区域特点实行灵活的准入管制[130]。钱和萨蒂什(Qian, Satish)分析了影响出租车行业监管工具选择的多种因素,如城市形态、收入水平、地理位置[131]。夏勒和吉尔伯特(Schaller, Gilbert)认为,应改革不合理的出租车牌照租赁制度[132]。托纳(Toner)等运用模型设定最优价格水平,促使价格与质量的平衡[133]。塞汀(Cetin)等通过实证研究指出,纽约出租车市场的监管提高了运营牌照价格,形成人为租金,增加了出租车价格上涨的压力[134]。

（3）出租车行业监管政策变迁研究

网约车产生之后，出租车行业监管政策变迁研究议题逐渐成为西方学者的聚焦点，这些研究有的立足于制度视角探究不同国家监管政策变迁的方向，有的从整体视角提出监管政策变迁的新模式，还有的基于变迁的动力因素，阐述监管政策变迁的深层原因。

1）比较制度视角下的监管政策变迁探究。在发达国家，企业创业时创业氛围宽松。尽管网约车在各发达国家有着相同的开始，但其发展结果却截然不同。西伦（Thelen）分析了美国、德国、瑞典三个国家对网约车的不同监管策略并将这种差异化的结果归因于制度安排下不同的利益博弈。美国分散化的监管权力、受限制的劳工组织，促使网约车平台和消费者迅速结盟，阻止监管机构的介入，从而取得合法化资格；德国密集的组织环境使得出租车协会能够作出迅速和协调的反应，网约车平台被认为是公共秩序的破坏者，因而被完全禁止；而在瑞典，税收问题成为了监管的中心问题，为了维护既有的税收体制，出租车公司、工会和政府等行动主体组成了广泛联盟，他们认为只有遵守现有税收政策，网约车才可以继续运营 [135]。

2）监管模式变迁研究。柯林尔（Collier）等以优步为例，分析了网约车监管模式 [136]。他们认为，与以往公共利益监管模式、俘获监管模式及放松监管模式不同，美国网约车的监管过程是"破坏性监管模式"，也可称为"挑战者俘获"，是精英作为挑战者主导监管进程并取得胜利的一种模式。这种模式下，政府将网约车作为一个"跨国公司"来进行监管，因而尽管传统的出租车行业监管制度保持完整，但是已经不再发挥其优势。由于缺乏有关跨国公司的监管规章，故传统出租车处于竞争劣势。这种情况被称为"挑战者俘获"。

3）监管政策变迁动力研究。监管政策变迁动力通常通过功能主义、利益冲突、理念变化等理论范式得以阐释，但是，上述理论很难全面解释网约车这种平台经济的快速广泛的全球性监管变化。祖尔（Tzur）对美国 40 个大城市的出租车监管政策变迁进行了深入的比较分析。他扩展了基于"静态"利益的分析模型，引入了科技创新背景下另外一个重要的因素——促进市场变化的企业家技术能力。祖尔的研究表明，通过采用新技术，企业家能够有效地沟通集体行动障碍者，并动员公众推动监管变革，因而技术企业家有能力在监管框架中产生自下而上的变化，并成为未来监管变革的关键推动力量[137]。

1.2.3　研究评价

以上主要从行业监管，监管政策，政策变迁，以及出租车行业监管、监管政策及监管政策变迁四个维度梳理、阐述了国内外研究动态，从中可以概括总结出以下六方面的结论：①公用事业行业（自然垄断行业）监管一直是国内外学术研究的共同聚焦点；②关于监管政策影响评估、监管政策循环过程的研究成为国外学界实证研究的新趋势；③国内外学者对政策变迁进行了广泛深入的研究，形成了丰硕的研究成果；④出租车行业监管及监管政策的发展与社会经济的发展历程有同步性；⑤网约车出现后，出租车行业监管政策变迁成为了国内外学界共同的研究议题；⑥关于出租车行业监管政策变迁的研究具有一定创新性。

1. 国内外行业监管研究的共同聚焦点及分歧

公用事业行业（自然垄断行业）承担着社会公平和效率双重责任，即普惠性的社会福利目标和高效率的市场竞争目标。然而，实践中两者在工具使用和实现机制上存在着巨大反差。监管工具的协调性、监管机制的互融性是国内外行业监管者面临的共同挑战，因而公用事业行业监管是国内外学术研究的共同聚焦点，是一个持久的热点问题。但在具体研究范围、方向上，国内外存在较为明显的差异。首先，国外实证研究的范围相对宽泛，涉及渔业、航空业、矿业等，国内研究则主要聚焦于水、电、气等自然垄断行业，其他行业的监管研究相对分散、薄弱。其次，行业监管工具创新是国外学界研究的关注点，而国内学界更注重对监管模式、监管机制的探讨，强调行业监管的系统性、匹配性。这是因为，国外监管法律相对完善，监管职能相对稳定，监管机制相对成熟，因而监管工具的应用研究更易于引起学者的关注。而中国正处于转型期，行业监管体系尚处于探索阶段，因此，监管模式和监管机制的研究更易于成为学界的聚焦点。

2. 国内外监管政策研究的理论突破和新趋势

国内外监管政策早期研究主要是在三种研究范式下进行的。第一种是基于时间维度的政策过程论范式研究，以监管政策的议程设置、监管政策执行、监管政策评估等不同的政策发展阶段为基础展开研究。第二种是基于政策构成要素互动关系的政策循环论范式研究，如监管政策主体的互动网络关系、监管工具的应用和选择等。第三种是基于比较公共政策范式的研究。21世纪初期，国外监管政策研究的理论范式有了新的突破和创新，2002年经合组织率先对监管政策的内涵进行了发展、界定，将政府治理、公共管理的理论要素糅合于监管之中。经合组织对成员国放松监管、监管改革实践进行了长期的跟踪调查，形成了内容丰富的研究报告，并在此基础上提出了监管政策概念，指出监管政策的目标是持续不断地提升监管质量，监管目标应该明确、清晰，从监管政策目标到政策评估应构成一个循环过程。至此，监管治理理论被提出，成为了监管政策的理论基石，因而监管政策的价值标准、政策工具、监管政策评估的方式等问题成为了实证研究的新趋势。

3. 国内外政策变迁研究的范围和深度

国内学界关于政策变迁的研究除了2013—2014年略显平缓外，整体处于上升趋势，学界研究的范围、领域及方法也丰富多样。这主要是由于对政策变迁进行研究有利于从整体上系统地反映公共政策演化的规律、特点，为转型中公共政策的制定和发展提供深度解读和改善建议。国外学界也立足于多个视角，运用多种方法对政策变迁展开了相关研究。与国内学者研究现状相比，国外学者在政策变迁的形式、程度、模式等方面进行了更为深入的学术探索，这为理解政策变迁的动力机制、进行相关理论创新提供了必要的基础和研究前提。

4. 国内外出租车行业监管及监管政策研究与社会发展具有同步性

任何行业的监管历程都无法脱离社会经济发展历程，在很大程度上，两者是同步的。但是，不同国家之间不同的行业监管发展历程产生了学界不同的研究热点和研究范式。由于西方国家政府监管的发展历史相对较长，并进行了多样的监管改革探索，因而行业监管经验相对丰富，监管理论相对成熟，形成了相对稳定的研究范式。相对而言，我国出租车行业监管历程发展时间不长，政府、市场、社会之间尚未形成清晰稳定的边界，行业监管模式还有待进一步探索，因而学术研究的范围更为宽泛、不够集中。

20世纪以来，西方发达国家为了应对30年代的经济大萧条、70年代的滞胀危机，采用了强化监管和放松监管两种不同的监管模式。前者突出政府作用，要求政府加强对社会经济监管，后者则强调放松管制，推行市场竞争。20世纪90年代以来，人们开始反思由于放松监管而导致的负面问题，如社会不公平加剧、公共服务质量下降等，随后，监管改革、监管治理等行动陆续展开。与上述社会经济监管历程相似，大多数发达国家出租车行业监管也经历了加强监管、放松监管、进行监管改革、网约车合法化等发展阶段，因而监管政策的目标价值调整确立、监管工具选择、监管结构合理化、新旧利益组织的监管平衡依次成为了国外学界研究的聚焦点。需要指出的是，这些研究具有继承性，形成了相对稳定的研究基础，并推动行业监管理论和监管技术不断提升、进步。

我国出租车行业市场化改革发端于20世纪80年代初期，与改革开放进程趋于同步。21世纪初期，出租车行业监管问题开始凸显，监管政策负反馈不断累积，学界开始对监管工具的使用、监管主体的法律定位、国外监管政策和工具的借鉴等诸多问题展开研究。与之相对应的是，市场化改革进程中政府职能的定位成为此阶段社会普遍关注的热点。因出租车行业是市场化改革较早的行业，所以与其他行业相比，行业监管问题出现得也早。同时，出租车行业涉及大众日常出行，影响范围广，因而是研究政府职能改革、探索有效监管模式的案例典型，形成了学术研究的一个热点。与国外相比，国内学界研究内容广泛，但深度不足。

5. 出租车行业监管政策变迁成为国内外学界研究的共同议题

网约车合法化之前，国内仅有学者文宏在2014年运用间断–均衡理论对出租车行业监管政策变迁进行了研究。2017—2018年，宋心然、张丽、黄扬等学者分别运用倡议者联盟理论、多源流理论分析了出租车行业监管政策变迁的动力。国外学者也在2017年之后，针对网约车合法化政策，开始将出租车行业监管政策变迁作为研究议题。在此之前，国内外学界均未将出租车行业监管政策变迁作为研究对象。网约车合法化后，出租车行业监管政策变迁成为了国内外学者共同关注的议题。这主要有以下三方面原因。首先，出租车行业监管不像公用事业、医疗行业等存在一定的意识形态冲突和高风险性，而只要求经济上或法律上受过训练的监管者维护经济效率，并为弱势消费者提供有限保护[76]。因此，网约车合法化之前，学界对此问题的关注度不高。其次，网约车是共享经济的典型代表，共享经济的监管问题是世界各国政府普遍面临的问题，共享经济的政治生态值得深入探究。最后，科技创新背景下新兴的利益组织不仅改变了市场，而且对制度创新也有巨大的影响力，科技型企业家的政治作用受到学者关注。

尽管网约车合法后出租车行业监管政策变迁成为了国内外学界研究的共同议题，但是研究侧重点存在着差异。首先，国外研究更倾向于进行理论创新，如柯林尔（Collier）等人提出了破坏性监管模式[136]。国内研究更倾向于理论应用，如倡议者联盟理论、多源流理论的应用。其次，比较制度分析方法即通过跨国或跨城市的比较阐释监管政策创新程度不同的制度基础受到国外学者的重视。

6. 出租车行业监管政策变迁的研究方向与研究价值

上述研究为阐释出租车行业监管政策变迁提供了坚实的研究基础，但尚有一定的研究空白，需要进一步探索。首先，关于出租车行业监管政策变迁的研究文献偏少，且多集中发表于 2017—2018 年。其次，上述研究关注的时间跨度较短，少有对出租车行业监管政策体系进行宏观的内容梳理和整体性政策解读的研究，对政策内容的客观评价不足。因此，从动态、静态两方面对政策发展历史进行梳理和解读，探究出租车行业监管政策变迁的表现形式和表现模式是丰富当前研究的较好切入点。最后，国内外行业监管的历史阶段和发展经验不同，因而研究的制度基础、目标方向存在显著差异，应予以考虑。国外行业监管历史悠久，有着坚实的理论基础和丰富的实践经验，法律相对完善，功能稳定，因而监管工具、跨国性的比较制度研究成为了研究的主要目标。而我国的行业监管改革尚处于探索期，传统行业监管模式导致的效率低下等问题需要进一步探索，因而我国学界研究目标更重视探寻有效的监管体系、监管机制。"互联网＋"行业在我国的蓬勃发展引领着监管改革进入新的进程。因此，探寻"互联网＋"行业监管政策变迁过程可以洞悉政策创新的动力之源、路径依赖的影响方式，为良性政策变迁提供借鉴。

1.3 研究思路、研究方法与技术路线

1.3.1 研究思路

本书的研究思路是：以出租车行业监管政策作为研究的切入点、确定选题；通过文献阅读了解本书研究的当前动态和趋势，以发掘研究的创新点；依据历史制度主义理论构建分析框架；依据分析问题—阐释问题的基本思路展开主体内容写作；总结本书研究的主要结论，并对未来研究方向作出展望。

1. 确定选题

监管政策是政府与市场、社会关系的一种典型映射，探究监管政策变迁的过程为理解社会发展历程中政府与市场、政府与社会互动关系的演变提供了一个很好的视窗。出租车行业是我国市场化改革较早的一个行业，也是政府管制较多的行业，同时又是"互联网＋"兴起后率先遭遇冲突及合法化问题的行业。因此，将出租车行业监管政策作为研究对象，具有一定的研究意义和研究空间，是一个较为适宜的研究切入点。

2. 查阅文献并发掘研究的创新点

本书根据研究对象、研究主题查阅、筛选国内外相关研究文献，了解当前的研究动态和研究趋势，探究已有研究的贡献和不足，发掘本研究的立意和创新点。另外，通过阅读、分析文献，厘定本书研究的核心概念和基本理论内涵，为研究的展开做好理论和知识储备。

3. 依据历史制度主义理论构建研究分析框架

本书对研究的理论基础——历史制度主义理论进行阐释，提出分析框架，并对历史制度主义理论的关键节点理论、路径依赖理论进行引介和本土化应用分析。

4. 根据提出问题—阐释问题的思路展开本书主体部分的写作

首先，运用关键节点理论和内容分析方法从动态、静态两方面阐述出租车行业监管政策变迁的基本表现；其次，在以上分析的基础上对出租车行业监管政策变迁的模式、过程进行评析；再次，阐释出租车行业监管政策变迁的动

力；最后，说明出租车行业监管政策变迁的路径和机制。

5. 总结研究结论并提出研究展望

本书第 8 章总结主要论点，并对未来监管政策变迁研究的方向作出展望。

1.3.2　研究方法

工欲善其事，必先利其器。研究方法的选择对研究工作具有重要意义，是科学研究工作取得预期效果的关键。恰当、正确的研究方法能够清晰有力地反映、阐释问题的现状和实质。本书以出租车行业的监管政策为研究对象，主要采用以下研究方法。

1. 文献研究方法

文献研究方法是本书搜集、鉴别、整理文献的重要方法，特别是在国内外研究动态评述一节，需要对历史的、当前的、国内的和国外的研究成果进行深入分析，以便了解行业监管、监管政策、政策变迁、出租车行业监管政策等相关主题的研究动态、主要贡献和存在的不足，从而为本书研究的展开提供坚实的基础和方向指导。中国知网、Web of Science 数据库、专著、统计年鉴等是文献资料的主要来源，为本书研究的展开提供了必要的知识储备和研究支撑。

2. 内容分析方法

内容分析方法也称为文本分析方法，其通过一系列的转换范式将非结构化文本中的自然信息转换成可以用来定量分析的结构化信息形态，即将文本中碎片化、分散化的语言信息通过量化、系统化、结构化的方式呈现，揭示文本观察中难以发掘的信息，从而获悉新观点，了解真实的事件内涵。为了详尽阐述出租车行业监管政策要素的变化情况，第 5 章采用了内容分析方法，通过正规出版资料、电子网站等方式获得了 30 项由国务院或国务院所属部门发布的出租车行业监管政策文件，依据监管政策的构成要素对以上文本进行了编码、分析，深入地展现了出租车行业政策变迁的状况，规避了定性研究中的主观性和不确定性。

3. 比较分析方法

比较分析方法是社会科学研究经常使用的一种研究方法，即依据一定的标准，对两个或两个以上的事物或现象进行考察、分析，从而发现他们之间的相似点和差异处。费尔德曼（Feldman）指出，政策比较有助于建立起政策判断的规范并区分政策问题的现象和本质[138]。本书先对出租车行业监管政策发展三个阶段的要素嬗变进行了比较分析，指出出租车行业监管政策变迁的具体表现及特点，然后，结合豪尔等人关于政策变迁模式的判定依据，运用比较分析方法，阐释了网约车合法化前后出租车行业监管政策变迁的模式，这有利于更准确地把握、阐释政策变迁的方式和程度。

1.3.3 技术路线

首先，本书从问题背景和理论背景出发，考察理论与问题的适用性；其次，本书立足历史制度主义理论分析框架阐明出租车行业监管政策变迁的过程；再次，本书运用路径依赖理论阐释出租车监管政策变迁的机制；最后，本书依据历史制度主义理论内涵提出研究结论并指出未来研究方向。

1. 考察理论阐释问题的适用性

本书从公共管理的核心问题入手，以出租车行业监管政策变迁为研究的切入点，考察历史制度主义理论分析政策变迁问题的适用性。

2. 立足于理论分析框架阐释监管政策变迁的过程

本书依据制度－历史－行动者分析框架，阐明出租车行业监管政策变迁的过程。具体而言，本书从制度维度出发，运用演绎方法说明监管政策变迁的前提条件；从历史维度出发，采用关键节点理论及内容分析方法说明监管政策的发展阶段及变迁表证；从行动者维度出发，运用政策网络等理论说明监管政策变迁的过程、模式与动力机制。

3. 依据路径依赖理论阐释监管政策变迁的机制

本书通过路径依赖理论的三个阶段——路径生成、路径稳定、路径分化，运用演绎法阐述出租车行业监管政策变迁的路径状态及当前态势。

4. 提出研究结论及研究展望

本书依据历史制度主义理论内涵，提出研究结论，并进一步指出未来研究方向。研究的技术路线如图 1.1 所示。

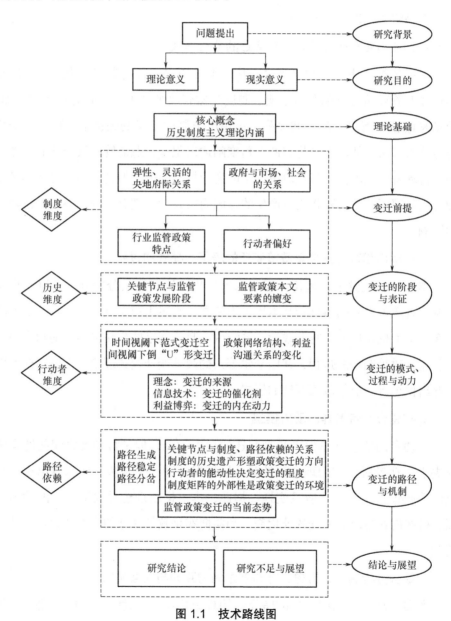

图 1.1　技术路线图

1.4 研究目标、研究内容和研究范畴

1.4.1 研究目标

本书将实现以下研究目标。

1. 构建出租车行业监管政策变迁的分析框架

本书依据历史制度主义理论，从制度、历史、行动者三个维度构建出租车行业监管政策变迁的分析框架。制度是监管政策产生、发展的背景和基础。历史是监管政策演变的时间序列，运用历史制度主义的关键节点理论，采用内容分析方法，从动态和静态两个角度阐述出租车行业监管政策变迁的具体表现。行动者的能动性是促成政策发生改变的根本原因，但是行动者的博弈是在理念与外部环境的交互作用下产生的，因而需要考察理念、外部环境对行动者的影响。

2. 分析出租车行业监管政策变迁的表征、模式和过程

本书依据关键节点理论，运用内容分析方法和比较分析方法，以出租车行业监管政策发展的事件和文本历史为依据，阐述出租车行业监管政策要素的嬗变。本书依据出租车行业政策子系统内部政策网络的变化描述，揭示出租车行业监管政策变迁的过程，并以豪尔等人的政策变迁模式理论作为判定标准以阐释出租车行业监管政策变迁的模式。

3. 构建行动者博弈的动力模型

行动者的能动性是促成政策变迁的根本动力，但是行动者之间的博弈则取决于行动者所持有的理念和外部环境情况。网约车合法化标志着出租车行业监管政策发生了范式政策变迁。据此，本书提出理念是政策变迁的动力之源、科技创新是政策变迁的催化剂、利益博弈是政策变迁的根本动力这一动力模型。

4. 综合分析制度、历史、行动者之间的互动与交互机制

本书立足历史制度主义的路径依赖理论指出，上述三个维度在路径依赖的自我强化机制作用下发生互动、改变，最终形成了监管政策变迁的路径。

1.4.2　研究内容

本书以出租车行业监管政策为研究对象，以历史制度主义理论为指导，依据出租车行业监管政策变迁分析框架，采用文献分析、案例研究、内容分析、比较研究等研究方法，从制度、历史、行动者三个维度出发，系统全面地剖析了出租车行业监管政策变迁的制度基础，描述、界定了监管政策变迁的阶段和表征，阐明了监管政策变迁的动力机制。在此基础上，依据历史制度主义理论中的路径依赖理论进一步分析出租车行业监管政策变迁的路径，深入阐明制度、行动者及外部环境对监管政策的影响，并对上述因素的关系进行简要探讨。本书的研究内容将分为以下几部分。

第1章为绪论，介绍了研究的背景、目的、意义，对国内外出租车行业监管政策变迁相关的研究成果进行了梳理和评论。在此基础上，提出了研究目的、研究思路、研究方法、研究的技术路线及研究内容，章末介绍了研究的创新点。

第2章为核心概念、研究的理论基础和分析框架，首先界定了监管、监管政策及政策变迁三个核心概念，并阐述核心概念的分类、特点及要素，然后阐述了历史制度主义理论的发展、历史制度主义理论的基本内容、历史制度主义理论对于阐释、分析出租车行业监管政策变迁的适用性，并依托历史制度主义理论内涵构建本书研究的分析框架。

第3章为出租车行业监管政策变迁产生的制度基础及影响，首先介绍了出租车行业监管政策产生、发展的社会背景，然后以央地关系，政府与市场、政府与社会的关系两种制度为考察视角，阐述制度基础对出租车行业监管政策主客体偏好的塑造及对出租车行业监管政策的影响。

第4章为出租车行业监管政策变迁的阶段。该章以历史制度主义理论中的关键节点理论为依据，对出租车行业监管政策发展进程中的时间、事件、次序进行筛选，深入考察、探究出租车政策场域内结构性因素、能动性要素和偶然性因素之间的张力，进而确定出租车行业监管政策稳定与变迁的时间分割点。这一章的目的在于阐明监管政策变迁的关键事件和时间节点，从而为监管政策变迁模式比较提供基础。

第 5 章为出租车行业监管政策要素的嬗变与变迁表征。该章的目的主要为明晰出租车行业监管政策变迁的具体表现形式。首先，以 1978—2019 年中央政府及其所属相关部门的监管政策为蓝本，从监管政策的构成要素——监管政策目标、监管政策主体及监管政策工具三个维度，运用内容分析方法，阐述出租车行业每个阶段监管政策要素的嬗变情况；然后，对上述分析结果进行综合比较评价，揭示出租车行业监管政策变迁的整体表征。

第 6 章为出租车行业监管政策变迁的模式、过程与动力。该章首先采用比较分析方法，从时间和空间两个维度对出租车行业监管政策变迁的程度进行了判断，揭示不同发展阶段出租车行业监管政策变迁的模式；然后，分析了出租车行业政策网络的权力结构、利益关系及沟通机制的变化，阐释出租车行业监管政策变迁的过程；最后，从理念、技术创新及利益博弈三维视角阐释出租车行业监管政策变迁的动力。

第 7 章为出租车行业监管政策变迁的路径、机制与当前态势。该章首先依据路径依赖理论阐释监管政策变迁的路径；其次，从制度、历史、行动者之间的相互作用和影响阐释监管政策变迁的机制；最后，依据路径依赖理论分析出租车行业监管政策变迁的当前态势。

第 8 章为结论。该章重点给出了研究结论，分析了本书研究的不足和进一步需要解决的问题。

1.4.3　研究范畴

狭义上，出租车是指城市中为公众提供按时间、路程计价的，不定线的交通服务的租乘汽车[139]。与地铁、公交等交通工具不同，出租车能够四处流动揽客，快速、便捷、安全、舒适，能够为顾客提供差异化、个性化的出行服务。广义上，"出租车服务可以分为计程出租车服务和包租服务两类，其中，包租又可分为代驾驶包租和汽车租赁两种。包租服务的供求双方需要对位移的目的地、时间、行径、收费甚至所用车型和其他事项单独进行谈判，包租服务交易能否成交，很大程度上取决于供求双方各自持有的标准和谈判情况。汽车租赁是指在约定时间内租赁经营人将租赁汽车交付承租人使用，收取租赁费用，不提供驾驶劳务的一种方式"[140]。最初，网约车平台正是利用包租车服务项目，与汽车租赁公司（提供租用车辆）、劳务公司（提供驾驶服务）及乘客建立起了隐性的四方协议，从而规避了合法性问题。

出租车行业是一个特殊的行业：它需要占用公共道路资源，具有外部性；涉及大众出行，具有社会性；提供服务的方式个体化、分散化，行业内存在严重的信息不对称；随着社会经济的发展，行业的准入门槛越来越低，如果不设置行业准入条件，任其自由竞争，则会产生严重的市场失灵。以上现象的存在为政府监管介入行业治理提供了合理、充分的理由。出租车行业的发展与政府监管政策息息相关，监管政策不仅为行业发展的初始阶段提供了合法的保障和动力支持，也对行业发展中的问题进行了回应与治理，它是行业发展壮大的直接推动力，同时可能也是造成行业衰落的重要原因。

本书的研究范畴是出租车行业，其原因主要有以下几方面：①市场化改革以来，出租车行业属性发生了显性或隐性的变化，这种变化本质上反映了政府与市场、政府与社会关系的演进，并可以通过监管政策要素的嬗变具体呈现。总体来看，出租车行业的发展是政府不断退出，市场化范围、程度不断扩大、深化的过程，也是出租车服务的属性从公共物品向准公共物品再向可竞争物品转变的过程。因此，探究监管政策要素的嬗变可以具体呈现出政府与市场、政府与社会关系的演进趋势。②出租车行业涉及大众出行，属于民生领域，社会关注度较高，经历了放松经济性监管、加强经济性监管再到创新监管的历程，与公用事业行业具有相似性，分析出租车行业监管政策变迁的成因可为类似行业监管政策创新提供一定的经验借鉴。③出租车行业是典型的政府监管行业，在 30 余年的行业发展历程中，有过急速壮大的繁荣期，也有过规模稳定的闭锁期。出租车行业监管政策的发展蕴含着稳定和变动的双面性，具有典型性和代表性。通过梳理出租车行业 30 余年的监管政策发展脉络，可洞悉监管政策变迁的动力和存在的阻力。④网约车是典型的"互联网＋"行业，网约车的兴起在世界范围内掀起了监管改革的浪潮。一方面，就国内而言，"网约车"监管政策走向具有极大的示范价值，可为今后类似行业的监管政策创新提供模板和借鉴。另一方面，从比较公共政策学视角来看，通过对国内外"网约车"监管政策走向进行对比分析，可洞悉制度对监管政策的作用及其产生的差异性影响，因而值得深入思考和探究。

1.5 研究创新点

1.5.1 构建了制度－历史－行动者分析框架

本书研究依据出租车行业监管政策问题的分析逻辑、历史制度主义理论和出租车行业监管政策执行的实践和文本，从制度、历史、行动者三个维度构建了出租车行业监管政策变迁的理论分析框架。制度是监管政策变迁的前提条件，历史反映了监管政策变迁的形式与过程，行动者是推动监管政策变迁的根本动力。制度形塑行动者的偏好、行为策略，塑造出租车行业政策子系统的结构关系。关键节点动态地呈现了出租车行业监管政策发展阶段，监管政策要素的嬗变是政策变迁的具体表现形式。理念、利益、信息技术共同影响、制约着的行动者行动的展开。在路径依赖理论下，出租车行业监管政策呈现出不同的变迁路径和发展态势。

1.5.2 对历史制度主义理论中的关键节点理论和路径依赖理论进行了调适

关键节点理论是历史制度主义理论的一个重要理论基石，它将政策进程中的时间、事件、结构性要素与偶然性要素有机地结合起来，为政策变迁起始点的确定提供了必要和充分的理论依据。既有的关于关键节点理论的研究或过于繁复、或过于主观，缩小了理论应用的范围。本书研究在已有研究成果的基础上，提出从关键节点处的结构性条件、能动性要素和偶然性要素出发，阐释政策变迁的动态历史阶段。

路径依赖理论是历史制度主义理论另外一个重要的理论基石，在政策变迁中具有"源头性"的作用，是政策变迁分析的"出发点"。以往的路径依赖理论强调制度的稳定性、黏性和不可逆性。本书汲取了路径依赖理论的最新发展成果，将路径依赖视为一个发展过程，包括路径的生成（起点）、路径的稳定和路径的分化（路径的分离、转换、终止）三个阶段，并将其与关键节点理论融合，揭示政策变迁的起点和机制。

1.5.3　提出出租车行业监管政策变迁的模式

在已有政策变迁模式研究的基础上，本书以政策子系统内理念是否发生改变及是否有新的利益组织出现作为判断依据，认为出租车行业监管政策变迁的第一阶段和第三阶段属于范式政策变迁模式，第二阶段属于常规政策变迁模式。另外，从空间视阈看，网约车出现后，与国外相比，我国出租车行业监管政策变迁呈现出倒"U"形模式。

1.5.4　提出出租车行业监管政策变迁路径转为上下融合型路径的观点

市场化改革阶段，出租车行业监管政策变迁遵循的是中间扩散型政策变迁路径。由于地方政府是推动监管政策创新的主体，因而，出租车行业监管也是自上而下的强制性政策变迁路径。特许经营制度建立阶段遵循的是中央政府主导的自上而下强制性变迁路径。网约车合法化阶段遵循的是自上而下的强制性变迁与自下而上的诱致性变迁相融合的变迁路径。与以往自上而下的强制性政策变迁路径不同，上下融合型政策变迁路径是网约车出现后形成的，它强调中央政府对监管政策变迁持支持态度，以中央政府主导的、自上而下的强制性政策变迁路径为基础，社会创议的自下而上的诱致性变迁得以受到重视并持续，因此，被称为上下融合型政策变迁路径。该路径形成需要的条件主要有中央开明的经济发展政策，平台经济所具有的格外引人注目的力量，以及不可小觑的社会力量的成长壮大。相比之下，作为中间层的地方政府很大程度上成为了监管政策创新的阻碍力量。

第2章 核心概念、理论基础与分析框架

2.1 核心概念

2.1.1 监管

在我国，"监管"是一个舶来词，源于学界对英文 Regulation 的翻译，也有学者将之译为"管制"，或者直接转译日文，翻译为"规制"。从词源上看，监管、管制或规制本质上具有相同的含义。其中，"监管"一词的使用更为频繁，本书也拟采用这样一种说法，在引用、转介其他学者的概念、观点时，可能会出现"规制"和"管制"。因其内涵与监管是一致的，不作区分。

在西方国家，监管一词源于现代工业社会后期人们对于政府与市场关系的探索和思考。随着市场秩序的扩展，人们对于政府与市场关系的认识也在不断地发展、深化，从 19 世纪和 20 世纪初期自由主义的风靡，到 20 世纪 30 年代凯恩斯主义的盛行，再到 20 世纪 70 年代新自由主义的兴起，以及 20 世纪 80 年代监管型国家在全球的兴起[141]，无不蕴含着对政府与市场关系的重塑。时至今日，国际学术界争论的焦点已经不是政府需不需要干预经济，而是政府干预经济的范围和深度[142]，监管型政府的建设成为了一种全球化趋势[143]。

虽然，来自于行政学、经济学、法学等学科的诸多学者均对监管问题进行了深入广泛的研究和探讨，但尚未形成统一的监管概念。学界给出的监管概念内涵丰富，对监管理论研究的视角呈多元化。综合国内外学者的相关研究，本节界定了监管的概念，分析了监管的构成要素、监管的分类、监管的特点，并对监管理论进行了简要概述。

1. 监管概念

经合组织将监管定义为政府通过一系列措施（包括政府颁布的法律法规、

正式或非正式命令）对公民、企业和政府自身进行限制，可分为社会性监管、经济性监管和行政性监管三种类型。其中，社会性监管旨在保护公共利益，如健康安全、环境保护；经济性监管是指直接干预市场运行和企业行为；行政性监管关注政府内部的规则和运行机制[144]。

《新帕尔格雷夫经济学大辞典》从宏观、微观两个层面给出了监管的定义：宏观上是指通过一些反周期的预算或货币干预手段对宏观经济活动实行干预，微观上则是指政府为控制企业的价格、销售和生产决策而采取的各种行动，并公开宣布这些行为的目的是制止不充分重视社会利益的私人决策[145]。

安德森（Anderson）认为，监管是政府官员或管制机构施加的控制或约束行为，即通过禁止或规定某些行为，限制参与经济活动的个人的自由选择。

日本学者植草益将监管定义为"社会公共机构依照一定规则对企业的活动进行规制的行为"[146]。

美国学者史普博（Spulber）在其著作《管制与市场》中，分别从经济学、政治学、法学角度对监管进行了详尽的评述、阐释，指出监管是行政机构制定并执行的直接干预市场机制或间接改变消费者和企业供需决策的一般规则或特殊行为[147]。

我国学者王俊豪将监管定义为具有法律地位的、相对独立的政府管制者（机构）依照一定的法规对被管制者（主要是企业）所采取的一系列行政管理与监督行为[148]。

李亘从狭义和广义两个层面理解监管的定义，认为狭义的监管是政府部门为了维护广大人民的权利，利用法律规范对社会活动进行控制；而广义的监管中，监管主体不仅限于政府部门，还包括监管者（行业人士和个人）[149]。

尽管学界尚未形成统一、精准的监管概念，但是已有的研究为我们界定监管的基础范畴提供了充分的依据，在借鉴和遵循已有学者界定的监管概念的基础上，本书认为，监管是政府机构在法律授权的基础上，为维护公共利益和有效的市场秩序而对相关的市场主体进行的约束和激励。监管本质上是政府以拥有的强制权力对市场主体进行宏观和微观方面的干预，干预的程度则受到该国历史传统、法律文化等因素的影响。

2. 监管理论

早期监管理论以公共利益理论为基础，认为由于存在着市场失灵、外部性等问题，政府应该从公共利益角度出发，对市场进行监管。例如，米尼克（Mitnick）指出："政府监管是从公共利益出发针对私人行为而制定的公共行为政策。"[150]

随后，公共选择理论的发展则颠覆了上述认识。首先，芝加哥学派的施蒂格勒（Stigler）、佩尔兹曼（Peltzan）、贝克尔（Becker）等经济学家提出了"监管俘获"理论，并指出："作为一种规制，监管通常是产业自己争取来的，监管的设计与实施主要是为监管业自己服务的。"[151]。也就是说，被管制者基于管制者的自利动机，运用各种资源和方法诱导监管者从自身利益出发进行监管，监管者一旦被俘虏，则与被监管者共同分享垄断利润。其次，出现了将经济学运用于政治科学分析的公共选择理论。弗吉尼亚学派的代表人物布坎南和塔洛克（Buchanan，Tullock）提出了公共选择理论，他们认为公共选择的过程与经济领域相似，可称之为"非市场决策"，政府监管是供给方与需求方构成的市场行为结果，即政治家、政府官员是供给方，利益组织是需求方，他们都是理性的经济人，以自身利益最大化为行动原则。因此，公共选择过程也并不是依据公共利益进行的。最后，21世纪初期，图卢兹学派的激励监管理论兴起，拉丰和梯若尔（Laffont，Tirole）为该学派的代表人物。激励监管理论在吸收信息经济学的基础上，以监管者和被监管者间存在信息不对称为前提条件，运用博弈论等前沿分析方法与工具，建立若干次优管制激励模型，从而将管制俘获现象内生化[152]。

3. 监管分类

根据监管的目的属性，可将监管分为社会性监管和经济性监管。社会性监管主要从维护公共利益、公共安全的角度出发，保障劳动者和消费者的安全、健康，保护环境，防止灾害。例如，信息公开制度、检查鉴定制度、标准认证制度等都属于社会监管。经济性监管主要是政府对某种产业的结构及其经济绩效等方面加以管制，如对企业的进入与退出、产品价格、服务条件和质量等有关行为进行约束和限制"[153]。

根据监管的对象，可将监管分为金融监管、环境监管、食品药品安全监管、互联网监管等，某种程度上产业政策也属于政府监管。

根据监管主体与客体的关系，可将监管分为直接监管和间接监管。直接监管是指政府机构依据具体的法律法规直接实施的干预行为。间接监管是指政府不直接介入市场主体的生产经营决策和行为，包括排除市场主体阻碍市场机制发挥作用的某种行为，或者促进市场机制发挥功能所不可缺少的信息的有效供给。基于市场的激励性监管属于间接监管[154]。

根据监管主体运用的具体工具，可将监管分为法律监管、行政法规监管、审计监管、会计监管、财政税收监管等。

4. 监管特点

1）公共性。政府监管作为一种制度安排，具有非竞争性和非排他性，是一种非实物形态的公共物品[155]。

2）强制性。通常情况下，监管的主体是政府，政府一般通过行政立法和制定公共政策的方式实现监管目标，而法律、政策一旦颁布，监管对象必须要执行，没有讨价还价的余地。

3）历史性。监管是市场经济发展过程中产生的一种政府治理职能或治理方式，不同的国家、不同的经济发展阶段，政府监管的模式具有差异性。事实上，通过对纽曼和豪利特监管时序模型[156]的进一步推进、阐释可发现，行业发展的生命周期直接影响、制约着监管的生命周期。

2.1.2 监管政策

监管政策概念是在世界上很多国家尤其是发达国家监管实践的基础上提出的，是对政府直接供给、放松监管、再监管、监管改革等行政改革经验的反思和汲取，包含着监管政策目标确定、监管政策执行、监管政策评估三个连续且循环的过程，监管政策目标、监管政策主体、监管政策客体、监管政策工具、监管政策效果是监管政策的构成要素。与以往的政府监管行为相比，监管政策的提出标志着政府监管模式的转型，体现出政府监管的系统性、动态性、科学性。

1. 监管政策概念

我国学者在使用监管政策概念时，往往与特定行业联系起来，如公用事业行业监管政策、P2P行业监管政策、金融行业监管政策等，即将其视为政府针对某一具体行业制定的具有规范性、约束性的文件，属于公共政策的一种类型，很少涉及监管政策普遍性、一般性的内容和规律。20世纪70年代前后，政府监管逐渐成为西方学者关注的重点。随着社会经济环境的日益复杂，政府监管的内涵也随之被不断地重新界定，在经历了政府直接提供、放松监管、监管改革等发展阶段后，20世纪90年代后期，政府监管被界定为监管性治理。这一概念突出监管的质量，以期实现更好的监管。

经合组织通过对成员国20多年监管实践的追踪、总结和反思，于2002年明确提出监管政策这一概念，认为监管政策是"系统设计和实施那些以政府如何运用监管权为内容的政府政策"[82]。2012年，该概念又被进一步发展、深化：监管政策被认为是一个动态循环的过程，监管政策评估连接着政策制定和政策执行，应该从整个政府层面上系统地确认监管政策目标，以确保政治、经济、环境成本收益的正当性；政策执行中应确保政策信息、项目信息公开、透明；监管政策影响评估方法（RIA）和成本收益分析法应被广泛应用于监管政策评估之中[157]。

结合经合组织的定义，借鉴公共政策经典的过程论理论，本书将监管政策定义为：为了实现更好的监管而颁布的政府政策，监管政策包括三个连续且循环的过程，首先是系统科学地设定监管政策目标阶段，然后是公开高效地执行监管政策阶段，最后是运用明晰规范的标准和程序评估监管政策阶段。

2. 监管政策特征

监管政策的提出标志着政府监管范式的转变。监管政策应凸显监管质量的重要性，具有系统性、长期性、动态性的特征。

首先，监管政策意味着在整个政府层面采取改革政策，形成系统化的监管改革体系，通过监管政策评估保证监管政策各要素的协调一致。

其次，监管政策强调确保监管体系质量是政府的持久功能，应以明确、连续的方式提高监管质量，规避传统分散化、一次性的即兴监管改革。

最后，监管政策目标聚焦于更好的监管，因而监管改革是一个动态的过程，应通过监管审查、监管评估、信息公开等方式推进监管体系不断调适、升级，与时俱进。

3. 监管政策要素

根据公共政策的要素，可以从监管政策目标、监管政策主体、监管政策客体、监管政策工具四个方面来理解监管政策的构成要素。

1）监管政策目标。通常来说，监管政策目标主要有如下四个方面：①维护公共利益，协调解决外部性问题；②维护有效的市场秩序，抑制垄断或防止市场失灵的出现；③解决市场秩序中信息不对称的问题；④弥补法律的不完全性。随着近年来监管国家的兴起，监管政策目标愈来愈融合并且多元。例如，经合组织国家监管政策目标包括：更好地平衡、更有效地实施社会和经济政策来提高社会福利；通过提高竞争力促进经济发展、改善消费福利；控制监管成本以便提高生产效率，改善公共部门效率、回应性和有效性；使法律合理化、重新阐释法律；等等[82]。

2）监管政策主体。狭义监管政策概念的主体仅限于政府机构，其以立法的形式被确认。美国的经济被认为是典型的管制型经济，其管制机构形式多样，"包括独立的管制委员会、内阁部门内的代理机构、独立的代理机构、政府公司及总统办公室下的代理机构"[158]，其中独立的管制委员会最为普遍。这些管制机构受到宪法和行政程序法（Administrative Procedure Ace, APA）的限制，同时又享有很大的独立性和权力，甚至被称为"第四政府"，集立法、司法和行政三种职能于一身[159]。与之相比，我国政府监管机构的形式则相对单一。广义监管政策概念的主体除了政府之外，还包括国际组织、区域组织、行业协会、消费者协会及相关的第三部门。本书将监管政策的主体限定于政府机构，主要是因为政府可以借助公安、法庭、监狱等对被监管者进行惩处，因而政府监管具有强制力和程序合法性，这是政府机构作为监管主体区别于其他主体的核心特征，同时也是监管规则得以实行的根本保障。

3）监管政策客体。监管源于人们对政府与市场关系的探索，与市场机制及其扩展秩序相关的问题都可被纳入监管的范畴，因而监管政策客体的范围极其庞杂，涉及各种经济主体（如企业、消费者）、主体之间的关系及这种关系所造成的结果。在市场经济的不同发展阶段，监管的客体也不同。计划经济时期，政府治理的对象与监管的客体几乎是重叠的。随着市场经济的发展壮大，监管的客体也愈加具体、明晰，例如，随着金融市场的发展而进行的金融监管，为解决经济发展过程中产生的环境污染问题而进行的环境监管，为促进行业的有序竞争而进行的行业监管，等等。可见监管政策的客体范围取决于政府对经济干预的范围和程度。

4）监管政策工具。豪利特（Michael Howlett）依据强制性程度将政策工具分为强制型工具、自愿型工具和混合型工具。在传统"命令与控制"监管模式下，政府直接供给、财政补贴等强制性政策工具受到质疑，近年来市场型、信息型、社会型等混合型政策工具得到开发应用，例如，监管政策制定中的信息公开、公众咨询与参与、自我监管体系，监管政策执行中基于信息的"一站式"服务、行政简化信息型工具、公开咨询、电子政务、授权、众包，监管政策评估中监管影响分析（RIA）、成本收益分析、行政上诉、司法审查、巡视员制度，等等。

2.1.3　政策变迁

政策变迁是一种普遍的、动态的、多维的现象，它与政策创新、政策维持、政策发展、政策终结等政策阶段紧密联系，是公共政策领域持续性强且庞大的研究领域。其已有概念强调了政策变迁的动态性、过程性、发展性、规律性，这反映了政策变迁的本质特征，为政策变迁内涵的深入发展奠定了坚实的基础。为了更好地分析政策变迁现象，必须清楚地界定政策变迁的内容和类型。在已有研究的基础上，结合公共政策构成要素，本节界定了政策变迁的内涵，并从多元视角分析了政策变迁的类型。

1. 政策变迁概念

政策变迁是一个非常庞大的学术研究领域。由于政策变迁的动态多维性，政策变迁的概念也呈现出多元庞杂的特征。安德森较早指出了政策变迁的内涵。他认为，政策变迁反映了历时性政策的替代和转换，"意指以一个或多个政策取代现有的政策，包括新政策的采纳和现存政策的修正或废止"[160]。布莱恩和彼得斯（Brian，Peters）突出了政策的动态性，"认为所有的政策都是变化的，不论受到外在条件或内在因素的影响，很少有政策一直维持着当初被采纳时的形式，相反地，它们持续不断在演化之中[161]"。陈振明将政策变迁与政策发展联系起来，认为"决策者通过政策评估及监测，在获得政策执行及政策结果的信息后，需要对政策取向作出维持、延续、调整还是终结的判断和选择，而政策的这一发展变化过程统称为政策变迁"[162]。苏志英认为，"完整的政策变迁概念既要包括政策变迁的最终结果，也要兼顾政策的具体变迁过程。从政策变迁的结果看，可以是政策补充、政策修正或政策废止等；从政策变迁的过程看，政策变迁是政策制定者在评估现有政策的执行效果后，认为需要重新判断现有政策的去向，从而作出渐进式或快速爆发式的选择"[163]。罗腊梅强调了政策变迁的规律性，认为"政策变迁是在一个动态的过程中运行的，是对政策过程规律性的阐释"[164]。

政策对不同的人来说，意味着不同的东西，在不同视角下，学者给出的政策变迁内涵也存在着诸多差异。但正如吉里贝托（Giliberto）所说，稳定和变化总是并存的，重要的是分析对象必须得到更好的界定。"因而，变化的类型和内容必须更清楚。过程的变化，政策行为者关系的变化，基本政策价值和目标的变化，政策战略的变化，政策工具的变化，政策定义的变化，政策领域的制度安排的变化，所有这些变化都是不同的，彼此不同，因此可能意味着不同的因果机制和对现实的不同影响"[165]。

据此，本书认为政策变迁是公共政策的一种常态，从政策构成要素的视角来看，主要表现为政策目标价值的变化、政策场域中行动者及其关系的变化、政策工具的变化及政策结果的变化，通过上述政策变迁的表征可以探究政策变迁的规律、特点，进而实现政策发展。

2. 政策变迁分类

与概念内涵的多维性类似，不同视角下政策变迁的分类也丰富多元。政策变迁的衡量维度及类型见表 2.1。但是，这些分类并不是彼此排斥的，很多时候是相互包含的，如渐进性的变迁可能是范式政策变迁，也可能是常规政策变迁。

表 2.1　政策变迁的衡量维度及类型

衡量维度	政策变迁类型
过程	政策创新、政策接续、政策维持、政策终结
程度	第一序列变迁、第二序列变迁、第三序列变迁
	常规政策变迁、范式政策变迁
速度	渐进式政策变迁、突变式政策变迁
数量	政策拆解、政策扩张
要素	政策目标、政策工具、行动主体、政策结果
空间	政策扩散、政策转移、政策学习、政策集中

1）过程视角下政策变迁类型。布莱恩和彼得斯（Brian，Peters）指出了政策变迁的四种类型：政策创新、政策接续、政策维持、政策终结，并特别强调对政策接续的研究，而政策接续又包括六种具体形式：直接取代、合并、分割、部分终结、附带延续和非线性延续[161]。

2）程度视角下政策变迁类型。从变化程度上看，演化性变迁和革命性变迁是两种基本的政策变迁类型。安德森认为政策变迁的主要表现是：①现有政策的渐进改变；②特定政策领域内新法规的制定；③选民重组选举之后的重大政策转变。霍尔（Hall）认为，政策变迁表现为第一序列、第二序列和第三序列的变化。在霍尔研究的基础上，豪利特和拉米什又进一步阐释了常规政策变迁（他们也将其称为政策风格）和范式政策变迁的表现形式。

3）速度视角下政策变迁类型。渐进性变迁和突变性变迁是速度视角下两种基本的政策变迁类型，也被称为无声渐进革命和大爆炸式的突破。渐进性政策变迁是指小的变化相互叠加，并累积起来成为重大变化。随着时间推移，一系列较小的"非制度变迁"组成的渐进过程可能会逐渐改变制度的核心特征。哈克和西伦（Harker，Thelen）等人将渐进性政策变迁又分为政策叠加（layering）、政策转变（conversion）、政策漂移（drift）和政策替代（replacement）四种类型。突破性的变迁是指在极短的时间内政策发生改变，如政策爆发[166]。

4）数量视角下政策变迁类型。政策子系统内政策数量的变化也是衡量政策变迁的一个维度。政策拆解是政策变迁的一种形式,指减少政策项目数量或特定领域应用的政策工具数量或强度降低。政策扩张则是指特定领域内政策数量的增多。

5)政策要素视角下政策变迁类型。鲍尔和尼尔(Bauer,Knill)认为,可以从政策产出指标和政策效果指标两方面来识别政策变化。政策产出主要指政策内容的不同维度,如政策工具或政策工具设置(具体校准);政策效果主要指政策的结果或影响,政策接受者的行为变化(如福利支出等公共支出水平的变化),为适当实施和执行监管措施而建立的行政结构,以及受监管行动者的合规性。政策影响衡量了政策目标(如减少环境污染或社会贫困)实现的程度[113]。

6)空间视角下政策变迁类型。10 多年来,政策传播日益受到公共政策学者的关注,政策扩散、政策转移、政策学习、政策集中等涉及的都是政策在空间范围内变迁的过程[167]。

2.2 历史制度主义理论

历史制度主义理论兴起于 20 世纪 80 年代,是在反思行为主义理论基础上,为应对福利国家政策的失败发展起来的,是盛行于国内外政治学领域的重要分析范式。历史制度主义理论继承了传统政治学中旧制度主义的制度因素,认为制度在政治生活中起决定性作用,制度促成了非对称性的权力结构关系,形塑着行动主体、组织、政策企业家的价值和偏好,在这种结构性视角下力图通过历史追溯的方式探究政策变迁、制度变迁的因果链条。制度、历史、行动者构成了历史制度主义理论的核心维度,关键节点理论、路径依赖理论是历史制度主义理论的重要基石。历史制度主义理论是兼容并蓄的,在与其他新制度主义流派交流、对话的基础上批判、吸收了各流派的合理因素,在微观与宏观研究层次之间构建起以制度及制度网络为中轴的中层理论,以政治领域的民主转型、革命战争、国家的建立与起源、福利国家的分化等重大问题为主要研究对象,运用比较历史分析的方法来探求政策发展、变迁的因果机制。

2.2.1 历史制度主义理论的兴起与发展

20 世纪 80 年代前后，国外学者开始运用历史制度主义理论批判现实，解释一些政治现象和政策差异。20 世纪 90 年代，历史制度主义综合性、系统性的理论框架被提出。21 世纪初期，历史制度主义理论有向其他制度主义融合的趋势，并被广泛应用于诸多学科领域。我国学者是在 21 世纪初期开始引入、介绍历史制度主义理论的，近年来偏重理论应用研究。新制度主义的四个流派均承袭了制度研究的传统，并在此基础上发展了路径依赖理论，但是在研究对象和研究层次上，各个流派之间存在着显著差异，关于制度影响方式和路径依赖作用机制的阐释也极为不同。

1. 历史制度主义兴起的理论与现实背景

历史制度主义 20 世纪 80 年代兴起于西方国家，是新制度主义流派的一种，与新制度主义一起被称为"制度主义的回潮""制度主义的复兴"。历史制度主义的兴起有着很深的理论渊源和现实背景，它既是对盛行的行为主义理论的挑战，也是对西方社会政府失灵、福利国家失败等现实问题的应对与反思。历史制度主义兴起的理论基础来源于旧制度主义的复兴及对行为主义的批判与超越。制度是历史制度主义理论的核心变量，行政学中针对制度的研究可谓源远流长。柏拉图的"理想国"、亚里士多德的"政体论"、西塞罗的"混合政体"等学说开创了制度研究的先河。资产阶级革命时期，洛克、孟德斯鸠、卢梭等政治思想家所提出的宪政理论、三权分立理论、人民主权理论为资产阶级革命指明了方向，为政权建设提供了坚实的理论基础，铸就了早期制度主义的研究范式（也可称为旧制度主义范式）。旧制度主义研究范式带有较强的制度决定论色彩，它的核心假设是制度是影响民主政体运行的自变量，是影响人们行为的自变量。其主要代表人物卢梭曾指出："一切总是从根本上取决于政治，而且无论人们采取什么方式，任何民族永远都不外是它的政府的性质所使它成为的那种样子；因此，我觉得什么可能是最好的政府这个大问题，就转化为如下的问题：什么是适合一个最有德、最开明、最睿智并且从而是最美好的那种政府的性质。"[168] 旧制度主义认为，制度约束着人们的行为，影响和制约着人们的偏好，因此，个人的偏好应该是一定规范和制度的产物，所以"只要找到了制度的运转规律，也就摸清了政治运作的基本规律"[169]。旧制度主义采用静态描述和规范研究方法，重视正式制度的功能而忽视了非正式制度，重视制度的约束作用而忽视了行动主体的多样性、能动性，重视静态的制度分析而忽视了动态的政治过程，因而不足以让人们全面地理解政治生活，也无法提供较为精确的政治知识。随着自然科学的快速发展及自然科学与社会科学的不断融合，统计学、社会学、社会心理学、生理学、人种学等学科知识被应用于行政学研究之中。20 世纪 50 年代后期，行为主义研究范式逐渐盛行并取代了旧制度主义研究范式。随着行为主义研究范式的发展，其内在的矛盾也日益凸显，于是制度的作用再次受到学者的重视，在对传统理论批判继承的基础上，历史制度主义理论兴起。与旧制度主义相同，历史制度主义也将制度作为研究的主要对象，但同时借鉴了行为主义研究范式的研究内容与研究方法，规避了旧制度主义研究范式中的缺陷与不足。除了正式制度，非正式制度也被纳入历史制度主义的研究视野。制度不仅塑造着行动者的偏好，行动者的行动也影响着制度的发展。制度与行动者的互动促使制度研究从静态的规范分析走向动态的过程分析。

历史制度主义兴起的现实背景是，冷战结束后，东西方国家之间、发达国家与发展中国家之间的对峙、冲突开始缓和，而发达国家之间、发展中国家之间的政治差异性越来越凸显。20 世纪 70 年代，欧美国家经济发展相继进入滞胀阶段。在类似的社会经济背景下，应对共同的经济动荡时，一些发达国家采取了趋同的政策目标、政策体系，但却取得了完全不同的政治产出结果，如石油危机中西方各国的不同应对，西欧与北欧诸国福利体系方面存在的差异性。文化传统因素、经济因素难以解释这种政治差异性，制度则再次成为解释问题的焦点。与旧制度主义不同的是，历史制度主义认为制度既是自变量也是因变量，制度形塑行动者的偏好和目标，同时行动者的博弈与冲突又重构着制度。

2.历史制度主义理论的发展

国外学界对历史制度主义理论的研究始于 20 世纪 80 年代新制度主义理论的兴起。20 世纪 90 年代，学界初步将理论体系化、框架化。21 世纪初期，学界致力于探寻历史制度主义理论与其他制度主义理论的融合研究。国内学界对历史制度主义的研究略晚于国外，早期主要工作是对理论的引介和评述，近年来则注重理论的具体应用。

（1）国外历史制度主义理论的研究与发展

尽管 20 世纪 60 年代政治学上行为主义研究范式盛行，制度主义研究式微，但是关于制度的研究从未终止过。20 世纪 60 年代亨廷顿（Huntington）等人对"哪些制度－官僚机构、党派或利益集团——是现代化过程的前提"这一问题的追问可视为新制度主义的起源[169]。亨廷顿等人所强调的制度更注重行动主体的作用和关系，与旧制度主义偏重静态的、实体的制度不同。

20 世纪 80 年代，马奇和奥尔森（March，Olsen）在《美国政治科学评论》上发表《新制度主义：政治生活中的组织因素》。这一论文标志着新制度主义理论的诞生，但是当时的新制度主义"也只是采取了对现存理论进行批判的形式，尚未发展成一种新的理论体系"[170]。20 世纪 80 年代的历史制度主义者并未有意地将自身归入制度主义流派，只是"寻求去对那些不同国家的差异性政治后果和政治后果的不平等性作出更好的解释"[171]。他们探究连接国家与社会的"政策网络"的差异性，关注主要经济行动者的结构与组织，研究利益集团的差异性，进行理论框架的总结。

直到 20 世纪 90 年代，历史制度主义才形成了自主的理论体系和分析框架[172]，此时，综合性、系统性的理论体系不断地被提出并完善，研究领域和研究问题也得以进一步扩展深化。1992 年，西伦（Thelen）等人的《结构化政治学：比较分析中的历史制度主义》一书出版。该书阐释了历史制度主义的发展历程、研究任务、研究层次，并首次对历史制度主义、行为主义及理性选择理论进行了区分。1995 年，斯科克波尔（Skocpol）发表了《我为什么是一个历史制度主义者》一文，阐明了历史制度主义的理论主张。1996 年，豪尔和泰勒（Hall，Taylor）发表了《政治科学与三个新制度主义流派》一文，将新制度主义分为历史制度主义、理性选择制度主义和社会学制度主义三个流派[173]。除了以上综合性、系统性的理论体系研究之外，这时期关于国内、国际问题，历史和当代重大问题的历史制度主义研究也较为丰富。20 世纪 90 年代国外历史制度主义研究的主题与代表作见表 2.2。

表 2.2　20 世纪 90 年代国外历史制度主义研究的主题与代表作

研究的主题	代表作品
国内政治研究	《总统的产生》（斯科夫罗内克，1993）、《获得接近的机会：国会与农业游说，1919—1981》（汉森，1991）、《笼罩在驻防国家的阴影下》（佛雷德伯格，2000）
国际问题研究	《通向欧洲一体化的路径：一项历史制度主义的分析》（皮尔逊，1996）、《国家的多样性与全球资本主义》（柏吉尔，1996）、《资本主义的多样性：比较优势的制度基础》（豪尔等，2001）
重大问题研究	《军队革命与政治变迁》（道宁，1991）、《形塑政治场所：关键节点、劳工运动与拉丁美洲的政体动力学》（克里尔夫妇，1991）、《国家形成、国家建设与大众政治》（福罗拉，1999）、《资本主义的发展与民主》（罗斯齐美尔和斯蒂芬斯，1992）、《需求民主》（耶沙）、《税收与民主》（斯坦墨，1993）、《拆解福利国家》（皮尔逊，1994）、《福利国家的新政治》（皮尔逊，1996）、《国家与社会革命》（斯科克波尔，1979）、《现代世界中的社会革命》（斯科克波尔，1994）、《运动中的权力》（塔罗，1997）

　　21 世纪初期，西方学者开始试图将历史制度主义理论与其他制度主义理论进行融合，探寻制度主义理论之间的兼容性而非差异性。历史制度主义学者力图通过这种融合，发展出更具解释力和应用性的理论框架。豪尔（Hall）将历史制度主义理论的核心论点注入理性制度主义理论之中，提出扩展的理性主义模型，同时他也强调制度的命运受到文化转换的约束，历史制度主义置身于理性主义和社会学视角的综合之中[174]。塞登（Seddon）整合了历史制度主义理论和理性选择理论，通过一系列的因果机制阐释历史序列如何促使政治战略和组织机构相互作用，指出全球治理背景下政治和技术官僚式的治理方式受到历史遗产的影响[175]。另外，历史制度主义的理论基础、学科应用范围进一步扩展。2016 年出版的《历史制度主义理论牛津手册》收录了许多学者的文章，涵盖基础理论发展、政党政治、社会政策、欧洲政治、福利国家、国际关系、全球治理等诸多领域[176]。

　　（2）国内历史制度主义理论的研究与发展

　　国内学者的早期研究主要是对国外理论的引介、梳理和评述。何俊志翻译了彼得·豪尔和罗斯玛丽·泰勒的《政治科学与三个新制度主义》[157]；雷艳红梳理了历史制度主义与比较政治学的渊源[177]；胡冰阐释了历史制度主义的渊源、特点[178]。近几年来，国内学者逐渐开始通过案例解释、分析我国的一些现实问题。韩国明、李伟珍分析了两种农民合作社生成路径选择的原因[179]；韩鹏云分析了我国农村五保供养制度变迁过程的特征及影响因素[180]；杜英歌从权力分配结构、经济体制变迁等方面进行理论建构，阐述了我国行政区划层级中地级政区的发展演变逻辑思路及地级市发展变迁的主要影响因素[181]。马得勇对历史制度主义理论的核心概念，如路径依赖、关键节点、偶然性、能动性、观念等进行了阐释，介绍了历史制度主义多元化的研究方法，并探讨了该理论在我国实践中的适用性问题[182]。

3. 历史制度主义与其他新制度主义流派的关系

新制度主义沿袭了传统政治学对制度的关注，通过应用比较分析方法、历史分析方法规避静态、描述性的研究；认可个体角色的重要性，但又反对过分注重政治形式、忽视政治实质的研究。新制度主义在古典制度主义与行为主义之间建立起沟通桥梁，扬长避短，既体现了个体选择和制度在制度变迁中的重要作用，又突出了研究的动态性、可追踪性。学者依据不同的标准，从不同的视角对新制度主义进行了分类。霍尔和泰勒（Hall，Taylor）把它分为历史制度主义、理性选择制度主义和社会学制度主义三个流派[173]。彼得斯（Peters）则把它分为规范性制度主义、理性选择制度主义、历史制度主义、实证制度主义、作为一种利益代表的制度主义、社会学制度主义、国际政治中的制度主义等七个流派[183]。因姆格特（Immgut）把它划为分理性选择、组织理论及历史制度主义等三个学派[184]。其中，霍尔和泰勒（Hall，Taylor）的划分方法被广为接受。斯密特（Schmidt）于2008年提出了话语制度主义，进一步丰富了新制度主义流派[109]。新制度主义的四个流派之间并不是完全割裂的，"事实上近几年来在理性选择制度主义和历史制度主义之间已经展开了交流，历史制度主义与理性选择制度主义之间已经有几个结合点存在"[185]。

（1）制度影响方式的差异

新制度主义的四个流派都承认制度影响行动者偏好，但认为影响的程度、方式不同，这是四个流派的核心区别。社会学制度主义学派倾向于在"更为广泛的意义上来界定制度，不仅包括正式规则、程序、规范，而且还包括为人的行动提供'意义框架'的象征系统、认知模式和道德模板等"，并"强调制度影响行为的方式是通过提供行为所必不可少的认知模板、范畴和模式，而不仅仅是因为没有制度就不能解释世界和其他人的行为"[171]。因而，制度铸就了行动者的社会角色认知，在特定情景下会自然而然地按照既定认知参与社会行动，所以，社会制度主义在解释同构性问题和合法性问题时更有解释力。理性选择制度主义认为，行动者的偏好是固定的，行动者依赖制度来预期其他行动者的策略，不同主体间通过博弈进行策略选择并影响制度的运行过程，产生政治结果。理性选择制度主义常用产权理论、成本交易理论、寻租理论等来阐述制度产生过程的收益、成本，因而具有高度的"功能主义""目的主义"。话语制度主义认可制度对行动者的约束，行动者对制度也进行着改变与构建，但观念被置于核心的地位。行动者的前置话语能力在政策变迁中发挥着更为重要的作用，这种能力使得行动者对现存制度进行思考，并通过话语、沟通、概念化等方式构建新的政策思想，促使政策变迁的发生[186]。与上述三种新制度主义相同，历史制度主义也强调制度的重要性，认可制度与行动者之间的互动关系，"制度不只是另一个变量，也不只是'制度也起作用而已'，通过塑造行动者的策略和目标，并通过斡旋合作与冲突的关系，制度构造了政治的情景，并对政治结果产生显著的影响"[171]。但是，历史制度主义强调制度是在历史进程中得以展开的。"制度是决定历史朝着某一方向发展的基本力量，同时制度也是某一历史进程的具体遗产"[169]。通过对历史进程的追溯可探究政策、制度变迁的累积性原因，寻找历时性而非共时性的因果关系，凸显现实逻辑而非分析逻辑中的偶然因素。特定的时间序列与重大事件、意外事件所促成的关键节点则为政策、制度的变迁提供了重要的机会。

（2）研究层次的差异

从研究层次看，社会制度主义是一种宏观的视角，遵循社会适应逻辑，认为制度变迁以自发性扩散的形式得以复制、传播，制度发展过程中行动者的能动性及行动者之间的竞争、冲突关系被忽略了。理性选择制度主义的研究层次更接近于微观视角，遵循效率逻辑或工具逻辑，认为既定制度下理性的行动者采取了策略性的行动，他们之间的合作与博弈决定了成本最小、收益最高的制度安排得以产生。历史制度主义则立足于"中层理论的框架"来探测同一现象背后的多样性问题，位于社会制度主义与理性制度主义两者之间，认为人的行为既是理性的产物，也是特定文化模式的产物，但归根到底是制度的产物，无论是个体的理性还是既有的文化模式都扎根于制度之中，受到制度的塑造和制约。历史制度主义理论注重具体制度的产生、发展过程，力图探究这些制度对行动者产生了怎样的影响，该制度在环境的作用下又是如何发生改变、进一步发展的。历史制度主义理论以制度及制度网络为中轴，"向下探求既定的制度对于公共政策的确切影响，向上探求既定制度对某种理念的吸纳和加工"[169]，从而系统地提出制度的变迁规律。

（3）研究对象的差异

社会制度主义以组织为研究对象，注重组织同形、制度扩散的研究[187]，能够很好地解释一些无效率制度存在的成因，但对于制度变迁的解释则显得苍白无力。理性制度主义着重于制度选择问题的研究，以快照的方式勾勒即时性的政策选择问题。为了追求普适性的、精美的理论框架，其研究对象一般限定于投票行为、选民态度、选情分析等可观察的行为。而历史制度主义一般以历史和现实中的重大问题为研究对象，如"公共政策的制度与执行模式、社会运动的产生与发展、现代国家建立与发展、政治经济制度的起源与动力、民主政体之下公民参与的沉浮、福利国家的出现与分化及政治转型和革命等"[169]。

（4）路径依赖作用机制的差异

尽管历史制度主义与理性制度主义一样都认可路径依赖对制度发展的制约作用，强调正是路径依赖的自我强化机制解释了制度的出现、持续和变迁，但理性制度主义认为制度是主体展开行动的背景因素，塑造了行动者的价值偏好，政治领域与经济场域一样，平等的行动者围绕着稀缺资源展开竞争、合作，而历史制度主义则认为政治领域与经济领域存在着很多的不同之处，"政治领域有四个显著而相互关联的面向：集体行动的核心作用；制度的高密度；运用政治权威以增加权力不对称的可能性；内在的复杂性和暧昧性"[188]，因而，政治场域中的自我强化机制与经济领域不同，有着自身的特点。首先是权力的非对称性。政治场域中并不是平等的经济交换关系，在制度和权力的影响下行动主体是在不平等的关系背景下展开竞争与合作的。其次是时机与次序的重要性。与共时性的因果关系研究不同，历史制度主义者更注重历史原因，认为"先前时段的一些原因所造成的结果，变成随后时段相同结果的原因"[189]。早期的"小"事件可能产生大影响，而后期的"大"事件可能几乎没有影响。最后是偶然性。功能主义强调某一制度能够得以创建、维持是因为它满足了在结构中占优势地位的利益主体、组织，即"结果 X（如某一制度、政策或组织）的存在是因为它满足了功能 Y"[188]。然而制度发展并不是线性的，尤其是制度的环境在快速改变、社会复杂性日益增加，决策者的有限理性、制度自身的多重效应、集体行动的协调性都可能促使意外后果出现。这些特性导致政治领域中的自我强化机制愈加剧烈。

2.2.2　历史制度主义理论基本内容

历史制度主义理论从历史、制度、行动者三个维度展开，结构、利益博弈、时间序列与事件构成了其核心要素。历史的时间视阈、关键节点提供了连续活动的动态发展"录像"，而不是即时性的片断的"照片"，因而可探究制度的深远影响；制度结构决定着政策变迁的基本方向，是变迁的前提条件；行动者理念、行动策略冲突与矛盾是变迁发生的根本动力。历史、制度、行为的交错，路径依赖机制与关键节点的交织是政策变迁发生的机制，决定着政策变迁的路径和模式，其中路径依赖是理解变迁模式、过程的核心机制。

1. 历史制度主义理论的基本内涵和三个核心维度

尽管历史制度主义认为制度决定着政策发展的基本方向，但是"历史制度主义并不是一种制度决定论，而是强调制度与其他因素的共同作用和制度对环境变量的加工"[190]。历史制度主义从历史、制度和行动者三个维度探寻政治现象的因果机制，历史、制度、行动者构成了历史制度主义理论的核心要素。

制度促成了非对称结构的形成。制度具有稳定性、权威性，赋予了一部分人权力，同时削弱了另一部分人的权力，造成了行动主体之间不平等的资源分配与地位，促成了不对称权力结构的形成。行动主体受到既有制度的影响，在制度结构中形成了自身的偏好、价值和行动策略，但是行动主体具有主观能动性，随着自身的发展、环境的变化，他们会积极调试、修正、改变自身的理念与行动策略，政策场域中占主导地位的行动主体会力图维持既有结构，弱势主体、潜在的进入者则会寻找机会力图调整、改变既有结构。在路径依赖的作用下，这种结构在相当长的一段时间内会保持稳定、平衡。行动主体之间的利益冲突和矛盾是政策变迁、制度变迁的直接动力，这种冲突与矛盾主要表现为行动主体之间理念、行动策略的互动与冲突。历史表现为时间序列，通过锁定关键节点，对事件发生的历史进程进行追溯，从历时性、长时段的视角透视政策发展的确切过程，可以动态地反映、诠释制度与行为的互动关系，探究自变量的出场顺序对政策的影响，从而揭示政策变迁的真实因果机制。

历史制度主义理论中的制度范畴介于理性选择制度主义与社会制度主义之间。理性选择制度主义理论认为"制度是一系列被制定出来的规则、程序和行为的道德伦理规范，它旨在约束追求主体福利或效用最大化利益的个人行为"[191]，"制度是博弈规则，组织是参与者"[192]，组织是在博弈规则下采取行动的利益主体，组织的结构、关系不属于制度。社会制度主义理论则在更宽泛的意义上界定了制度的内涵，将特定的文化模式视为一种制度，认为符号、规范、典则、象征系统、认知模式和道德模板等均属于制度[173]。而历史制度主义者豪尔则认为制度是"各种政治经济单元之中构造人际关系的正式规则、惯例及受到遵从的程序和标准的操作流程"[193]，包括"引领着人们政治行为的正式组织之内的规则及非正式的规则和程序，这些制度对政治行动者界定自身利益及其与其他群体间的权力关系结构起着形构作用"[190]。历史制度主义理论的制度范畴既包括了理性制度主义所定义的"被制定出来的正式和非正式制度"，还将组织中横向和纵向的权力关系及国家与社会的互动关系等也囊括其中，这样可以从更广泛的意义上考察行动主体之间的互动与约束。但这一范畴又比社会制度主义所界定的制度内涵要具体、清晰，从而可凸显哪些具体制度对政治生活产生了影响。

历史制度主义理论的"历史"强调时间序列，主张从历史事件或历史过程的次序中透视对结果产生具有关键影响的因素，审视分岔点或关键时刻政治发展的"下游"情况。"'时间'以影响深远的方式联系着颇为分离的社会过程"[188]，政治现象的原因与结果之间往往并不是线性的、即时的，某些政治变迁的核心原因与相关结果之间可能存在显著的时间滞后。通过对长时段历史过程的多重探究，可以凸显时间界限及事件秩序的敏感性，有利于探明先前事件如何改变随后事件，阐释看似不相关联的政治元素如何具有因果机制，分析"关键节点"前后路径的分岔、发展方向。总之，较长时间跨度的研究凸显了长时间段内因果要素的互动关系，规避了短期静态研究可能存在的因果链条的误判。关键节点理论为划分时间界限、探究因果机制提供了有力的工具，构成了历史制度主义理论的基石。

历史制度主义理论继承了谢茨斯奈德（Schattschneider）关于冲突的分析框架，认为行动者之间的冲突、博弈是推动政策发生改变的根本动力。历史制度主义理论认为行动者是理性的，他们基于成本－收益原则采取最优的行动策略，在政治活动中围绕着稀缺资源展开博弈，促使政策朝着有利于自身的方向发生改变。但是与理性制度主义、社会制度主义不同，历史制度主义强调政治场域中的行动者具有两个突出特点。首先，行动者具有能动性，是促进政策变迁发生的根本动力，但是这种能动性受到制度、环境的制约。历史制度主义理论认为行动者是具有能动性的主体，可以根据变化的外部环境进行自我反思，并采取使自身利益最大化的策略，从而促进政策发生改变。但是与理性制度主义所强调的"政策需求导致政策产出"的线性功能主义不同，历史制度主义认为由于行动者自身知识、能力、时间视阈的限制及历史进程中意外事件的发生，行动者很难做到完全理性并真实预测到最终的政策结果。其次，行动者的权力是非对称性的。政治活动与经济活动不同，政治活动处于高密度的制度环境之中，因而经济交换中的平等关系难以在政治场域中贯彻，非对称的权力关系是行动者之间竞争、博弈的前提条件。

2. 历史制度主义的两个理论基石

关键节点理论和路径依赖理论是历史制度主义理论的两个重要理论基石。关键节点处生成的能动性要素与历史沉积形成的结构性条件相互交织、互动，在某些偶然性、外部性因素的介入下发生转换，进而促成政策的持续或变迁。因而，关键节点处结构性条件、能动性因素和偶然性因素是关键节点的构成要素。路径依赖理论最新发展倾向于从过程论视角来理解路径依赖，并据此将路径依赖分成三个阶段。

（1）关键节点理论

关键节点是历史制度主义理论的重要基石，它将政策发展进程中的时间、事件、结构性要素与偶然性要素有机地结合起来，为政策变迁起始点的确定提供了必要和充分的理论依据。"关键节点之所以重要不仅是因为它们产生重要结果，更在于这一历史转折点拥有潜在力量促使既有结构的制约力松动，行动者或意外事件有可能得以塑造与以往不同的路径"。既有制度形塑了政策子系统内不同行动主体之间的权力结构、利益关系与沟通方式，形成了相对稳定的结构体系，而能够促进既有结构松动的潜在力量即是关键节点处生成的能动性要素，这种能动性要素与历史沉积形成的结构性条件相互交织、互动，在某些偶然性、外部性因素的介入下发生转换，进而促成政策的持续或变迁。

结构性条件是指政策子系统中各个主体间所形成的网络结构关系。由于公共政策是对社会价值所做的权威性分配，是政治系统的一种输出，因而政策过程具有鲜明的政治性。与市场经济中强调平等的交换关系不同，政策子系统中的行动主体是在既有的制度和权力关系下展开行动的，这些制度和权力赋予了行动主体不同的位置与资源，在政策子系统内部形成了不平等的网络结构关系。结构性条件主要探究这些不平等关系的表现及结果。

能动性要素以历史的横截面为立足点，是某一时期内促成政策子系统内网络结构可能发生改变的外部条件。行动者借助外部条件发挥能动作用，采取策略性的行动，从而维持或改变既有的结构条件。因为这些外部条件是行动者采取行动需要借助的外部动力，而行动者的能动作用是历史制度主义的一个核心要素，故而将关键节点处有利于行动者采取行动的外部条件称为能动性要素。

偶然性因素是促成政策子系统内网络结构关系发生改变的触发点，它们往往是导致网络结构发生变动的重要诱因，也是政策产出的机会之窗[194]。关键节点处结构性的条件、能动性要素与偶然性的要素交织、互动，因此"小事件产生大的影响"[195]。

借助上述三要素描述关键节点处的政策子系统现状，为探究政策变迁的结果提供了有力的依据。

（2）路径依赖理论

路径依赖理论是历史制度主义理论分析的关键，在制度（政策）变迁中"具有'源头性'的作用，是制度（政策）变迁分析的'出发点'"。路径依赖牢牢占据制度变迁谱系的一端，反映了制度变迁、政策变迁的内在动力与逻辑过程，系统、有机地整合了历史制度主义理论的核心要素，凸显了历史制度主义理论的内涵。路径依赖理论经常被理解成一种状态，即"一种制度一旦形成，不管是否有效，都会在一定时期内持续存在并影响其后的制度选择，就好像进入一种特定的'路径'，制度变迁只能依照这种特定路径继续走下去"[196]，这一概念强调制度的稳定性、黏性和不可逆性，注重先前事件的优先性。而从过程论角度来理解路径依赖理论可清晰地展现这一理论的内涵及其在制度（政策）变迁中的作用方式与机制。路径依赖的过程论将路径依赖分为三个阶段，即路径的生成（起点）、路径的稳定和路径的分化（路径的分离、转换、终止）。显然路径依赖的状态论可纳入过程论中，是指路径的稳定阶段。

路径依赖的过程论理论不仅仅聚焦于路径发展中的黏性、不可逆性，同时它也强调路径起源的因果机制及路径发展后期的分化与结果，从而立体化地呈现出历史与制度、结构与时间序列、行动者与关键节点间的交错、互动，使得制度变迁的复杂过程与因果机制得以动态地展现，自我强化机制在制度（政策）变迁中所发挥的双重作用得以被认识和阐释。在内部结构性因素、外部偶然性因素或危机的作用下，关键节点一出现，关键节点处的路径有可能沿着原有方向进一步强化，也可能会渐进分离、终止或发生转换，但是最后的路径发展方向及选择的时长既受制于过去的历史状态，也取决于当前行动者的理念变化及他们间的利益冲突，过去的历史为现在设定了选择的可能性，当前的状态则勘探出了哪种可能性是可行的。随着多元行动主体行动的展开，新的社会网络关系产生并形成，生态系统中的资源被发现、认识和高效地配置起来，既有制度所支持的结构性关系面临冲击和挑战。当新制度的嵌入机制和自我复制能力不断地扩散和强化，新制度的生产机制大于既有制度的复制机制，自我强化的回报增长机制逐渐处于主导地位，路径走向稳定。当结构内部资源逐渐衰竭，自我强化的回报递减机制则处于主导地位，关键节点二出现，路径可能会终止、分离或分化。路径依赖的过程见图 2.1。正如施瓦茨（Schwartz）所说："路径依赖不仅适合解释制度稳定，同样也揭示了制度变迁的机制，如果说事件序列与回报增长相互结合形成了对制度稳定的机制，那么事件序列和回报递减相结合则提供了制度变迁分析的机制。"[197] 总而言之，路径依赖理论是阐释制度变迁的关键与基石。路径依赖的过程理论将路径依赖分成三个阶段。

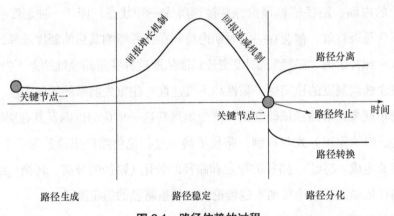

图 2.1　路径依赖的过程

第一阶段，路径生成阶段。路径生成是确认路径产生的起点，也是分析路径依赖的起点。历史制度主义理论认为路径生成的影响因素主要来源于两个方面。第一方面是系统内部先前的制度结构因素。历史制度主义认为在既有的制度结构中尽管占主导地位的行动主体会利用自身的资源支持复制原有的制度遗产使得制度得以持续、稳定，但是弱势群体和潜在的进入者同样也会利用制度运行中存在的断裂缝隙改变制度的功能，或者发展自身力量转变结构位置，进而终止原有制度的执行，当然这需要"挑战者有能力将政治过程引至不同的斗争场域，并形成与制度设计者不同的制度和制度变迁"[198]，这两种力量的冲突、互动促使路径分化。第二个方面是系统外部偶然性的因素或危机。制度（政策）所处的政治经济环境是在不断变化和发展的，战争、经济危机等重大事件，科学技术的进步与普及等都构成了制度变迁的催化剂。新的制度路径生成有时起因于内部因素，有时是外部因素起决定作用，更常见的则是在内外两种因素共同作用下促成的。此时，制度作用下的结构变量、历史进程中的环境变量与行动主体的能动性变量三者交融在一起铸成了关键时刻，"时刻之所以是关键的，因为它们把制度安排放在路径或轨道上，这是很难变更的"[188]。历史制度主义者常常用关键节点这一概念识别制度变迁的起始点。关键节点是指路径依赖过程中"相对较短的时期，在该时期内行为者的选择影响最终结果的可能性大幅提高"，这一时期具有高度的偶然性和结构的流动性[199]。该时刻的重要决策"会对后续历史发生持续的影响，即使这些事件本身并不存在，它们的影响也会仍然存在"[200]。关键节点是历史发展的一个重要转折点，是"显著变化的时期"[188]，但并不一定有制度的断裂期。在制度变迁的过程中必定有关键节点的存在，但未必所有的关键节点都会产生路径分化，有时关键节点处制度发展路径的变化很小，关键节点后制度又保持了既有的平衡，所以关键节点是制度变迁的必要条件，而非充要条件。关键节点通常以一些重大事件的发生或事件间的时间秩序为划分依据。

第二阶段，路径稳定阶段。路径稳定阶段是指制度（政策）"本质上进入了难以逆转的发展轨道"[201]。在内外部环境相对稳定的情况下，自我强化机制或正反馈开始发挥作用，"扭转或退出的成本将非常昂贵，即使在存在另一种选择的情况下，特定的制度安排所筑起的壁垒也将阻碍在初始选择时非常容易实现的转化"[202]。此时，制度结构的自我复制能力大于制度的产生能力，制度保持相对均衡状态。与技术、经济领域的自我强化机制类似，"庞大的创办成本或固定成本、学习效应、协调效应、调试性预期"[203]等因素也是政治领域自我强化机制产生的原因，但与技术、经济领域不同的是政治领域的"集体行动性质、制度的高密度性、权力的不对称性及政治系统内在的复杂性和暧昧性导致政治的正反馈过程特别剧烈"[204]。自我强化机制的表现形式和作用与关键节点息息相关，关键节点处事件的发生时间和次序决定了既有的制度遗产是否能够得以复制和繁衍或形成新的遗产生产、复制机制。关键节点不同属性的划分促成了迥异的自我强化机制研究形式[188]：①不强调时间秩序，而是强调某种自我强化机制或结构关系如何随着时间而变得日渐嵌入；②认为独特过程的时间秩序决定了结果，最早发生的事件或过程产生自我强化机制；③着眼于自我强化机制的下游研究，注重关键时刻事件的因果链条或事件次序的逻辑关系，如 a 产生 b、b 产生 c 的事件因果链条，虽然最终结果与某一关键时刻相联系，但可能累积至一个远离原初的关键时刻的结果。制度产生的原因与制度持续的原因往往是不同的。伴随着关键节点的出现，自我强化机制可能会进一步强化，也可能会弱化，"自我强化机制发挥着回报增长和回报递减双重作用，同时解释着政策的持续与变迁"[205]。关键节点处既有的制度遗产得以进一步地复制还是形成了新的再生产机制，可以通过三个条件来判定，即遗产的生产机制、遗产的复制机制（再生产机制）和遗产核心要素的稳定机制。在这三个条件都满足的情况下，"关键节点导致了最终遗产，而不是由先行条件这一常量导致了最终遗产的形成"[169]。制度遗产持续的自我复制机制导致路径走向锁定（闭锁），制度路径一旦锁定于某一均衡点，则很难偏离既有轨道。路径锁定可能形成一种高效率的状态，促使制度发展进入良性循环，亦可能形成一种低效率的、甚至是无效率的状态，即在既得利益主体竭力维持既有秩序的情况下，自我强化机制阻碍新制度生产机制的产生，无效率的制度路径会持续下去。当制度内外环境发生变化时，新的关键节点出现，制度路径走向演化，出现路径分离、路径转换和路径终止等状态。

第三阶段，路径分化阶段。路径分化是指路径的分离、转换或终止。路径分化与路径产生是路径依赖过程中首尾相接的两个阶段，在形成原因、表现形式上两者是一致的，开始意味着结束，结束也意味着新的开始。路径分化的动因一方面来源于制度结构中行动者理念的转变及他们间的利益冲突与矛盾，另一方面则来源于外部重大的或偶然性事件的产生。当现存制度安排下存在着潜在的外部利润时，不同的行动主体为了获得潜在利润，会力图突破既有的制度壁垒，实现外部利润内部化，同时制度需求与供给出现。不同的路径产生方式导致了不同的政策（制度）变迁的方式与模式。

2.2.3 历史制度主义理论研究途径

历史制度主义理论并不以建立某种普适性的模式为己任，因为历史的发展是非各态历经的，不同的国家、地区，不同的文化、制度基础，以及意外因素的存在都决定了普适性模式难以建立，但这并不否认模式建构的重要性，模式体现了事物的发展规律、发展方向，有利于探寻政治现象背后的因果链条，将模式的范围限定于某一历史时期、某一领域是可能的、必要的、具有解释力的。不同于旧制度主义力求建立宏观普适性的模式，也不同于行为主义致力于追求精准完美的微观模式，历史制度主义理论力图建构中层理论模式，它以制度为中轴向下探究具体制度对政策、集团、行动主体的激励与约束，向上则探究行动主体与环境的交互下具体制度的变迁历程和动因。

历史制度主义理论的研究主题主要是沿着两条途径展开的。一条途径是制度—行为—政策变迁，探索特定制度对政策变迁产生的作用、影响。它的逻辑结构是既有制度激励约束着行动主体，又塑造着行动主体的偏好、价值和策略，但是行动主体并非总是被动的，相反，他们具有能动性，会根据自身的发展、外界环境的变化调试自身的价值、偏好和策略，不同行动主体之间的竞争、冲突推动了政策变迁的发生。另一条途径是制度—行为—制度变迁，探索一定制度、环境条件下行动主体的矛盾冲突对既定制度产生的影响，进而探究制度出现了怎样的变化。它的逻辑结构是行动主体既受既有制度的激励与约束，同时也会随着环境的改变调整自身的价值、偏好和行动策略，行动主体之间的冲突与竞争促使制度发生改变。第一种途径中，制度是中介变量，行为是自变量，政策变迁的结果是因变量，第二种途径中，制度既是中介变量也是因变量，行为是自变量。两种途径的划分基于不同的研究目标，但现实中往往是一个相互衔接的循环过程。例如，第一条途径中，当政策变迁出现时，可能会出现某种程度的制度变迁，进而制度安排与结构发生改变，行动主体的偏好、价值和行动策略也发生改变，政策或制度变迁就会再一次出现。第二条途径中，制度变迁的发生会直接引起政策变迁，或者会导致行动主体偏好、价值、策略的转变，从而再次引起政策变迁或制度变迁。尽管历史制度主义两种研究途径的对象不同——分别是政策变迁与制度变迁，但是两者在核心内涵、核心要素方面是一致的。两种途径都认为行动主体之间的矛盾冲突是导致政策变迁、制度变迁的直接动因，而行动主体的偏好、价值和行动策略受到制度的形塑，历史进程中特定的时间序列和事件影响制度、政策变迁的进程和方式。

2.2.4 历史制度主义理论相关研究变量

从事历史制度主义研究的学者从不同的理论视角、维度阐释了历史制度主义理论的分析框架，丰富、完善了历史制度主义的内容。为了更深入地理解历史制度主义理论研究的变量，本书作者梳理了已有的文献及其基本情况，见表2.3。总统制度的变迁、民主制度的转型、工人运动的差异、利益集团的兴衰、阶级的流变等相关研究都立足于单一制度层面，探究某一正式或非正式制度的变迁形式与动因。税收政策的差异、政策模式的差异、卫生政策的差异、福利政策的差异则基于某一领域的具体政策或政策体系探究政策差异、政策变迁的制度成因。制度变迁与政策变迁构成了历史制度主义研究的主要对象，也是历史制度主义研究的自变量。但不论研究对象是政策变迁还是制度变迁，研究的因变量一定是某种制度或制度影响之下行动主体间所形成的合作与冲突的关系。具体来说，历史制度主义研究的因变量主要包括政党制度、社会网络关系、国际关系、国际经济政治环境、媒体技术、民主与工业化进程、经济危机、选举制度与选举规则、国家权力结构、政府与社会的关系、政府与市场的关系、社会能力强弱、制度否决点等，以及这些变量之间的时间序列。这些因变量既有宪法规范、政党制度、政体结构、选举制度等正式制度，也有社会网络关系、政府与社会的关系、政府与市场的关系等非正式制度，同时也涵盖了危机、技术、经济政治环境等偶然性的重大事件。可以看出，历史制度主义涉及的研究变量是多维、丰富的。

表 2.3 历史制度主义的著作

著作	作者	出版时间	研究的自变量	研究的因变量
《总统产生出的政治：从约翰·亚当斯到乔治·布什的领导风格》	斯科夫罗内克（Skowronek）	1993 年	美国总统制度的变化	总统个人在贵族之中的声望、政党分肥制度、扩大的行政机构和国际地位的上升、大众传媒

（续表）

著作	作者	出版时间	研究的自变量	研究的因变量
《税收与民主》	斯坦默 (Sven Steinmo)	1993 年	英国、美国、瑞典的税收政策差异	政党体制、国家权力的集中和分散化程度、国家与社会的联结方式
《形塑政治场所：关键节点、工人运动与拉丁美洲的政体动力》	克里尔夫妇（Ruth Berins Collier and David Collier）	1992 年	民主转型	拉丁美洲八国政府对工人运动的处理方式
《在权力与财富之间 —— 发达工业国家的对外经济政策》	卡赞斯坦（Katzenstein）等	1978 年	发达工业国家政策模式的差异	政策目标、政策工具
《游戏的规则：法国、瑞士、瑞典卫生政策制定的逻辑》	伊格玛特（Immergut）	1992 年	法国、瑞士、瑞典卫生政策的差异	宪法中权力的划分、各国的选举规则和各国政党之间的联结方式等方面存在的制度否决点
《美国、英国工人阶级的形成 1820—1896》	哈塔姆（Hattam）	1992 年	英美工人运动的差异	法院与议会的不同关系模式
《经济治理：英国、法国国家干预的政治》	豪尔（Hall）	1986 年	英法两国国家干预政策的差异	两国不同的国际地位及国家与社会的关系
《利维坦的诞生：现代欧洲的国家建设与政权体制》	埃特曼（Ertman）	1997 年	政权体制	时间序列及专业人才的可获得性
《获得接近的机会：国会与农业游说 1919—1981》	汉森（Hansen）	1991 年	美国农业利益集团的兴衰	美国的国会制度结构
《政治体制和利益代表：法国的传统中产阶层》	柏吉尔（Berger）	1981 年	法国传统资产阶级的流变	法团主义背景下的政治制度
《军队改革与政治变迁》	道宁（Downing）	1991 年	欧洲国家民主与独裁制度的起源	议会制度

著作	作者	出版时间	研究的自变量	研究的因变量
《积极寻找工作：美国和英国失业保障政策的政治》	金（King）	1995 年	英美两国工作福利规划的差异	政府、议会及总统权力间的结构关系
《理念与政治创新的边界》	韦尔（Weir）	1992 年	雇佣革新的理念	碎片化的美国政治制度
《保护士兵和母亲：美国社会政策的政治起源》	斯科克波尔（Skocpol）	1992 年	欧美国家福利政策的差异	民主化与现代官僚体系建立的时间序列

2.3 历史制度主义理论对本书研究的适用性

历史制度主义理论立足于中层制度视角，可将宏观的政策与微观的行动者连接起来，为探究出租车行业监管政策变迁提供了更为全面、新颖的理论视角。从历史制度主义理论出发，可更好地理解出租车行业监管政策变迁的动力机制。历史制度主义的关键节点理论为出租车行业监管阶段的划分提供了有力的工具。历史制度主义的路径依赖理论为出租车行业监管政策变迁机制提供了有力的解释框架。

2.3.1 历史制度主义理论为出租车行业监管政策变迁研究提供新视角

改革开放 40 年来，我国经济建设取得了巨大成就。有学者认为，这是政府主导的中国模式的胜利，需要进一步强化政府权威；也有学者认为，这是社会活力迸发的结果，需要政府进一步放权。单从国家中心论视角或社会中心论视角出发所得出的结论都难免失之偏颇，处于中层位置的历史制度主义理论则规避了这种片面性，其理论视角更为全面、新颖。历史制度主义理论立足于一国之内的制度网络，向上可探究政策、制度变迁的动因，向下可探究制度对行为主体的影响和约束，将宏观的政策和微观的行动者连接起来，将制度、历史、行动者有机地结合起来，从而立体、动态地展示政府与市场、政府与社会的演进关系。出租车行业是我国市场化较早的一个行业，是典型的政府监管领域，其监管政策的发展历程具有代表性、典型性。立足于中层制度视角，从历史制度主义理论的制度－历史－行动者分析框架出发，可探析出租车行业监管政策产生的制度基础，分析监管政策变迁的历程和模式，阐释变迁的动力机制，为理解改革开放以来类似的政府监管行业中政府与市场、政府与社会间权力边界的互动关系提供借鉴。

2.3.2　历史制度主义理论有助于理解出租车行业监管政策变迁的动力机制

历史制度主义理论认为，行动者受到制度的影响和制约，处于制度塑造的非对称权力关系之中。在外部环境稳定的情况下，此种结构关系会不断地自我强化，促使政策沿着既定的路径发展。但是，政策并非不能改变、发生创新。行动者具有的能动性能够对环境作出反思并采取相应的策略，行动者之间的博弈是促使政策发生改变的根本动力。切贝里斯（Tsebelis）生动地指出制度约束下行动者的能动性问题，他将制度比喻为"躯壳"，认为"制度像是一具躯壳，它会造成何种结果取决于身处躯壳之内的行为者"[206]。行动者能动性的发挥则受理念、外部环境及行动者间利益博弈的影响。据此，本书提出政策变迁的动力模式，认为理念是出租车行业监管政策变迁之源，科技是出租车行业监管政策变迁的催化剂，利益博弈是出租车行业监管政策变迁的根本动力。

2.3.3　历史制度主义理论为出租车行业监管政策发展阶段的划分提供重要依据

关键节点理论是历史制度主义理论重要的理论基石，为无缝的历史切割提供了重要依据。关键节点理论早期的研究聚焦于关键节点的"关键性"，着重阐述关键历史时刻政策（制度）变迁所产生的深远、变革性的影响。这些关键时刻一般是指政治经济危机、大规模的公众不满情绪或恐怖情绪、社会动乱等重大、突出的危机事件，它们被视为政策发展中的分水岭或关键选择点。在关键节点处，政策出现了稳定和变迁的更替，政策发展路径发生改变且难以逆转，正反馈进程得以开启。但是，随着研究的深入，该模式的弊端也逐渐显露。首先，该理论的应用较为随意，缺乏界定关键节点的一致标准。其次，该理论更适用于解释政策急剧变迁的过程，而不具备解释渐进性政策变迁的资源。新近理论的发展不仅重视关键节点的重要后果，更注重探究关键节点产生的前提条件。关键节点条件论的发展注重探究"否定性因素"和"未遂事故"，即再均衡的力量[207]，这为渐进性政策变迁模式提供了解释资源，进一步提升了关键节点理论的清晰度与阐释力。

霍根（Hogan）认为，关键节点产生的前提条件是生成分裂，关键节点自身的影响如重要性、迅速性、覆盖性是其产生的必要条件。斯莱特（Slater）和西蒙斯（Simmons）提出，关键节点并非产生于白板之上，"关键节点先前存在的因素或条件（先行条件）与关键节点的相关因素和逻辑顺序相结合，产生分歧性结果"[208]。索费（Soifer）则依据容许性条件和生成性条件的不同组合来判断是否存在关键节点。我国学者段宇波、赵怡综合以上研究，以关键节点的独立性为基本判断依据，将影响关键节点产生的条件分为控制变量和因果变量，其中"控制变量反映历史过程的结构延续，包括先行条件和容许性条件，而因果变量截断历史，反应能动性"[207]。以上研究无疑丰富、细化了关键节点的理论内容，为理论的进一步发展提供了新的方向。但是，对于关键节点产生的条件分析或过于笼统，不利于实际应用，或过于繁复，难以解释一些相对小的关键节点，缩小了理论应用的范围。因为关键节点强调结构的流动性和高度的不确定性，本书研究又是以国内出租车行业监管政策发展为研究切入点，相对来说研究范围小且具体，故本书研究在借鉴以上相关研究成果的基础上，以关键节点处的结构性条件、能动性要素及两者在偶然性因素下的互动为分析框架，采用"过程追踪""分析性叙述"等方法阐述出租车行业的三个关键节点，以凸显出租车行业监管政策的关键节点处制度自我强化机制的维持与转化，从而探究出租车行业监管政策变迁的时间序列、表征和模式。

2.3.4 历史制度主义理论有助于阐释出租车行业监管政策变迁的机制

政策变迁主要表现为常规政策变迁和范式政策变迁，但不论哪种形式的政策变迁都必然和政策子系统的属性和结构的改变有关。一般来说，政策子系统结构的改变是促成范式政策变迁的根本动力，而政策子系统的属性即政策所涉及的具体领域的性质则影响着政策变迁的方式与速度。政策子系统是指某一特定政策领域中的行动主体 [13]，这些行动主体有着不同的价值选择，在政策子系统内围绕着各自的利益讨价还价，他们之间的互动关系构成了政策网络 [209]。一方面，政策子系统的属性即不同的政策领域影响着政策网络的类型，如在高端技术领域常见的化学或有毒物质的管制与教育和社会政策领域的政策网络明显不同，工业政策领域易于形成社会行动者支配的政策网络，而交通、保健领域则易于形成国家行动者支配的政策网络 [210]。另一方面，政策网络具有动态性、结构性的特点。在政策过程的各阶段，行动主体常常是不稳定的，如政策议程设置阶段媒体往往比较活跃，而在政策执行阶段媒体则不再积极，甚至会退出政策活动。政策网络中的各个行动主体并不是完全平等的行动主体，制度制约着这些行为主体表达、追求利益的方式，也影响着他们努力成功的程度。制度是他们行动的界限，也是他们行动的资源。因此，政策网络具有结构性。"政策子系统倾向于建立政策垄断，只有当新的成员或子系统出现，使这种垄断被打破，一项政策才可能在重大的意义上发生改变" [211]。政策子系统中的行动主体、政策网络的结构性与历史制度主义的结构、行动主体等核心要素是相耦合的，而历史制度主义的路径依赖理论则为阐释这种结构性的变化提供了有力的工具。

2.4　本书研究的分析框架

出租车行业监管政策变迁分析框架的建构是将历史制度主义理论应用于监管政策变迁分析之中，为问题的分析提供有力的指导工具，形成严谨的分析逻辑，以便深刻地理解出租车行业监管政策变迁的逻辑过程，探究良性监管政策变迁的形成机理。

2.4.1　框架构建的依据：问题分析逻辑、理论基础及政策实施实践和文本

本书研究依据三个逻辑展开写作：监管政策变迁问题的分析逻辑；理论的发展与应用逻辑；出租车行业监管政策的执行实践和文本分析逻辑。

1. 监管政策变迁问题的分析逻辑

发现问题、分析问题和解决问题是学术研究的三个逻辑过程。发现问题就是要明晰问题产生的背景基础、发展阶段和具体形式。分析问题需要说明问题的具体模式特征和形成的原因。解决问题需要提出相应的建议、对策，或者阐明相应的机理规律。以问题为中心的学术研究必然要依次阐释上述三个过程。本书的研究对象是出租车行业监管政策的变迁，因此，监管政策变迁的基础背景、监管政策何时变迁、监管政策怎样变迁、监管政策为什么变迁是需要回答的问题。具体而言，监管政策变迁的前提条件、变迁的过程、变迁的动力、变迁的机制构成了问题分析的基本逻辑。

2. 对历史制度主义理论的发展和应用

出租车行业监管政策变迁并不是政府自上而下直接推动的结果，也不完全是社会自下而上寻求变革的行动，而是受既有制度的影响，在信息技术创新的背景下，政策子系统内行动者复杂的互动与冲突的结果。历史制度主义理论是一种中层制度理论，向上可以探究出租车行业监管政策变迁的宏观趋势，向下可以窥见行动主体的偏好和利益博弈，从而将宏观的政策发展趋势与微观的行动主体有机地衔接起来。该理论从制度、历史、行动者三个维度出发，应用路径依赖理论分析路径变化机理，立体、动态地展现出租车行业政策场域行动主体的演进关系。

3. 出租车行业监管政策实施的实践和文本

出租车行业监管政策变迁的表现形式多样，衡量维度丰富。政策的产出、效果和影响是重要的衡量维度，历史制度主义的关键节点理论则是分析该维度的有力工具。一方面，透视关键事件的形成过程，分析其产生的要素条件和结果，可以动态地呈现监管政策变迁的不同实践阶段；另一方面，政策文本的构成要素——政策目标、政策数量、政策工具及行动主体嬗变则为理解监管政策

变迁的形式提供了另外一条途径。

2.4.2　框架的结构与要素：制度、历史与行动者

基于上述原因，本书研究构建了分析出租车行业监管政策变迁的理论框架，如图 2.2 所示。历史制度主义理论是一种多因理论，即导致现象产生的原因并不唯一。通过上文分析可知，出租车行业监管政策变迁研究的自变量是变迁的形式和模式，因变量是制度和行动者，历史是变迁的中介变量。

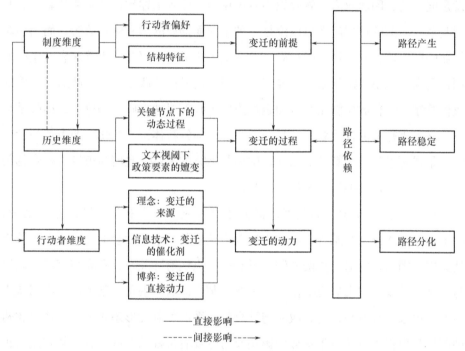

图 2.2　出租车行业监管政策变迁分析框架

1. 因变量：制度维度

制度形态和属性深刻地影响了特定政策场域及其行动者，形塑了政策场域内行动者的偏好、价值，塑造了非对称的结构关系。不同的制度基础促成了政策场域差异化的监管模式和监管结果。

通常来讲，纠正市场失灵、维护有效的市场竞争及减少社会风险 [212] 是各国政府监管的主要目标。然而，由于各国制度、社会环境的不同，政府加强监

管的动因、方式存在着差异。在美国，政府侧重于加强社会性管制，认为经济价值、社会和道德价值都应当在经济行为中反映出来，因而抵制大型企业对个人和小企业造成的威胁并为他们提供平等的保护是政府加强监管的目的。在英国，政府为了应对 20 世纪 70 年代大规模私有化所带来的社会风险问题，加强了监管，填补了权力空白[213]。日本、韩国等国强调通过产业政策的制定来促进市场的发展，因而偏重经济性的政府监管。

中国在 20 世纪 70 年代末开始实行改革开放政策，这与监管型国家的建设是同步的，因而政府监管政策不可避免地会受到上述理论和实践的影响。我国改革开放前的计划经济可以说是一种全面而彻底的国有化和监管，而出租车行业的政府监管并非像施蒂格勒（Stiegler）所描述的那样源于特殊利益集团的利益需求，也不是源于政府对经济的控制，而是源于改革开放后政府对经济的放松管制。这种放松管制一方面表现为中央政府对地方政府的放权，即鼓励地方政府促进行业的发展壮大，另一方面表现为经济体制的变化，即市场与社会的力量得到了认可与解放。因此，中央与地方的关系，政府与市场、社会的关系，以及政策理念的转变都值得关注。

历史制度主义理论的制度内涵介于理性制度主义和社会制度主义之间，除了正式的法律、政策外，组织中的权力关系及国家和社会的互动关系也被囊括其中。因而，针对上述两种制度形态——央地府际关系，政府与市场、政府与社会的关系，本书研究提供了一个非常契合的研究视角。基于此，本书从央地府际关系，政府与市场、政府与社会的关系两种制度形态入手，阐述上述两种制度对出租车行业政策场域的影响及对行动者偏好的塑造。制度基础是出租车行业监管政策变迁的前提。

2. 中介变量：历史维度

政策处于一个特定的环境中，它们来自过去，它们占用了时间，政策发展的历史反映了政策变化的性质和政策变化的本质。[165]历史受制度间接影响，塑造了行动者活动的外部环境，反映了行动者展开活动的舞台场景。本书从动态视角和宏观视角两方面阐释了出租车行业监管政策变迁的历史过程，这也体现了出租车行业监管政策变迁的过程。

首先，从动态视角，利用历史制度理论的关键节点理论对出租车行业监管政策的发展阶段进行划分。行业监管政策影响甚至决定着行业发展，市场化改革推行、特许经营制度建立及网约车合法化均属于出租车行业监管政策内容，是监管政策内化为行业制度的表现。行业监管政策的实施必然会对行业发展产生预期结果和非预期结果、积极效果和消极效果。本书第 4 章在国内外学者霍根（Hogan）、斯莱特（Slater）、西蒙斯（Simmons）、索费（Soifer）、段宇波等人研究的基础上，对关键节点理论进行了调适，分析了出租车行业监管政策变迁的三个关键节点处的结构性条件、能动性要素和偶然性要素，并阐述了三者互动产生的政策结果。这不仅说明了每个关键节点形成的独特原因，也呈现了关键节点处监管政策的结果和效果，为后文阐释监管政策的稳定与变化奠定了坚实的写作基础，可以说事件、时间和结果共同诠释着关键节点。

其次，运用内容分析方法对出租车行业近 40 年的监管政策进行了梳理分析，从宏观视角指出出租车行业监管政策变迁的表征。

3. 因变量：行动者维度

行动者受制度的制约、历史的影响，但是行动者是具有能动性的。出租车行业监管政策场域存在着多元行动主体，尤其是在网约车合法化阶段。作为技术型企业家的网约车平台公司不仅具有卓越的技术能力、创设了非正式制度、获得了青年消费者的大力支持，而且运用自身的信息传播能力，极大地动员了分散的社会公众，降低了集体行动的成本和障碍。网约车公司的巨大能动作用来源于其自身，但也与政策理念的转变、信息科技的发展密不可分。这些具体要素影响着行动者的行动策略，因而，本书提出，理念是政策变迁的来源，信息技术是政策变迁的催化剂，利益博弈是政策变迁的根本动力。

网约车合法化前后，出租车行业监管政策场域内多元的行动主体形成了支持行业变革联盟和反对行业变革联盟，在制度基础、利益、理念及外部环境的影响下，两大联盟凭借自身的资源展开了复杂、动态的博弈。网约车合法化前反对行业变革联盟占优势，网约车合法化后支持行业变革联盟占优势。

4. 变迁机制：路径依赖

路径依赖是上述三个维度相互作用、影响的机制，是促成出租车行业监管政策变迁的机制。出租车行业监管政策在发展的第一阶段遵循的是强制性政策变迁路径，地方政府是推动监管政策创新的主体。这是强制性路径生成阶段。出租车行业监管政策在发展的第二阶段遵循的依然是自上而下的强制性政策变迁路径，中央政府是监管政策创新的主要供给主体，强制性政策变迁路径稳定。出租车行业监管政策在发展的第三阶段其变迁的路径发生了分化，由强制性变迁路径向上下融合型变迁路径分化。

第3章 出租车行业监管政策产生的 制度基础及影响

制度是为了减少人们互动过程中的不确定性而建构起来的规则。制度既包括正式制度也包括非正式制度，另外，其还涵盖了组织内部的权力关系和国家与社会互动的关系。制度对政策场域内行动主体偏好的形成及结构关系的形塑具有决定性作用。改革开放政策的实施使我国社会进入转型期，变化中的社会环境影响着制度形态和制度关系的塑造，制度集进入整体重构期。中央与地方的府际关系是考察纵向权力关系的重要维度，政府与市场、政府与社会的关系则体现了横向结构关系。这两项制度在改革开放的宏观社会背景下发生了怎样的演变，又对出租车行业监管政策及其主客体产生了怎样的影响，是本章需要解决的问题。

3.1 出租车行业监管政策产生的制度基础

在社会转型期，既有制度的形态和功能出现了一定的弹性和适应性变化。中央和地方的府际关系及政府与市场、政府与社会的关系是考察出租车行业监管政策产生的重要制度基础。进一步分析转型期上述两种制度对出租车行业政策场域的具体影响是必要的。

3.1.1 社会转型背景

在社会转型期，社会结构、体制机制及人们的观念发生了根本的、巨大的转变。人类社会经历过若干个或长或短、或激烈或渐进的转型期。由于历史和现实因素，我国的社会转型期具有着独特的特点，对制度的形态和关系产生了重要影响。因为中央与地方的府际关系是考察公共政策变迁过程中纵向权力关系的重要维度，政府与市场、政府与社会关系的探究则有利于明晰政策场域中行动主体的结构位置和沟通机制，因此，可以从上述两个制度基础来考察出租车行业监管政策的主客体及其特点。

1. 社会转型期的特点

社会转型历程具有长期性和风险性。由于我国改革可资借鉴的理论知识与实践经验有限，因此，我国在探索社会主义建设道路时，不仅要学习发达国家先进的发展经验，还要扎根于本国国情，对其进行适应性改造。另外，转型期伴随着深度的体制创新，这使社会整体处于调整状态，复杂性和风险性增加，因而需要对可能出现的风险进行防控和应对。但经验汲取和风险防控体系的建立是一个长期的、不断试错的过程，需要促进信息广泛传播并形成有效的反馈机制，这需要社会各界进行不断的学习和反思，以达成重叠共识。

社会转型过程具有渐进性和反复性。在社会转型期，政府需要通过不断提高以改善自身的治理能力。因此社会转型过程具有渐进性和反复性。

社会转型程度具有差异性和多样性。由于我国人口众多、幅员辽阔、地区间发展不平衡，因而在不同时间节点、不同领域及不同层次上，社会转型的程度和方式呈现出差异性和多样性的特点。例如，经济特区政策的推行使深圳、厦门等城市率先崛起，打开了对外开放的"窗口"，为经济领域进一步创新提供了模板和示范；1980年实行的"划分收支、分级包干"财政制度是中央与地方财政体系改革的发端；农村家庭联产承包责任制的实施拉开了农村改革的序幕；1984年公共服务行业改革逐渐起步。从时间视角看，改革从经济领域逐步扩展至政府领域和公共服务领域；从地域视角看，改革从沿海逐步转向全国各地；从改革程度的视角看，经济领域的改革要比公共服务领域的改革更为深入。

2. 出租车行业监管政策产生的两个制度基础

公共政策是政府治理的重要工具，它反映着政府治理的职权关系，体现着政府治理的职权范围。从权力产生的层次关系来看，一方面，中央与地方的府际关系蕴含着政策主体内部纵向的权力配置体系，制约着公共政策制定主体和执行主体的结构关系，因而中央与地方的府际关系构成了考察公共政策循环系统中上下级职权关系的重要维度；另一方面，政府与市场、政府与社会的关系则划分着三类主体各自的权力范围和边界，影响着行政机制、市场机制和社群机制在公共舞台上的作用方式及互动关系。所以，探究政府与市场、政府与社会的关系有利于明晰政策场域中行动主体的位置和沟通机制，是考察公共政策变迁过程中横向权力关系的重要维度。

社会转型期是上述两个制度发挥作用的宏观背景。在这样一个充满不确定性的环境下，整体上看，社会的制度结构"呈现出韧性、弹性、适应性和持久性等特征"[214]。制度在不同的行业领域中功能和形态会发生一定程度上的适应性变化，因而有必要针对行业属性来探究上述两种制度的具体表现形式和作用方式。宽泛地说，所有公共政策的产生与发展均受到中央与地方府际关系的影响，又都不可避免地受制于政府与市场、政府与社会之间的互动模式。央地府际关系及政府与市场、政府与社会的关系对公共政策的发展变迁有着广泛而深刻的影响，这是不言而喻的。但问题的关键是，在转型期不同的政策领域，这两种关系变量的结构特征和作用方式并不是完全相同的，或者说关系的强弱程度和范围是存在差别的，也正是这种差别造就了不同政策领域多样化的政策理念和政策工具。探究这种不同及其影响，对于理解我国转型期公共政策变迁模式的多样性具有重要意义，而这一点经常被忽视。例如，中央政府在金融政策、社会保障政策、科技教育政策等全国性宏观政策领域发挥着主导作用，而地方政府则负责区域性的公共物品政策供给。同理，政府与市场、政府与社会之间的互动关系也因政策场域的属性不同而呈现不同的互动关系与机制，例如，同属于政府监管领域、高端科技领域的化学物品或有毒物质的管制与出租车行业的管制相比，包含的社会行动者数量少，行动力量也相对薄弱。因而，考察特定政策场域内中央与地方的权力配置关系及政府与市场、政府与社会的互动机制对政策场域的影响与制约就显得格外重要。

3.1.2 中央与地方的府际关系

我国宪法第 3 条明确规定："中央和地方的国家机构职权的划分，遵循在中央的统一领导下，充分发挥地方的主动性、积极性的原则。"中央政府与地方政府之间存在着如下的特点与关系：两者均承担着非营利性管理者的角色；

具有隶属性权力关系；有着一致的利益、目标和使命[215]。但实际运行中，由于政府治理的客体、环境不同，央地府际关系的具体表现形态也不同。

在政府监管领域中，央地府际关系具有弹性和灵活性，即在中央政府总体上掌握主导权、控制权的前提下，地方政府会依据自身的情况和条件制定政策。政府监管领域处于经济领域和社会领域的交叠之处，监管目标呈多元性，或治理市场失灵，或保障社会稳定、安全，更多的时候两者兼而有之。同时，由于外部环境的变化，如科技的进步、市场范围或市场规模的扩大都会使得政府监管范围发生变化，因而在政府监管领域形成了灵活、弹性的央地府际关系。

3.1.3 政府与市场、政府与社会的关系

改革开放前，生产单位不仅是效益的产出组织，还承担了部分公共治理责任。个体的权利、利益及其保障一定程度上是通过其所属的单位实现的。改革开放后，形成了体制内的单位、新兴利益组织及介于两者之间的半单位组织三种组织形态。

1. 单位的属性和功能

改革开放前，政府承担着社会治理的主要责任，在市场组织缺位的情况下，政府主体是通过各级政府部门与社会发生联系的。同时，生产单位不仅是效益的产出组织，还承担了部分公共治理责任，发挥着连接与回应的功能。这种角色使得生产单位公共管理职能与效益产出职能同样重要。个体的权利、利益及其保障一定程度上是通过其所属的单位实现的。个体享有的权利范围与单位的性质及个体在本单位中的位置有关。

2. 市场化条件下单位的演化

改革开放后，各领域和行业进行了市场化改革，有些单位的属性和功能发生了改变。有些单位消失了，有些新的利益组织产生了。单位的变化反映了政府与市场、政府与社会之间关系的变化。

市场经济条件下，依据单位属性和功能的变化，可将单位分为三种形态，如图3.1所示，这直接体现了政府与市场、政府与社会之间关系的动态变化。第一种形态是，单位受市场化改革影响较小，单位的运营仍旧依赖于政府的全

额拨款，因而这些单位功能变化不大，依旧承担着部分公共治理责任。这些领域内，政府与市场、政府与社会的关系尚处于整体统一的状态，没有分界或没有必要进行区分。第二种形态是，单位受市场化改革的影响程度居中，单位运营的资金一部分来源于政府，一部分来源于自身。"这些单位就变成了政府管理下的市场主体"[216]，单位组织内，行政机制与市场机制共存，其优势是个体的基本权益得到保障，既有的秩序得以维持，在解决政府财政压力的基础上引入市场秩序，从而在保证稳定的前提下，实现渐进性变迁。但实践中这种形态的弊端也是显而易见的。单位组织的公共治理责任通常会被市场主体责任挤兑，甚至发生替代。这些领域内，政府与市场、政府与社会之间的关系有分离的趋势。政府与市场的边界最先受到重视，得到梳理。公共治理责任如社会保障、公共服务供给的权力与责任则在政府与市场之间转移，时常出现真空地带。第三种形态是，单位受市场化改革的影响最强，资金的运营完全来自于企业（组织）自身的筹集，这类组织有的完全适应了市场经济的发展趋势，形成了较为完备的自律体系，因而针对这类组织，实行一般性的监管政策，政府与市场的分界线相对较为分明。但在部分行业，虽然企业（组织）运行资金是自行筹集的，但市场化运营过程中出现了较为严重的负外部性、市场失灵等问题，这为政府监管提供了必要的前提。在这种情况下，政府出台针对性较强的监管政策。受制于传统单位组织的影响，政府主管部门倾向于遵循已有路径，对企业（组织）进行"单位"再造，并将公共管理责任转移给再造的单位组织，以期实现高效低成本的监管。此种情况下，政府与市场、政府与社会的关系再次出现重叠的状态，出现与第二种组织形态相似的问题。

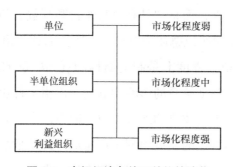

图 3.1　市场经济条件下单位的演化

3.2 既有制度对政策子系统内行动者偏好的塑造

"制度为人们的交换行为构造了'激励结构',通过形塑、影响行动者的动机及其对环境的辨识能力来影响行动选择的社会后果[217]"。制度塑造着政策场域内行动主体的目标和价值偏好,影响其偏好表达的方式,促使其形成稳定的适用性预期。在上述两种制度形态的影响下,出租车行业政策子系统内部的行动主体形成了不同的价值偏好。监管政策主体偏好于将类似于单位的企业(组织)作为监管客体。虽然中央政府与地方政府在政策目标偏好上有时存在着差异,但在经济环境相对稳定的条件下,当制度处于相对均衡状态时,制度所蕴含的观念和规则往往被视为理所当然,人们很少会对现行政策发生质疑。因而,虽然不同的政策客体对既有政策体系的偏好程度不同,但总体上趋于支持状态。

3.2.1 监管政策主体的政策偏好

在社会转型背景下,出租车行业形成了灵活、弹性的监管模式,也造成了监管政策制定主体的频繁转移。市场经济条件下,半单位组织与单位功能的转变促成了出租车行业三种不同的经营模式。上述两种制度形态使监管政策主体偏好于将组织(企业)作为监管对象。

1. 中央政府与地方政府监管政策目标的偏好差异

多元主义者认为政府是"一个向量图,承受着一系列的压力,然后向着最强大的社会力量推动的方向移动"[218]。但是,实际上政府并不是政策场域中被动、中立的行动者,而是"具有自身逻辑和利益的独立组织,这种利益并不一定与社会支配阶级或整体中全部成员团体的利益相同或融为一体"[219]。政府的相对自主性很大程度上是制度结构和规则驱动的结果,受中央与地方、政府与社会双重制度关系的影响和制约。出租车行业属于一般的服务行业,政治风险较低,中央政府和地方政府之间更倾向于采取弹性、灵活的分权关系。假如出租车行业的发展出现了严重的合法性危机、秩序性危机,中央政府便会适时收回下放的权力。当出租车行业发展回归稳定,中央政府又会将监管权力再次下放给地方政府。这种央地关系在发挥政府监管的灵活性、弹性化优势方面发挥了重要作用，但是也造成了政策制定主体协同性不足的问题。

2. 政府偏好于将类似于单位的企业（组织）作为监管客体

改革开放初期，单位发挥着部分社会功能，受此影响，市场经济改革进程中，政府偏好于遵循既有路径，将企业（组织）视为单位，并促使企业（组织）进行单位化建构，以此实现低成本、高效的行业监管目标。单位化监管的具体模式又与地方政府推行的行业市场化方式及行业市场化程度息息相关，因此，即使是同一行业，在不同的城市也可能会存在不同的经营模式。出租车行业市场化进程中，形成了三种主要的经营模式，分别是北京模式、上海模式和温州模式。

（1）北京模式

北京模式是政府通过单位组织再造，实现行业监管。北京市出租车行业在发展之初，经营主体限定为国有企事业单位。随后，为了促进行业快速发展，政府出台了以下两项政策措施。首先，经营主体从国有企事业单位扩展至私营企业及个人。其次，提供了诸多优惠政策，帮助解决行业发展中资金筹集的问题。在激励性政策措施的影响下，出租车行业迅速发展壮大，但同时出租车行业的负外部性、市场失灵等问题接踵而来。为了解决上述问题，北京市政府除了采用严格的管制型政策工具外，还设立了出租车管理局来治理出租车行业。初成立的出租车管理局将出租车经营权分配给出租车公司，并要求出租车公司承担公共治理职能，保障回应出租车司机的利益诉求。出租车公司被视为传统的单位，承担着经济产出和公共治理双重职能。这相当于在市场经济条件下，出租车管理局通过单位组织再造，在政府与市场之间架构起沟通的桥梁，以维护行业秩序，保障各个主体的权利与利益。计划经济时期，单位发挥着连接和回应的功能。与之不同，市场经济条件下，原有的类科层制被市场机制代替，半单位组织既无法实现科层制下的职能，也无法赋予企业以完全的市场竞争主体身份。在这种情况下，出租车管理局与出租车公司都倾向于规避责任。出租车管理局不断扩大自身干预市场的权力，借以转移公共治理责任。出租车公司凭借承担政府转移而来的公共治理职责，要求政府给予优惠政策，又尽可能地追求自身利润最大化，规避需要承担的公共治理责任。

（2）上海模式

上海模式的形成过程属于单位模式的保留，即既有单位（国企）获得了政府的资金支持，并继续发挥着传统单位的公共治理职责。上海市出租车行业市场化初期也存在着经营不规范的问题。1998年，上海市大力整顿出租车市场，并通过银行为出租车公司筹集了发展资金。这些公司绝大多数都是国有企业，传统上承担着公共治理职责，加上政府在资金上的支持，维持了相对稳定的市场环境，类科层制的文化并没有遭到严重破坏，甚至还进一步巩固，单位的功能得以保留、延续。因而，上海形成了出租车司机福利待遇较好的公车公营模式。上海市出租车行业市场化的前期，行业发展较为稳定，并未出现劳资冲突事件。2006年前后，劳资冲突开始出现。其原因主要是外部社会经济的发展、市场竞争不断加剧、行业总体利润下降导致的单位的功能开始逐渐削弱。企业试图寻求更大的自主性，获得更多的利润；而在行业整体利润下滑的情况下，处于结构底层的司机则要求不降低待遇。

（3）温州模式

温州模式表现为新生的利益组织（个体）出现，这源于出租车行业较深的市场化程度。1998年温州市通过公开招标拍卖出租车经营权，单位、个人均可参投参拍，300辆出租车共拍得2亿多元，平均拍卖价68万元[220]，形成了经营权和产权统一的个体化经营模式。但温州模式依旧有单位模式的痕迹，实行挂靠经营，每辆车每个月需要向出租车公司缴纳四五百元管理费，但出租车公司的影响力微弱，难以发挥传统单位模式下的公共治理职责。

综上所述，北京模式、上海模式和温州模式是出租车行业在单位模式影响下的不同演化轨迹。上海模式与温州模式分别属于单位模式的延续和新兴组织的出现，尽管两者存在不同之处，但实际运行中行业内部都表现出了相当的秩序性和稳定性。与上述两者相比，北京模式介于两者之间。由于政府与市场、政府与社会之间的关系处于不断的调整变动之中，政策场域中的各行为主体更注重短期利益的实现,行业监管相对复杂、不稳定。但是,北京模式却在全国 80% 的城市推广。这一方面是因为各地方政府财政能力有限,难以支持成立地方政府出资的国有性质的出租车企业;另一方面则是因为理性的监管主体和客体会通过行为选择实现自身利益最大化[221]。在消费者权利意识淡薄、政策子系统内议题网络缺乏的情况下,北京模式对于政策子系统内的另外两个行动主体而言,收益远远大于成本。

在出租车行业监管中,地方政府创造了行业经营权,并依据其偏好进行了经营权的配置。短期看,上海模式、温州模式较为稳定,而北京模式则不稳定、复杂。但是长期来看,不论是北京模式、上海模式还是温州模式,都出现了相同的问题,即劳资冲突、行业发展进入闭锁状态等。上海模式承袭了单位模式的传统,保障了司机的基本权利。但是,随着经济的发展,出租车行业的经营成本不断上升,出租车公司的盈利能力逐渐走低,难以为出租车司机提供满意的薪资,行业过高的租金逐渐走低,2010 年前后上海出现了"司机荒"。作为经济理性人的个体经营者,温州的出租车所有者有极大的动机"去发现使租金浪费最小化的制度安排"[222]。依托出租车行业,温州产生了多个相关市场,如运营证市场(运营证不仅能够在市场上流通,甚至能与房产等固定资产一样进行抵押贷款),出租车司机职业介绍市场,出租车二包、三包市场(出租车二包是指承包人先将出租车的经营权承包下来,然后再转包给他人,相当于一个小型的出租车公司)等。随着温州模式的发展,出租车政策场域内行动主体之间经济关系日益复杂,层层转包经营的出租车司机待遇恶化。

由于各地市场化的程度和方式存在差异,出租车行业三种经营模式的演化方式、稳定性程度不同,三种经营模式均面临着相同的问题,即出租车行业政策场域内行动主体间矛盾冲突加剧,行业发展进入闭锁状态。

3.2.2　监管政策客体的政策偏好

除了作为监管政策主体的中央政府和地方政府,政策子系统内的其他行动者,如出租车公司、出租车司机、消费者及行业潜在进入者均受到监管政策的规范制约，属于监管政策客体。历史制度主义者认为，制度塑造行动者政治偏好的表达，形成适用性预期，为行动者活动的展开提供资源，同时也界定了行动者行为的范围。"制度一旦到位的话，就很难改变"[188]，"制度透过共享知识的逻辑，'锁定'在若干形态之中，添加了社会惯性或黏力的根源"[223]，引导人们的思想和行为，形塑社会文化。在既有制度的影响下，出租车行业的三种经营模式逐渐稳定，行动主体对运营模式的认知也随之逐渐固化稳定。"对政治的基本见解（意识形态，对政府的认识，对政治团体、政党的认同）一旦确立之后，一般都是持久的[188]"。在制度惯性的影响下，政策子系统内的行动者更倾向于在维持既有体系的前提下，争取自身利益的提高。因此，大部分政策客体倾向于维持既有的政策体系，只是偏好程度不同。不论是上海模式、北京模式还是温州模式，由于经营主体都限定在一定的范围之内，因而均形成了相对封闭的政策场域。出租车经营者在政策场域内居于主导地位，对政策体系的偏好程度高。出租车司机处于弱势地位，但无力改变结构关系，获得的利润使他们继续留在政策场域内，因此对政策体系的偏好程度居中。消费者因为高质量的服务需求难以得到满足而希望彻底变革、创新既有政策体系，但是由于集体行动有难度，因而尽管对既有政策体系的偏好程度最低，但是力量也最为薄弱。行业潜在的进入者觊觎高额的行业利润，既希望打破既有的政策体系，又希望进入行业后政策子系统继续保持封闭的状态。因此，行业潜在进入者对政策体系持有矛盾的双重偏好。

3.3 既有制度对出租车行业监管政策的影响

既有制度对出租车行业的影响主要是指市场化改革初期既有制度对出租车行业政策子系统的影响。出租车行业属于典型的政府监管领域，处于政府、市场和社会的交叠之处，因而监管政策价值目标多元。在既有制度的制约下，出租车行业形成了相对封闭的政策子系统。传统政策评估方式难以形成科学、系统的监管指标和监管程序，监管政策评估体系不完备。

3.3.1　监管政策价值取向的多元化

效率、公平、稳定是政府治理的三个基本价值维度，但在实际政策领域这三个维度常常难以兼顾，尤其是处于转型期的国家，效率与公平问题、效率与稳定问题常常错综复杂地交织在一起。出租车行业政府监管政策的价值有三个取向：一是维护稳定的政治价值取向，这是我国政府在各个行业、领域的治理实践中所遵循的基本原则。二是促进行业发展的经济价值取向。经济领域中政府监管的目标是提高行业发展的社会效率和收益，通常政府会采用相关的监管手段和方法保证行业的自由、公平竞争，促使市场机制作用的充分发挥。三是提供普遍性服务的社会价值取向。中国是社会主义国家，是以社会化劳动为基础、劳动人民掌权的国家[224]，所以政府监管政策遵循人民至上的服务价值，以为人民提供可获得的、无歧视的、可承受的公共服务为目的。

出租车行业监管政策的发展过程中，三种价值取向在宏观层面上表现为历时性的不平衡，微观层面上表现为共时性的矛盾。从公共服务视角来看，随着出租车行业的发展、壮大，出租车服务对象也从最开始的仅仅限于外宾、公务人员、外出旅游团队和个人发展到上班族、老人、小孩等普通大众。市场化历程中，出租车行业监管政策为全社会，尤其是城市居民，提供了普遍性的、无歧视的出租车服务。而从市场管理的角度看，出租车行业监管政策对经营主体采取了歧视性的准入政策，北京模式要求具有一定规模的企业方可进入市场，上海模式则限定于国有企业，温州模式相对开放，但是全国 80% 的地方采用了北京模式。因而，总体上来看，经营主体很大程度上依赖于政府对出租车公司（单位）的经济与公共治理功能的评估。

3.3.2　监管政策子系统的封闭性

"政策子系统对新理念和新行动主体的开放程度是影响政策变迁的方式和动因的一个重要维度"[225]。政策子系统在政策变迁过程中发挥着重要作用。萨巴蒂尔（Sabatier）指出，政策子系统成员的变化是导致政策结果发生重大变化的根本原因，而理念和利益又直接影响着政策子系统的结构和属性。理念塑造了政策子系统内行动主体的政策图景，理念的改变对系统内成员的资格产生影响。利益则是影响行动主体进入政策子系统的直接因素，利益变化决定着政策子系统的网络结构。由于出租车行业政策子系统缺乏促成新理念产生的条件和环境，进入壁垒又阻碍了新利益组织的产生发展，因而出租车行业形成了相对封闭的政策子系统。

在出租车行业的政策子系统内，由于议题网络的缺失，政策共同体与政策社群重叠，政策形成过程中政策网络间缺乏必要的讨论、争论与说服，政策子系统内难以产生可供新的政策理念产生的条件和环境。

出租车公司单位功能的转变及繁复的政府管制对行业潜在进入者形成了较大的壁垒。尽管出租车行业的政策子系统中存在着抵制型的政策行动者——出租车司机，但是单位模式的转变使得这一群体在政策子系统中处于弱势地位，难以扩展和突破既有的政策场域。在市场化进程中，出租车公司承担的本质任务是实现利润，被作为传统单位而赋予的公共治理功能逐渐转变、弱化甚至消失，经济职能不断扩展。此种情况下，出租车司机的利益表达渠道阻塞，出租车司机的权利难以得到保障，在行业发展中处于弱势地位。

3.3.3 监管政策评估体系的不完备性

"政策往往不是凭空产生的，而是原有政策的延续，是为了适应新情况对原政策的修改或调整，以此形成政策的一个新周期，实现新老政策的交替循环"[226]，因而政策周期一般包括公共政策问题的构建、公共政策方案的制定和通过、公共政策内容的实施及公共政策效果的评价四个阶段[227]，简单地说，就是政策问题认定、政策制定、政策执行和政策评估。当然，这四个阶段的发展并不是一个线性的、整齐的、可预料的发展过程[228]，但是这些阶段的循环往复构成了政策运行的周期。其中政策评估是政策运行中不可缺少的一个环节，贯穿于政策过程的始终[229]。这是因为，政策评估不仅是衡量政策质量、效益和效果的一种政治活动，同时政策评估结果的反馈、应用也为问题认定、政策制定及政策执行提供了不可或缺的信息和知识，是准确地界定问题、制定和执行政策的基础和前提。因而，政策评估可看成是一种政策学习的过程，是"根据过去政策的结果和新的信息，调整政策的目标和技术的刻意的尝试，以更好地实现政府的最终目标"[230]。

政策评估过程中，政策主体持有的价值观，评价的对象、内容，评价方法的选择，以及评价结果的应用直接影响着评估的结果和质量，因而科学化的评估体系和机制是必不可少的。出租车行业的监管政策评估中，政府一般通过自上而下的检查监督方式对政策效果进行衡量，而所检查的资料、信息又是下级负责搜集的，因而难以保证政策评估的客观性、准确性。公众可以通过两种方式进行政策评估。一种是出租车调价的听证制度，这是一种正式的政策评估方式，但是由于参与听证会的消费者人数少、代表性不足、听证记录的法律效力不够等问题的存在，因而听证制度对监管政策的评价影响甚微。另外，大众可以通过推动舆论、促成焦点事件等非正式的方式进行政策评估，如引起大众媒体的关注等。这种方式往往因为短时间内积聚了大量不稳定的力量，吸引了众多的注意力，易于被政府纳入政策议程之中以维护自身的合法性和社会的稳定性。但是，这种非正式评估方式过于聚焦问题本身，而不是以政策学习为目的进行政策经验和教训的积累，因而通常只是在以往政策的基础上进行打补丁式的政策创新，难以从根源上解决问题。

政策评估离不开政府领导功能的发挥。领导功能要求政府要树立正确的、战略性的监管政策评估方向，要充分调动政策行动主体的积极性，在政策场域内形成协同效应，共同致力于构建科学化、制度化的评估体系。领导功能的缺失使得政府更注重从自身的角度看待和解决政策问题，忽视了其他主体所具有的知识和作用，因而政策评估的学习效果难以产生。政府若不能与时俱进、不断提高自身的领导能力、更新治理知识，政府的行政能力会逐渐下降，与社会行动主体之间的联系也愈发疏离，政策评估会越来越多地采用简单的、非正式的评估方式，而国家内部的任何学习都难以产生[13]。因此，以政策学习为导向的监管政策评估体系的建立将有助于推动良性政策变迁的发生。

第4章 出租车行业监管政策变迁的阶段

正如彼得斯（Peters）所言"公共政策随时都在不断地改变，因而，可以说所有的政策都是政策变迁"[231]。但是，借此很难判断政策变迁的时机、程度和方式，而这些是理解政策变迁进程和机制必不可少的基本要素。历史制度主义的关键节点理论为无缝历史进程的切割提供了有效工具，并通过对政策进程中的时间、事件、次序进行筛选，深入考察、探究结构性、能动性和偶然性因素之间的张力，进而确定政策稳定与变迁的时间分割点。传统关键节点理论认为，关键节点处有着多种选择，存在着显著变化，是政策演化进程中的分歧点，此时的选择具有不可逆性，并决定着政策发展的未来路径与方向。新近的理论则指出，关键节点处政策路径未必会走向新的方向，也可能会出现政策的再平衡，因而不同的关键节点处政策变迁的程度是不同的，政策可能未发生改变，也可能发生了缓慢的改变，甚至发生根本性的、激烈的变迁。出租车行业监管政策发展存在着三个关键节点：①市场化改革的推行；②特许经营制度的建立；③网约车的合法化。依据此三个关键节点，可将出租车行业监管政策的整个发展历程划分为三个阶段。

4.1 监管政策的产生与发展（1978—2003 年）：市场化改革的推行

尽管出租车行业在我国已经有百余年的发展历史，但本书仅将改革开放以来，即 1978—2019 年这一时期出租车行业的监管政策作为考察对象，探索改革开放以来出租车行业监管政策变迁的表征、模式、动力机制和路径。出租车行业市场化改革与社会转型同步，经历了自由发展阶段和全面监管阶段，且在行业闭锁期遭遇了网约车挑战，监管政策价值目标不断在公平与效率之间寻找平衡，监管政策的变迁程度映射着政府与市场、政府与社会的边界划分。可以说，出租车行业监管政策变迁基本上是改革开放后我国监管政策变迁的一个缩影。

出租车行业市场化改革标志着出租车服务脱离政府供给、逐步走向市场竞争，是出租车行业监管政策变迁的第一个关键节点。出租车行业市场化改革初期即行业发展的早期，由于出租车服务准公共物品的定性及资本成为行业进入壁垒，行业发展处于放任自流状态，中央政府和地方政府均未明确将其纳入监管范围。1988 年 6 月，建设部、公安部和国家旅游局共同颁布了《关于印发〈城市出租汽车管理暂行办法〉的通知》，它是第一项全国统一的出租车行业监管政策。基于地方政府政策试验的政策创新方式及产权法律关系的滞后性等结构性条件，使得地方政府在出租车行业政策子系统内居于主导地位。在外在因素作用下，出租车行业市场化进程加速，但很快出现供过于求的情况，进而进入全面监管模式。

4.1.1   市场化改革的推行过程

出租车行业市场化改革的推行与社会转型同步，从 1978 年行业市场化伊始到 2004 年建立特许经营制度，出租车行业市场化经历了自由市场和全面监管两种模式。

20 世纪 80 年代，出租车行业的发展主要表现为自由市场模式，不论是中央政府还是地方政府，均很少出台政策对行业进行规范，出租车行业市场处于自由发展阶段，主要是在北京、上海、广州等大城市自发扩张。20 世纪 80 年代末，其他城市的出租车行业开始逐渐壮大，如兰州市 1982 年开始出现出租车时仅有 3 家出租车公司，到 1990 年发展为 84 家出租车公司，308 辆出租车[63]。西安市 1978 年成立国营出租汽车大队时只有 15 辆车，到 1986 年达到 300 辆。[232] 这一阶段，从事出租车运营服务的主体主要限定于国有企业和事业单位，需要地方政府行政审批。一般而言，行政审批相对简单，只要有从事运营的车辆并愿意提供出租车服务，基本上都可以获得运营许可。由于行业自身的起步基础薄弱，而且当时轿车属于奢侈品，能够出资购买的组织和个人较少，资金是进入行业的主要壁垒，因而尽管 20 世纪 80 年代出租车行业的增长率极高，但是整体规模不大。1978—2015 年我国出租车的数量及其增长情况见表 4.1。

表 4.1　1978—2015 年我国出租车的数量及其增长情况

1978—1989 年									
年份	1978	1980	1982	1985	1988	1989			
辆 / 万	0.2	0.4	0.6	2.5	8.2	9.9			
增长率		100%	50%	317%	228%	21%			

1990—1999 年									
年份	1990	1991	1992	1993	1994	1995	1996	1997	1998	1999
辆 / 万	11.1	12.8	19	28.6	39.3	50.4	58.5	68.4	75.5	79.1
增长率	12%	15%	48%	51%	37%	28%	16%	17%	10%	5%

2000—2009 年									
年份	2000	2001	2002	2003	2004	2005	2006	2007	2008	2009
辆 / 万	82.5	87	88.4	90.3	90.3	93.7	92.9	96	96.9	96.9
增长率	4%	5%	2%	2%	0%	4%	−1%	3%	1%	0%

2010—2015 年					
年份	2010	2011	2012	2013	2014	2015
辆 / 万	98.6	100	103	105	104	109
增长率	2%	2%	2%	3%	−1%	5%

　　20 世纪 90 年代中期，出租车行业转为全面监管模式。随着出租车行业的不断壮大，1988 年 6 月，建设部、公安部和国家旅游局共同颁布了《关于印发〈城市出租汽车管理暂行办法〉的通知》。它是第一项全国统一的出租车行业的监管政策，对行业进行了统一规范，提出了准入管制、价格管制和质量管制。这标志着行业发展踏入监管阶段。与地方政府监管政策实践不同的是，这项监管政策对于运营主体资格的要求相对宽泛，政府机关、国有企业、个体工商户及外资企业均可以成为运营主体。

　　1992 年前后，我国经济改革进入快车道，地方政府引领地方经济发展的积极性再次高涨。出租车行业被视为促进经济发展的一个重要领域，发展也开始受到地方政府重视。地方政府纷纷放松出租车行业准入条件，并提供相应的发展支持，行业进入了井喷式的发展阶段。以北京市为例，1992—1994 年，"北京市出租车的数量从 14 354 辆发展到 56 124 辆"[233]。但是，行业发展很快出现了供过于求的情况，无序的市场竞争导致了市场失灵现象和负外部性问题的出现。为了解决这些问题，数量管制成为各地方政府普遍采用的监管工具。20 世纪 90 年代中后期，出租车行业市场化进入了全面监管时期，2000 年以后全国出租车数量的年增长率未超过 5%（见表 4.1）。

4.1.2　市场化改革推行的条件要素

我国出租车行业市场化改革必然受经济社会环境的影响，与社会转型进程密切相关，两者之间存在着高度的耦合性，呈现出同步共振的特点。在改革开放政策实施过程中，政府在市场化改革中居于主导地位。但是，这并不意味着线性单一的市场化发展方式。由于中央政府采取了政策试验的政策创新方式，促成了出租车行业多样化的市场发展方式。在能动性要素推动下，地方政府推动出租车行业市场化的积极性进一步提高，尤其是 1992 年以后，在地方政府的领导下，出租车行业进入了高速市场化阶段，但很快也步入了全面监管阶段。

1. 结构性条件

市场化改革的推行阶段，出租车行业政策子系统中政府居于主导地位，是行业市场化的规划者和推动者。另外，由于此阶段法律制度建设尚不完善，出租车相关产权缺乏明晰界定，因而出租车行业也形成了多样化的经营模式和主体关系。

（1）政府在出租车行业政策子系统中居于主导地位

梅（May）指出，议程设定的核心问题不是有关的政体，而是取决于问题的政策子系统的特征及公众的支持程度，因为政策子系统的特征决定了该问题是由政府还是由社会首先提出政策程序[234]。改革开放初期，一方面，政府在资源配置和社会动员等方面具有绝对优势，在出租车行业政策子系统中，政府自然也居于主导地位；另一方面，出租车行业的经营主体及从业人员呈现出小而分散的特点，由于缺乏市场实践的洗礼，经营者之间的利益冲突和竞争较少。因此，出租车行业政策子系统结构相对简单，政府在政策子系统中居于主导地位。

（2）出租车相关产权缺乏明晰界定

改革开放初期，由于法律制度建设相对滞后，现代企业制度尚未建立，许多行业在市场化进程中存在着产权界定不清的问题，出租车行业也存在着这样的问题。出租车涉及的产权类型主要有三种：作为一种财产，拥有者占有其所有权；经营者具有出租车服务资质，具有经营权；提供出租车服务时，司机具有使用权。所有权、经营权和使用权以汽车为载体，依附于不同的主体。市场化进程中，在缺乏明晰的产权界定的情况下，它们之间重叠交织，促成了行业内部形态各异的产权结构模式，塑造了不同的主体关系。

2. 能动性要素

改革开放进程中，中央政府对中央与地方的权力和资源配置方式进行了调整，实行放权让利，推行基于政策试验的政策实施方式。这不仅极大地调动了地方政府发展经济的热情，而且也增强了地方政府统筹安排地方经济和社会发展的责任心和自主性。另一方面，社会出行需求的扩张促进了出租车行业的快速发展。

（1）地方政府发展经济的积极性促进出租车行业快速扩展。我国改革开放遵循的是实践理性原则，认为"实践是检验真理的唯一标准"；采取的是循序渐进的改革路线，先开放沿海地区，然后再拓展至内地，先富带动后富，最终实现共同富裕。所以，市场化进程并不是整齐划一地整体推进的，而是在不同领域、不同层次有差别地渐进实施。为了减小改革过程中可能遇到的阻力和风险，有效应对央地之间存在的信息不对称问题，中央政府下放了部分权力，鼓励地方政府进行小规模的、自发的政策试验、政策实践，这一方面增强了地方政府统筹安排地方经济和社会发展的责任心和自主性，另一方面也促成了多样化的市场发展方式。

（2）不断攀升的社会需求是出租车行业市场化的动力之源。宏观经济学认为，投资需求、消费需求和出口需求构成了社会总需求，其中前两者是拉动经济发展的主要动力。随着改革开放政策的深入实施，国民经济充满活力。1984—1988 年消费需求以年均 22.4% 的速度增长[235]。与此同时，社会需求结构也在发生转变，从基本生活需求转向偏重质量和功能。出租车行业的发展则源于社会出行需求的扩张。从表 4.1 可以看出，1978—1989 年社会对出租车服务的需求不断增加，出租车数量年增长率极高，1985 年甚至达到 317%。当然，这样高的增长率与出租车行业发展之初基数极小有关。但是，出租车绝对数量的增长也很明显，1978 年全国共有 2000 辆出租车，1989 年则发展到近 10 万辆。出租车服务消费需求和投资需求的双增长促进了行业的发展。

3. 偶然性因素

市场经济也是一种制度，它的演化过程与其他层次、领域中的制度相互影响交织。一般而言，"具有强耦合关系的制度子系统会整体共时突变，具有弱耦合关系的制度子系统可能会整体共时突变，也可能按照最优次序整体历时渐变。具有层次关系的各项制度会逐步顺向扩展或者逆向扩展，具有独立关系的各项制度子系统的演变会遵循时序无关性原则，随机演变[236]"。尽管出租车行业市场化进程与社会经济转型具有共振性，但是其市场化时机和市场化方式具有偶然性。由于出租车行业既具有公共属性，又兼具市场属性，而且其市场化早期基本上处于自由发展状态，所以与市场化快速发展的其他行业相比，稍显滞后。1992 年以后，地方政府开始将出租车行业视为一个重要的经济领域，积极推动其市场化发展。

4.1.3　三种条件因素的互动及结果

随着改革开放进程不断推进，出租车行业政策子系统日益开放多元。首先，行业发展规模化。这一阶段我国的出租车数量不仅迅速增多，而且也形成了多元化经营模式。一方面，全国出租车的数量从 1985 年的 2.5 万辆发展到 2003 年的 90.3 万辆，另一方面，形成了三种主要的经营模式。其次，经营主体多元化。自由发展阶段，出租车行业经营对象扩展至所有组织和个人。尽管 1997 年建设部颁布的《城市出租汽车管理办法》只允许公司作为经营者，但是出租车经营者的规模不断壮大。最后，顾客群体大众化。随着出租车行业的发展、壮大，人们生活水平的不断提高，出租车行业的服务对象也不再仅限于外宾、公务人员、外出旅游团队，上班族、老人和孩子等群体也产生了相应的服务需求，顾客群体转向大众。

在出租车行业政策场域内结构性条件影响下，地方政府在出租车行业市场化进程中发挥的作用日渐凸显，尤其是在偶然性因素作用下，担任起了促进地方经济发展的"领航员"[237]角色，积极出台监管政策促进行业的发展和市场化。随着出租车行业的迅速壮大，市场主体逐渐增多，市场失灵问题和负外部性问题也开始出现，政策子系统的结构关系日趋复杂。

出租车经营者成为了行业结构的强势一方，而出租车司机成为了弱势一方。行业发展初期，出租车服务是一种奢侈品，出租车驾驶员也是一种较好的职业选择，其收入水平是一般职工收入的2~3倍。但是，随着出租车行业的迅速壮大，承包制的弊端逐渐凸显。出租车公司以市场经济之名规避既有责任，成为行业结构中强势的一方，对行业规则的形成具有重要的甚至是决定性的影响，而出租车司机成为了行业结构中弱势的一方。

4.2　监管政策的稳定与固化（2004—2010 年）：特许经营制度的建立

出租车行业的特许经营制度最早是由地方政府在原有的行政审批制度基础上发展起来的，之后地方政府又采用了数量管制工具，并推动了出租车运营权交易市场的建立。2004 年，国务院颁布《国务院对确需保留的行政审批项目设定行政许可的决定》，确认在全国的出租车行业统一实行特许经营制度。实施特许经营制度的目的是进一步推进出租车行业市场化进程，然而，在应用数量管制工具的情况下，特许经营制度实质上进一步强化了政府的行业监管权力，巩固了既有经营者的合法地位。尽管这一阶段中央政府不断出台新的政策缓解行业内的劳资关系，但在既有制度的影响下，政策子系统内的既有结构得到了进一步强化而非弱化。因而，从总体看，这一阶段是出租车行业监管政策的稳定与相对固化时期。

4.2.1　特许经营制度产生的过程

在特许经营制度下，政府将直接向公众出售产品或服务的权利授予公民、法人或者其他组织 [238]。目前，特许经营制度发展形式灵活多样，如 BOOT、BOT、BOO、ROT、PPP 等都属于特许经营的形式。我国最早是在公用事业领域推行特许经营制度的，主要是为了解决该领域中存在的经营效率低下问题。2004 年，建设部发布的《市政公用事业特许经营管理办法》（建设部令第 126 号）规定："城市供水、供气、供热、公共交通、污水处理、垃圾处理等行业，依法实施特许经营的，适用本办法"。同年 6 月，国务院发布了《国务院对确需保留的行政审批项目设定行政许可的决定》，其中第 112 项明确规定："县级以上地方人民政府出租汽车行政主管部门负责核发出租汽车经营资格证、车辆运营证和驾驶员客运资格证"，至此，出租车行业的特许经营制度以法规的形式确定了下来。

4.2.2　特许经营制度产生的条件要素

在社会主义市场经济理念已成为我国社会普遍共识的情况下，加快市场化进程，实施特许经营制度，不论是在意识形态方面，还是在政府绩效评价方面，都具有着合法性基础，体现着政府和社会对市场的认可与支持。实施特许经营制度的目的无疑是为了进一步促进行业竞争，实现市场化，提升行业发展的整体效率。出租车行业的特许经营制度是通过产权的有偿拍卖、协议等形式实现的，具有较强的促进市场的逻辑。且在实践中，地方政府不仅推动了出租车运营权的产生，还拥有对其进行定价、配置的排他性权力，易于产生不规范行为。另外，出租车运营权的有偿拍卖及二级市场的形成进一步提高了行业运营成本。在此制度结构下，特许经营制度难以充分发挥作用，市场效率提升有限。

1. 结构性条件

这一阶段出租车政策场域内行动主体的结构关系基本与上一阶段后期的结构关系相似，政府在政策子系统中处于主导地位，出租车经营者处于中层位置，出租车司机处于弱势地位。

政府虽仍然在出租车行业政策子系统内居于主导地位，但由于出租车司机罢运事件频发，中央政府居于政策子系统的核心地位，地方政府作为中央政策的执行者居于次要地位。但是，中央政府与地方政府之间并非总能保持"步调一致"，由于信息不对称及利益冲突的存在，政策执行中存在着一定的偏差，如1999年、2002年、2004年、2006年、2007年中央政府出台的相关政策均要求"禁止实施经营权的有偿转让"，但从实践来看，各地出租车经营权的二级市场依旧很活跃，经营权的价格畸高。

出租车经营者凭借着稀缺的运营权在政策子系统中处于中层位置。为了持有运营权，出租车经营者承担了从政府转移出来的部分公共治理职责。与具有创新精神的企业家不同，出租车经营者没有动力通过创新等企业家活动提高效率、科学地管理和经营企业，而是通过控制出租车的运营权，要求出租车司机履行严格甚至是近于苛刻的规章制度，从而尽可能多地获取行业内非排他性的租值。这导致出租车司机的基本权利受到侵害，司机与经营者之间的矛盾冲突严重。其中，北京经营模式中司机与经营者之间的冲突事件爆发得最早，也最为激烈。出租车公司极力利用出租车经营权谋取自身利益，混淆运营权及所有权的产权界限和关系，致使出租车司机的待遇不佳，监管政策的目标未实现，预期的政策效果难以达成。而上海的公车公营模式因国有企业居多，出租车司机的待遇具有一定的保障，行业初期的矛盾并没有北京模式那样突出和尖锐。同理，温州模式的产权关系也较为明晰，司机的权利基本能够得到保障。

2. 能动性要素

随着中国市场化改革向纵深方向发展，越来越多的市场型政策工具被广泛采纳，并被应用于公用事业领域。为了进一步推进市场化改革，1992年，党的十四大提出了建立社会主义市场经济体制的目标，国家对经济发展进行宏观调控，而不是通过行政审批、指令性的计划直接配置资源，市场应该在资源配置中起基础作用。这一目标的确立为后续的市场化改革提供了方向和依据，促进市场经济向纵深发展。首先，我国政府正式加入世界贸易组织（World

Trade Organization, WTO）。这标志着我国将进一步开放市场，深度参与到经济全球化进程中，并且要以市场经济规则为准绳，充分发挥市场经济的竞争作用。其次，着力于对公用事业行业进行市场化改革。改革开放前期，市场化改革主要集中于一般的经济领域，成果显著。而加入 WTO 后，公用事业领域的低效率开始引起人们的注意，在该领域推行市场化改革的呼声日益强烈。2002年，建设部印发《关于加快市政公用行业市场化进程的意见》，提出要"加快推进市政公用行业市场化进程，引入竞争机制，建立政府特许经营制度"。21世纪初期，中国的市场经济改革愈发频繁、多元和开放。政府也开始逐渐认可、接受市场型政策工具，并依据环境进行有目的的甄别。

3. 偶然性因素

在偶然性因素作用下，结构性条件可能会发生改变，政策场域内发生范式政策变迁。反之，偶然性要素也有可能促使结构性条件进一步巩固和稳定，随之发生常规政策变迁。2002 年，《中国经济时报》对 100 多名出租车司机、众多出租车公司和政府相关部门进行了深入的访谈调查，获得了翔实的数据和案例资料，深度披露了出租车行业市场化改革进程中出现的产权变化、劳资冲突、出租车司机基本权利得不到保障等问题。其后，学术界关于出租车行业的研究也日渐增多深化。其次，出租车司机集体行动能力增强。通过《中国经济时报》的报道，各地出租车司机发现，自己的遭遇并不是偶然的、独立的，而是行业内一种普遍的和共存的现象，这为出租车司机进行集体行动奠定了共同的心理基础。此后，出租车司机之间的联系沟通加强，出租车司机的统一行动时有发生。从 2002 年至 2008 年年底，中国发生 150 多起出租车业罢运事件 [239]。最后，广大民众和消费者对出租车行业存在的问题也有了较为深入的认识，出租车行业的经营模式备受诟病。

4.2.3　三种条件因素的互动及结果

在特许经营制度建立阶段（关键节点二），偶然性因素没有促成既有结构关系发生逆转，也没有推动新的成员产生并加入政策场域。尽管政策企业家对政策议程产生了重要影响，但是对于何种政策理念能够解决存在的问题、如何解决，尚未形成新的、清晰的政策理念，因而政策企业家无法发挥政策理念"代言人"的作用，也无法激励行动主体采取与以往不同的、"新形式"的行动策略。政府官员、学者、记者等政策企业家的行动强化了对既有监管政策负反馈的认识，但是在新的、清晰的政策理念尚未形成的情况下，弱化、减小既有政策的负反馈就成为后继监管政策的目标——维护行业稳定、打击非法运营。

首先，中央政府通过给出租车司机发放燃油补贴的方式来维护行业稳定。2006年，建设部等部门发布了《关于进一步加强出租汽车行业管理切实减轻出租汽车司机负担的通知》，规定中央财政要通过专项转移支付的形式给予出租车司机适当的临时性补贴，以稳定司机收入，保持出租车行业稳定。政策一经实施，发放燃油补贴就成为了出租车行业每年的常规事项，而非临时性的措施。其次，尽管出租车司机的维权活动在增加，但其主要目标是提高自身的薪资及福利待遇，而在特许经营制度建立之前，出租车司机的主要目标是争取出租车的运营权。目标的变化说明出租车司机群体无意改变目前的经营关系与状态，只要求提高工资福利。最后，在行业治理中居于主导地位的地方政府借助能动性条件，通过特许经营制度进一步固化了经营权的配置权，特许经营制度对促进出租车行业市场化作用有限。特许经营制度并没有进一步促进行业竞争，而是进一步巩固了政府、大型出租车企业的既有地位。因而，偶然性因素并没有促成出租车行业既有的结构关系发生转变。

4.3 监管政策的突破性创新（2011—2019年）：网约车的合法化

随着网约车的出现，出租车行业出现了四方协议、隐形监管体系等非正式制度。这些非正式制度对传统的监管工具构成挑战，并呈现替代之势。传统的监管工具逐渐式微，并且，在中央政府的支持下，旨在改革传统出租车行业、治理网约车的监管政策相继出台。

4.3.1　网约车的合法化过程

随着大城市对出租车服务需求的增长及互联网技术的应用创新，网约车公司悄然而生，逐渐发展壮大。2010 年 5 月，我国第一家网约车公司"易到用车"在北京成立。之后，"摇摇招车""嘟嘟叫车"陆续加入。2012 年，"滴滴打车""快的打车"成立。2014 年，"滴滴打车"与"快的打车"之间展开了激烈的竞争，网约车开始受到广泛关注。2015 年，"滴滴打车"与"快的打车"合并。2016 年，"滴滴"与"优步"合并。随后，"神州专车""首汽网约车"相继进入市场。2018 年，美团、高德、携程等公司纷纷涉猎网约车领域。但是，网约车并非"生而合法"。地方政府对网约车的治理过程经历了无为而治、打击堵截、被动承认合法性三个阶段。

网约车最早发源于汽车租赁市场和较少甚至没有出租车供给的城乡接合部，并通过"四方协议"①规避法律风险。起步阶段的网约车并未冲击到传统出租车行业，两者之间更多的是一种互融互补的关系，因而地方政府并未将其纳入治理范围之内，采取的是无为而治的治理方式，任其无序发展。

2013 年以后，网约车进入了快速发展阶段，2014 年"滴滴""快的"补贴大战期间，私家车也加入到行业大军中，网约车的规模迅速壮大。传统出租车行业的市场领域受到冲击和瓜分，两者之间的利益冲突愈发激烈。此时，地方政府开始将网约车视为治理对象，并以非法营运为依据，采取了堵截式的治理方式，直接打击、禁止网约车的发展，表现出了更多的保守性。

网约车是典型的"互联网＋"行业，发展初期受到用户欢迎，得到中央政府支持。2015 年 10 月，交通运输部颁布的征求意见稿率先认可了网约车的合法性。2016 年 7 月，国务院和交通运输部等部委颁发的文件则具有更强的包容性和创新精神，体现了中央政府对"互联网＋"的支持与肯定。在中央政府强制性政策变迁的影响下，被迫创新成为了地方政府的选择。

---

① "所谓'四方协议'是指：软件打车公司负责接收乘客的用车预约单，然后要求汽车租赁公司提供租用车辆，劳务公司提供驾驶服务，乘客将用车费用支付给打车软件公司，公司再与另外两方结算并收取一定比例的信息服务费。

4.3.2　网约车合法化的条件要素

网约车合法化阶段，网约车的蓬勃发展打破了出租车行业既有的藩篱，网约车平台公司成为了政策场域中新兴的行动者，同时，网约车平台投资者、私家车也被吸引进入。"互联网＋"的快速发展为既有结构的打破、新结构的形成提供了能动性条件。2014 年，"滴滴打车"与"快的打车"之间的营销大战成为促发出租车政策场域结构性变化的偶然性因素。

1. 结构性条件

这一阶段出租车行业的政策子系统由封闭走向开放、由简单静态走向动态多元，原有的结构体系出现了松动、危机。

首先，政府在政策子系统中依旧处于重要地位，但中央政府与地方政府对网约车的治理态度并不相同。当传统出租车与网约车的矛盾冲突显化加剧时，作为治理主体的地方政府秉承既有制度规范，要求网约车停止运营，保障传统出租车行业的运营秩序。相比之下，中央政府对于技术创新条件下衍生的网约车行业则给予了更多的包容和政策支持。

其次，网约车行业的蓬勃发展催生了网约车公司、网约车司机等新兴利益主体，他们要求打破既有的利益藩篱，实现自身的利益诉求。一方面，他们积极推广打车软件的使用范围，在市场领域不断地开辟新的疆土，网约车弹性、高效的经营方式对传统出租车行业形成严峻挑战。另一方面，他们又通过媒体争取自身的话语权，积极采取行动影响政府的政策走向，希望在政治领域获得合法性和认可。显然，网约车的出现扩展了出租车行业的政策场域，打破了政策子系统的封闭状态。

最后，面对来势汹涌的网约车服务，传统出租车公司意识到了危机的存在，开始抱团取暖，与网约车公司进行对抗、竞争。传统出租车司机则处于摇摆状态。一部分司机因为是自有车，或者与公司之间不易解约，因而对网约车服务呈敌对态度；还有一部分司机则弃传统出租车业务而去，转身投入到网约车司机的大军之中。总之，网约车出现后，出租车行业的政策子系统内行动主体越发多元，各个行动主体之间的关系越发复杂，矛盾冲突也日益频繁并不断加剧。

2. 能动性要素

"互联网＋"行业的蓬勃发展激发了广泛的政策需求，中央政府"互联网＋"战略的推行为相关企业的发展创造了包容性的发展环境，共享经济模式的推广培育了顾客习惯，这些环境要素有利于促进出租车行业政策场域行动主体学习，提高行动主体的行动能力，促进政策场域既有结构的改变。

首先，"互联网＋"的蓬勃发展激发行业政策需求。"互联网＋"利用互联网技术建立相应的协调管理平台，通过这一平台，处于不同时空的供需信息、要素将被有机地连接起来，从而极大地优化资源配置，提高社会总体的创新力和生产力。"互联网＋"在我国的广泛传播与发展产生了淘宝、京东、美团、携程等新生经济业态，这些新业态在国民经济中的地位日渐凸显。一方面，新兴的"互联网＋"商业组织凭借自身的经济实力和社会影响力试图重塑经济、社会秩序，他们将这种诉求引至政策场域以期获得相应的发展机会和权利。另一方面，新兴业态中存在的安全隐患、负外部性等问题亟须政府进行监管。不断攀升的政策需求促使政府增加公共政策供给、出台政策规范以保障新生的"互联网＋"行业健康有序发展。

其次，中央政府"互联网＋"战略的推行为互联网企业的发展营造了包容性的发展环境。2015年7月，国务院印发了《关于积极推进"互联网＋"行动的指导意见》，"互联网＋"概念被提升至政府政策层面，成为促进新经济业态发展的战略。这为新生"互联网＋"业态的产生与发展提供了包容性的宏观环境，也是"互联网＋"创新行动得以持续的重要支持和保障。

最后，共享经济模式深受大众的青睐。共享经济以第三方信息平台为基础，整合线下闲散资源，使物品或服务的供给与需求方高效匹配、对接，从而提高社会资源的利用效率。近年来共享经济蓬勃发展，新模式层出不穷，已经渗透到人们生活服务的方方面面。共享经济提高了社会资源的配置效率，在节能减排、促进就业、提升出行效率等方面产生了积极的社会影响，受到社会大众的青睐。

3. 偶然性因素

2014年，"滴滴打车"与"快的打车"展开了一场激烈的营销大战，为了争夺市场份额，双方竞相对出租车司机和乘客进行补贴。这场持续约半年的营销大战席卷了全国各地，两家公司投入的补贴金额近24亿元，被业界戏称为"烧钱大战"。在互联网技术蓬勃发展的背景下，两家打车软件公司之间的市场竞争使诸多其他利益主体被牵扯其中，同时也引发了社会广泛、激烈的争论。

首先，诸多投资者（公司）及网约车司机涌入政策场域。越来越多的投资者涉足软件打车这一领域。一方面，这些投资者（公司）为行业的发展壮大提供了持续的资金流，另一方面，他们的利益与软件打车公司的利益绑定在了一起，因而他们会利用自身的资源为网约车的合法化制造舆论，从而影响政府和大众[240]。

"滴滴"与"快的"的这场营销大战也将私家车吸引至行业内部。根据有关调查显示，网约车司机的年龄主要分布在25～44岁，他们是目前社会的中坚力量和家庭的中流砥柱，85%的专车司机有本职工作，开专车只是他们的兼职，收入并不能明显地改善生活，但是"补贴油费""赚笔小钱""买点日用品"还是可以的[241]。

其次，这场没有硝烟的战争使得网约车服务在国内名声大噪，培养了消费者使用App打车、支付的习惯，社会公众受到了共享经济的洗礼和培育。

4.3.3 三种条件因素的互动及结果

在网约车合法化阶段（关键节点三），偶然性因素使得网约车公司的社会影响力被进一步放大，出租车行业既有的准入管制、数量管制、价格管制难以规约网约车，行业内部的结构体系更加动荡、松散，矛盾呈显性化、外在化。同时，社会各界关于网约车合法性问题的讨论甚嚣尘上，在能动性要素的推动下，2015年10月，交通运输部起草了《关于深化改革进一步推进出租汽车行业健康发展的指导意见（征求意见稿）》和《网络预约出租汽车经营服务管理暂行办法（征求意见稿）》两份政策文件，网约车的合法性得到了认可。2016

年7月，国务院出台了《关于深化改革推进出租汽车行业健康发展的指导意见》，要求对巡游车（传统出租车）和网约车实行错位发展和差异化经营，由地方政府承担主体责任，结合本地实际情况制定具体实施方案，并规定新增出租汽车的经营权全部无偿、有期限使用且不得变更经营主体。至此，出租车行业政策子系统内部成员之间的结构关系、地位发生了诸多改变。

首先，中央政府与地方政府的关系再次发生调整，地方政府被赋予了自主权，可根据自身实际情况，因地制宜制定网约车、出租车监管政策。但是，从2016年各地方政府颁布的网约车细则来看，地方政府在监管政策创新方面显得保守有余、创新不足。

其次，网约车获得了合法性，这意味着网约车具备了进一步发展的政策空间，可以从相应的政策场域获取发展的资源和关键性的支持，这是其得以发展壮大的必要前提。同时，网约车的合法性也意味着其他行动主体（如无人驾驶汽车公司）有了进入政策子系统的可能性。只要它们能够利用轿车（或其他工具）为公众提供优质、高效的出行服务，这些行动主体便具备进入出租车行业政策子系统的可能性。因此，出租车行业的政策子系统呈现出更加开放、动态的趋势。

最后，传统出租车公司行业垄断地位渐趋衰落。经营权无偿有期限使用的制度立足点是为了拉平传统出租车公司与网约车公司之间竞争的初始条件，但是这也意味着凭借稀有的经营权就可以稳步获利的时代一去不复返了。燃油补贴的取消则进一步降低了行业的垄断利润。许多地方的出租车公司开始自降"份子钱"，或者寻求与网约车公司进行合作，但还是有些出租车公司无法应对网约车的竞争。例如"2018年4月，南京市因招不到驾驶员而停运的巡游车已超3000辆，约占全市车辆总数的四成"[242]，传统出租车司机的罢运也难以引起公众的同情和共鸣[243]。

第5章　出租车行业监管政策要素的嬗变与变迁表征

政府监管一般包括促进市场竞争、繁荣经济的经济性监管，也包括解决公共安全和公共卫生问题的社会性监管。监管政策是政府实现监管目标的主要工具和途径，是政府监管能力和监管方式的直接体现。监管政策不仅为出租车行业的初始发展提供了合法的保障和动力支持，同时也体现了政府对行业发展问题的回应与治理，影响着出租车行业的发展水平和速度。本章以1978—2019年中央有关部委、政府部门发布的35份监管政策为分析蓝本，以监管政策的构成要素为分析维度，运用内容分析法，通过编码、确定分析单元、分析类目、统计描述、交互分析等技术阐述了出租车行业监管政策发展三个阶段监管政策要素的嬗变情况，并在此基础上说明出租车行业监管政策变迁的表征。

5.1　数据来源与研究方法

真实、准确的数据是开展研究的前提和基础，恰当的分析工具是挖掘核心论点、提供有力论据的必要手段。通过公开出版的书籍、官方网站等权威、可靠的渠道，本书作者获得了36份由国务院或国务院下属部级单位发布的文件。为了保证政策文本选取的准确性和代表性，本书作者对政策文本进行了仔细认真的筛查，剔除了一份不合适的政策文本，最终有效政策文本为35份。

内容分析方法是一种定性与定量相结合的方法，能够将繁杂、碎片化的文本信息结构化、系统化，从而为研究提供新颖的观点、可靠的数据，是目前公共管理学界使用较为普遍的一种研究方法。

5.1.1　数据来源

在监管政策文本选取层次上，本章主要以中央政府的政策文本作为考察对象，而没有将地方政府的监管政策纳入其中。这主要是基于以下三方面的考虑。

首先，我国中央政府和地方政府在政治合法性方面保持着高度一致性。虽然地方政府也有制定公共政策的权力，但前提条件是，地方政府政策不能与中央政策存在抵牾，否则地方政府政策不具有法律效用。因而，在政策文本要素上两者是一致的。相对来说，中央政府的政策具有宏观指导性，更能凸显一般性和普遍性的政策要素内容。

其次，以单一层级政府政策作为研究对象，可以避免政策文本数据的波动性，从而确保研究的准确性。我国政府政策创新主要有两种途径，一是中央政府自上而下推行的强制性政策扩散，二是地方政府作为政策创新的"实验室"[244]，为中央政府提供了自下而上政策创新的渠道。不论是哪种方式，在颁布和生效两方面，中央政策和地方政策之间都存在着滞后的可能性，容易出现中央政策已生效，而地方政策尚处于旧政策体系之中，或者是地方政策已生效，而中央政策尚未统筹颁布。为了避免同一时间内出现相左的政策文本要素统计数据，保证研究的准确性，以单一政府层级的政策作为考察对象更为科学准确。

最后，从研究逻辑上看，以中央政府监管政策作为研究对象，可以与第 4 章的研究视角和研究内容形成互补，从而使整个研究体系更为完整契合。第 4 章主要是以地方政策实践为例，从微观视角运用关键节点理论，动态地阐释了出租车行业监管政策变迁的阶段。本章则主要凸显中央监管政策实践，从宏观视角通过静态文本分析，阐释出租车行业监管政策要素的嬗变与变迁表征。因此，从整体来看，第 4 章与本章的研究视角和研究内容相互补充，整个研究体系更为系统完整。

本章的出租车行业监管政策文本数据主要通过以下渠道获取：一是交通运输部运输司主编的《道路运输政策法规文件汇编》（第 1、2、3、4 册）。该套丛书中"出租汽车与城市轨道交通"章节中的政策、法规汇编是本章 2009 年 3 月—2014 年 5 月出租车行业政策文本的主要来源。因为交通运输部是权威性较高的政府机构，又是这一阶段出租车行业监管政策制定的主体，因此这些文本的准确性、系统性毋庸置疑，可直接予以采纳。二是在交通运输部、地方交通运输局（委员会）等主管部门的官方网站上以"出租车政策"为关键词进行搜索。三是根据已获得的政策文本信息通过百度等搜索网站进行回溯检索。四是从半官方性质的网站选取与出租车行业监管相关的政府政策。本章共搜集到36项由国务院或国务院下属部级单位发布的文件，其中《关于印发〈城市出租汽车服务管理信息系统试点工程总体业务功能要求（暂行）〉的通知》主要是信息管理系统和管理标准，不是行业的监管政策，因而予以剔除，故有效文本共35份。出租车行业监管政策变迁三个阶段的政策文本数据见表5.1。

表5.1　出租车行业监管政策文本的编号、名称

阶段	编号	年度	文件名称
第一阶段	1	1988	《城市出租汽车管理暂行办法》
	2	1989	《出租汽车旅游汽车客运管理规定》
	3	1993	《出租汽车客运服务规范（试行）》
	4	1998	《城市出租汽车管理办法》
	5	1999	《关于清理整顿城市出租汽车等公共客运交通意见的通知》
	6	2000	《国务院办公厅关于切实加强出租汽车行业管理有关问题的通知》
	7	2000	《关于认真贯彻国务院办公厅关于切实加强出租汽车行业管理有关问题的通知的通知》
	8	2002	《关于进一步加强城市出租汽车行业管理工作的意见》
第二阶段	9	2004	《国务院办公厅关于进一步规范出租汽车行业管理有关问题的通知》
	10	2004	《建设部关于纳入国务院决定的十五项行政许可的条件的规定》
	11	2005	《国务院关于同意建立出租汽车行业清理整顿部际联席会议制度的批复》
	12	2006	《建设部、监察部、国务院纠风办、交通部、财政部、国家发改委、公安部关于规范出租汽车行业管理专项治理工作的实施意见》
	13	2006	《关于进一步加强出租汽车行业管理切实减轻出租汽车司机负担的通知》
	14	2006	《关于印发〈关于开展打击"黑车"等非法营运专项整治行动的实施方案〉的通知》
	15	2007	《关于进一步做好规范出租汽车行业管理专项治理工作的通知》

（续表）

阶段	编号	年度	文件名称
	16	2011	《出租汽车服务质量信誉考核办法（试行）》
	17	2011	《关于做好城市出租汽车服务管理信息系统试点工程实施工作的通知》
	18	2012	《关于在出租汽车行业开展和谐劳动关系创建活动的通知》
	19	2012	《交通运输部办公厅关于认真做好〈出租汽车服务质量信誉考核办法（试行）〉实施工作的通知》
	20	2013	《交通运输部办公厅关于进一步开展打击"黑车"等非法从事出租汽车经营活动的通知》
	21	2013	《交通运输部、人力资源和社会保障部、全国总工会关于深化开展出租汽车行业和谐劳动关系创建活动的通知》
	22	2013	《关于规范发展出租汽车电召服务的通知》
	23	2014	《交通运输部办公厅关于促进手机软件召车等出租汽车电召服务有序发展的通知》
	24	2014	《出租汽车经营服务管理规定》
第三阶段	25	2015	《关于深化改革进一步推进出租汽车行业健康发展的指导意见（征求意见稿）》
	26	2015	《网络预约出租汽车经营服务管理暂行办法（征求意见稿）》
	27	2016	《关于深化改革推进出租汽车行业健康发展的指导意见》
	28	2016	《网络预约出租汽车经营服务管理暂行办法》
	29	2016	《住房城乡建设部公安部关于废止〈城市出租汽车管理办法〉的决定》
	30	2016	《关于网络预约出租汽车经营者申请线上服务能力认定工作流程的通知》
	31	2016	《网络预约出租汽车监管信息交互平台总体技术要求（暂行）》
	32	2018	《网络预约出租汽车监管信息交互平台运行管理办法》
	33	2018	《关于加强网络预约出租汽车行业事中事后联合监管有关工作的通知》
	34	2018	《关于加强和规范出租汽车行业失信联合惩戒对象名单管理工作的通知（征求意见稿）》
	35	2018	《出租汽车服务质量信誉考核办法》

5.1.2　内容分析方法的使用

本章采用的是内容分析研究法。"内容分析法通过一系列的转换范式将非结构化文本中的自然信息转换成为可以用来定量分析的结构化的信息形态，因而也被称为分析文本材料的结构化方法"[245]。内容分析法的优点是能够将文本中碎片化、分散的语言信息和隐藏于文本之中难以察觉的信息，通过量化、系统化、结构化的方式呈现出来，揭示文本观察中难以发掘的信息[246]，形象深刻地展现事物发展的状况及存在的症结，规避了定性研究中的主观性和不确定性。

根据内容分析研究法，本章的研究步骤如下。

第一步，对政策文本进行编码，编码结果见表5.1。

第二步，确定分析单元。政府政策结构性强、条款内容清晰，因而将35份出租车行业的监管政策条款作为内容分析法的分析单元。它们是计量过程中的最小因子。

第三步，按照"政策编码-章节-具体条款"的顺序对35份政策文本内容进行编码。但有些政策文本并不是按照章、条的格式进行书写的，如编号为3的政策文本，一级标题是"1."，二级标题是"1.1"，三级标题是"1.1.1"，进行分析单元编码时将之转换为3-1，3-1-1，3-1-1(1)的编码格式。又如编号为8的政策文本，一级标题是"一、"，二级标题是"（一）"，单元编码为8-1、8-1-1。文本单元编码见表5.2。

表 5.2　政策文本内容分析单元（节选）

编号	出租车行业监管政策的内容分析单元	编码
1	第十条　出租汽车经营者停业或歇业，须于10日前向客运管理机构申报，经批准后缴销有关出租汽车运营证件，向公安部门办理车辆停驶手续。办理歇业的，还须向工商行政管理机关办理注销登记手续，向公安部门办理注销登记和车辆停驶手续。	1-3-10
1	第十一条　出租汽车除应当符合公安部门对机动车辆的统一规定外，还必须符合下列规定：（一）在车顶安装出租汽车标志灯，装置显示空车待租的明显标志（大客车和经批准的特殊用车除外）；	1-4-11(1)

（续表）

编号	出租车行业监管政策的内容分析单元	编码
1	第十二条　出租汽车经营者必须严格遵守国家法律和各项法规，接受当地客运管理、公安、旅游、物价、税务、计量部门和工商行政管理机关的管理、指导、监督和检查。	1-5-12
2	第一条　为加强对出租汽车、旅游汽车客运管理，保障经营者和乘客的合法权益，维护正常的运输秩序，促进出租汽车、旅游汽车客运事业的发展，制定本规定。	2-1-1
3	2.3 出租汽车客运经营者在经营服务过程中，必须严格执行交通、物价部门制定的运价，使用统一印制的出租汽车客票和票据，按章收费。	3-2-3
3	3.1.2 车顶上装有出租标志灯。	3-3-1(2)
7	一、出租汽车行业是一个面向社会、为广大人民群众服务的"窗口"行业，各级交通主管部门要从讲政治、顾大局的高度，充分认识做好出租汽车行业稳定工作的重要性和紧迫性。要根据地方各级人民政府的统一部署，结合本地区出租汽车客运市场现状和行业发展实际，加强领导，把确保出租汽车行业稳定作为维护社会稳定的一项重要任务，切实抓紧抓好。	7-1
8	（二）城市人民政府要对出租汽车市场供求状况进行认真调查，统一市场准入规则，建立切实有效的总量调控机制。出租汽车有效里程利用率低于70%的城市和地区原则上不宜以审批、拍卖等形式向市场投放或变相投放新的运力。各地在城市交通结构调整过程中，应优先发展公共汽电车等大运量公共交通。	8-1-2

第四步，分析类目确定。政策目标、政策子系统内的行动主体和政策工具构成了公共政策文本的基本要素，这些要素贯穿于公共政策制定、执行和评估的各环节。

政策行动主体是指"直接或间接地参与政策制定、执行、评估和监控的个人、团体或组织"[167]，豪利特将之称为"行动主体"，包括国家和社会行动主体[13]。

政策工具是政府凭借可资利用的资源条件实现政策目标的手段、方式和途径，它是计划向实践转化的桥梁，是现实通向目标的中介，是政策执行的具体体现。有关政策工具分类的标准众多，学界尚未形成一致认识。例如，麦克唐奈将政策工具分为四类即管制工具、激励工具、能力构建工具及系统改变工具[247]。萨拉蒙提出了支出性工具与非支出性工具二分法[248]。加拿大学者豪利特和拉米什将"完全强制"和"绝对自愿"作为政策工具谱系的两端，把政策工具分为强制性的政策工具、自愿性的政策工具和混合型政策工具[13]。英国学者乔丹、乌泽尔和济托则提出了强制性工具、市场工具、信息装置、志愿协议四分法[249]。这种分类方法应用性较强，被广泛接受。依据汉语习惯及中国学者的应用惯例，政策工具可具体划分为管制型工具、市场型工具、信息型工具、社会型工具，每项政策工具分类下又包含多个子工具，如管制型工具包括政府直接提供、特许经营、补贴等。市场型的工具主要是指市场利用、市场创建。信息型的工具主要是指标示、信息发布、宣传、教化、听证、座谈、评估、征求意见。社会型的工具主要是指家庭、社区、非政府组织。为了凸显政府的职能和作用，详尽考察政府与市场和社会的关系，本书将管制型工具进一步划分为赋权型工具和限权型工具。

第五步，进行信度检测。信度水平反映了编码的稳定性、可靠性，当信度水平在 0.7 以上时，说明研究足够可信[250]。本书作者邀请两位专家分别独立进行编码，通过对编码结果进行比较、分析来确定信度，若专家观点与原有观点一致，则标记为"1"，反之则记为"0"。经计算，两位专家评价结果的一致性程度分别为 79% 和 85%，因而编码结果稳定、可靠，可以应用。

5.2 出租车行业监管政策要素的嬗变

出租车行业监管政策文本中基本要素的变化情况为理解行业监管政策发展提供了一个很好的切入点。依据已确定的文本分析类目，本节接下来会逐一阐述出租车行业监管政策发展每个阶段的政策数量、政策行动主体、政策目标和政策工具应用的情况。

5.2.1 市场化改革阶段监管政策要素的嬗变

出租车行业市场化改革阶段（1978—2003 年），中央政府及其下属部门共出台了 8 项政策，1998 年以后政策出台密度增大，年均一项。此阶段的监管重点从社会性监管转向经济性监管，监管目标愈发多元、具体，政策主体主要是交通部，其次是建设部，政策子系统结构趋向稳定。此阶段管制型政策工具使用过溢，共出现 147 次，比例达到 96%。此阶段政府监管权力的规范化受到重视，政府在行使监管权力的同时，也受到了制约，赋权型工具和限权型工具的比例分别为 84% 和 12%。在这一系列监管政策之下，出租车行业出现了规模扩大化、经营模式多样化及顾客群体大众化的趋势，但是司机的收入逐渐走低。

1. 监管政策数量和目标

出租车行业监管政策市场化改革阶段（1978—2003 年），中央政府共出台 8 项政策，年均 0.32 项。1998—2002 年政策出台的密度较大，年均一项。

在此阶段，出租汽车与公共汽车、电车、小公共汽车共同被认为是城市公共交通的组成部分，具有公共性和公益性。市场化改革阶段出租车行业监管政策的目标见表 5.3。此阶段前期，监管政策的主要目标是"维护经营者、乘客的合法权益，促进行业发展"，偏重服务质量、安全保护等方面的社会性监管。此阶段后期，监管政策的目标发生转变，以解决行业发展中存在的问题为主要立足点，偏重经济性监管。2000—2002 年 3 年间，编号为 6、7、8 的三项政策均在进一步强化前期政策目标，但监管重点逐渐转向"取缔非法经营，清理不合理的收费，根据油价上涨调整运价和收费标准，减轻经营者负担，进行数量管制，解决群体性事件"等。见表 5.3。在这一阶段，监管政策目标越发具体多元，但倾向于维护经营主体的利益，维护行业稳定。另外，在此阶段，政策主体也在不断地探索行业治理的规则和标准，并试图成立明确的监管机构来实施这些规则和标准，如编码单元 8-1-1 规定"各城市要明确一个行政主管部门"。

表 5.3　市场化改革阶段出租车行业监管政策的目标

编号	监管政策的目标	编码
1	加强行业管理，维护治安，维护乘客和经营者的权益，促进客运交通事业	1-1-1
2	加强客运管理，保障乘客和经营者的合法权益，维护秩序，促进客运事业发展	2-1-1

（续表）

编号	监管政策的目标	编码
3	加强管理，提高客运服务质量，使客运服务向标准化、规范化发展	3-1-1
4	加强管理，提高质量，保障乘客、用户、经营者合法权益，促进客运交通事业发展	4-1-1
5	提高公共客运交通服务的质量和管理水平；清理收费项目，减轻经营者负担；规范营运秩序，确保行业稳定；营造开放市场和有序竞争的客运交通市场	5-1
6	贯彻编号 5 文件，做好行业清理整顿工作，取缔非法经营，清理不合理收费，维护行业正常经营秩序	6-1
7	贯彻编号 5 文件和编号 6 文件，加强行业监督管理，根据油价上涨情况调整出租汽车运价和收费标准，减轻经营者负担，保障行业健康发展，维护社会稳定	7 前言
8	贯彻编号 5 文件、编号 6 文件和编号 7 文件，解决出租汽车总量供大于求，经营权出让、转让不规范和乱收费、乱罚款等问题，维护社会稳定，促进行业健康发展	8 前言

2. 监管政策的行动主体

出租车行业监管政策发展初期，国务院及其所属的交通部、建设部等6个部门是制定政策的主要主体，其中交通部颁布政策5次、建设部颁布4次、公安部颁布3次、国务院颁布2次、国家旅游局颁布1次、国家计委颁布1次、财政部颁布1次。[①] 单一主体发布政策共4次，其中国务院办公厅发布政策1次、交通部发布政策3次。联合主体发布政策4次。如图5.1所示。从监管政策制定的主体看，交通部发文的次数和权重均处于较高水平，是业务主管部门，建设部次之。地方政府的监管机构主要是客运交通管理机构和公路运输管理机构。在此阶段，由于交通部与建设部的分工时有变化，城市出租车行业的业务主管部门在交通部和建设部之间转换，因而地方监管机构有时隶属于地方政府的交通主管部门，有时隶属于城建主管部门。

社会层面的行动主体主要是出租汽车业务的经营者、出租车司机及消费者。出租车行业市场化初期，政策并没有限定出租车经营主体的资格，各种所

---

① 对于两个或多个部门、机构联合出台的政策，则对每个部门、机构分别统计1次。

有制（包括国有、集体、外资）企业以个体工商户均可经营。随着出租车数量的增多，行业发展中存在的问题愈加多样、复杂，行业市场化后期，监管政策开始强调国有企业的作用（可参见编码序号为 6-3 的文件）。如前所述，随着出租车司机收入水平的下降，大城市中的本地人很少愿意从事这一行业，外地务工者成为出租车司机的主要来源。消费者群体也逐渐趋向大众化。

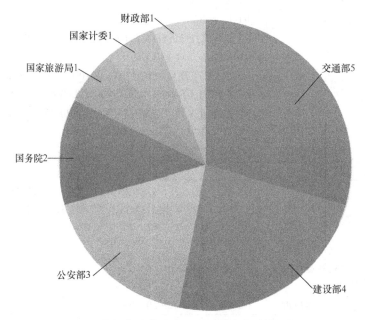

图 5.1　市场化改革阶段不同政策主体的发文数量

3. 监管政策工具的应用

在此阶段，政策文本中管制型的政策工具共出现 147 次，占政策工具使用总数的 96%。赋权型的工具和限权型的工具分别出现 128 次和 19 次，总占比分别为 84% 和 12%，信息型工具出现 1 次，占比为 1%，市场型工具出现 3 次，占比为 2%，社会型工具出现 2 次，占比为 1%。市场化改革推行阶段监管政策的工具类型及频数分布见表 5.4。在此阶段，政府偏好采用管制型政策工具，而市场型工具、信息型工具和社会型工具使用偏少，总计只有 4%。占 96% 的管制型政策工具中，84% 是赋权型的。这一方面可能是因为继承了计划经济时期普遍采用的行政指令式工具，另一方面可能与行业发展初期政府需要以政策和制度的形式确立自身权威、增强监管能力有关。

表 5.4　市场化改革阶段监管政策的工具类型及频数分布

政策工具			编码序号	合计
管制型	赋权型	规划引导权：制定规划规章、标准	1-2-4（1）/（3）/（4），6-2-1/2，6-3，7-4，8-1-1/2	9
		价格管制	1-5-13，2-4-17，3-2-3,4-3-17（1），6-2-1，7-2	6
		数量管制	6-2-3，8-1-2	2
		准入管制	8-1-1，8-1-2	2
		质量管制	1-4-11(1)/(2)/(3)/(4)/(5)，1-6-17(2)/(3)/(7)/(9)，2-3-10/11/12，2-4-13/15/19，3-3-1(1)/(2)/(3)/(4)/(5)/(6)/(7)/(8)/(9)，3-3-2(1)/(2)，3-2-6，3-4-2/3,3-5-1/2/3/4/5/6/7/8/9/10/11/12/13/14/15/16/17/18/19，4-3-18(1)/(2)/(3)/(4)/(5)/(6)/(7))/(8)，4-3-22(2)/(3)/(4)/(5)/(6)/(7)	62
		经营区域管制	2-2-6，4-3-26	2
		经费保障	8-1-1	1
	控制型	检查监督教育处罚	1-2-4(2)/(5)/(7)，1-5-12/16，1-8-20，2-6-22/23，3-2-2/4，4-4-27，4-5-31/32/33，5-2-3/5/6，5-3-1，6-3，7-3/5/6，8-4-1/2/3，8-6	26
		建立管理机构	1-2-5，8-1-1	2
		建立站点，站点规划管理	2-5-20/21，4-3-20，8-5-2	4
		处理乘客投诉	1-2-4(6),4-4-28/29/30，7-6	5
		非法运营，专项治理	4-5-32/33，5-2-1，6-1-1，7-3，8-5-1	6
		绩效评价（奖励）	1-8-19	1
	合计（84%）			128
限权型		指标基础上的限权	8-1-2	1
		禁止实施经营权的有偿出让、转让	5-2-4，8-2-1/2/3	4
		统一着装，严禁滥用职权，公开征费标准	1-2-6,2-6-24,4-4-27,4-5-35，5-2-2/6,6-1-2,7-2/3/4,8-3-1/2/3，8-5-3	14
	合计（12%）			19
合计（96%）				147

（续表）

政策工具		编码序号	合计
信息型	调查、测算、论证、宣传	8-1-3	1
	合计（1%）		1
市场型	经营许可	1-3-8(1)，2-2-5，4-2-8(1)/(2)/(3)/(4)/(5)/(6)，4-2-11/12/13/14	12
	市场创建：经营权可转让	4-2-16	1
	市场利用：征税，征收管理费	1-2-7，2-4-18，	2
	合计（2%）		3
社会型	奖励检举非法经营	8-2-4	1
	可举报乱收费	8-5-3	1
	合计（1%）		2

5.2.2　特许经营制度建立阶段监管政策要素的嬗变

特许经营建立阶段（2004—2010年）是出租车行业监管政策变迁的第二个阶段。在此阶段，中央政府共颁布了7项政策，从具体年度来看，呈现出较大的非均衡性特点。此阶段的政策目标从偏微观的群体性事件治理转向为偏宏观的行业健康稳定发展，形成了以建设部（住建部）为牵头单位，其他部门协同共治的监管模式，专项治理亦成为重要的行业治理方式。总体来看，此阶段出租车行业形成了相对封闭的政策子系统，监管目标得到不断强化，监管政策的内容日益稳定固化。

1. 监管政策的数量和目标

在此阶段，中央政府共出台了7项政策，年均颁布1项政策。但从具体年度来看，政策颁布的时间和数量呈现出较大的非均衡性特点，7项政策集中颁布于2004—2007年，其中2006年3项、2004年2项、2005年和2007年分别1项。

"规范企业的经营行为，整顿经营权，预防、治理群体性事件，维护出租车司机的权益，打击非法运营"是此阶段初期的主要政策目标。2005年"出租汽车行业清理整顿部际联席会议制度"建立之后，专项治理成为重要工具，政策目标向"促进行业健康稳定发展"这个更为宏观的方向转变。（见表5.5）。

表 5.5 特许经营制度建立阶段监管政策目标

编号	监管政策的目标	编码
9	行业存在经营权有偿出让不合理、劳动用工不规范、出租汽车运营市场秩序混乱、行业管理不得力等矛盾和问题，造成出租汽车司机群体性事件时有发生，需进一步规范管理，促进出租汽车行业稳定发展。贯彻编号5文件	9-前言
10	列出了出租汽车的经营者、司机的准入资格、条件，车辆的运营条件	10-15
11	为加强部门间的协调配合，切实做好出租汽车行业清理整顿工作，经国务院同意，建立出租汽车行业清理整顿部际联席会议（以下简称联席会议）制度	11-前言
12	为解决出租汽车行业管理中存在的突出问题，开展专项治理，促进出租汽车行业健康发展，贯彻编号9文件和《国务院办公厅转发监察部和国务院纠正行业不正之风办公室关于2006年纠风工作实施意见的通知》	12-前言
13	做好当前出租汽车行业管理有关工作，切实减轻出租汽车司机负担	13-前言
14	加强出租汽车市场监管，维护出租汽车行业秩序，保障从业人员和广大群众的合法权益，贯彻编号9文件	14-前言
15	贯彻《国务院办公厅转发国务院纠正行业不正之风办公室关于2007年纠风工作实施意见的通知》，进一步做好规范出租汽车行业管理专项治理工作。促进出租汽车行业健康发展，维护出租汽车行业和社会稳定	15-前言

2. 监管政策的行动主体

国务院及其下属的建设部、交通部等 11 个部门是此阶段监管政策制定的主体，各部门颁布政策的数量依次为：国务院 2 项、建设部 5 项、国务院纠正行业不正之风办公室 3 项、交通部 3 项、公安部 3 项、监察部 3 项、国家发展与改革委员会 2 项、财务部 2 项、国家工商总局 2 项、国家质检总局 1 项、劳动和社会保障部 1 项。另外，此阶段多部门联合发文次数增多，国务院及其所属的建设部作为单一主体分别发文 2 项，联合发文 4 项，其中建设部作为牵头单位发文 1 项，交通部、公安部和监察部作为联合单位分别发文 3 次。特许经营制度建立阶段不同政策主体的发文数量如图 5.2 所示。与第一阶段相比，此阶段监管主体明显增多，牵头监管成为主要监管模式，主要是建设部作为牵头单位，与其他部门根据业务内容进行分工监管、协调共治。

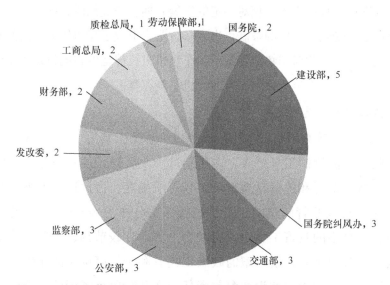

图 5.2　特许经营制度建立阶段不同政策主体的发文数量（单位：项）

2006 年，新的政策执行机构规范出租汽车行业管理专项治理工作协调小组和全国打击黑车专项治理工作办公室成立。同时，地方政府成立专项治理领导机构和工作班子，并制定专项治理工作方案。专项治理工作协调小组是依据联席会议制度建立的组织，向国务院报告，不刻制印章，不正式行文，不定期召开会议，由建设部牵头，建设部部长担任联席会议召集人，成员来自建设部、交通部、财政部、国家发改委、公安部、监察部、国务院纠正行业不正之风办公室、劳动保障部、国家工商总局等 9 个部门和单位，多是各个部委的副部（局）级干部。专项治理工作协调小组组织形式灵活弹性，成员间的关系平等、松散，组织结构扁平，是一种"任务型组织"[251]。其通过职能部门专业职权的行使解决出租车行业愈加繁多尖锐的矛盾和冲突，如公安部负责打击非法运营等问题，监察部和国务院纠正行业不正之风办公室负责监督检查监管主体违法违纪的行为，财务部和国家发改委负责查处乱收费的问题。专项治理工作协调小组结构灵活、扁平，运行成本低。

严格的数量管制及政府对非法运营活动的打击等监管行为保护了现有出租车经营者的优势，减少了出租车经营者面临的市场竞争，行业的整体利润水平得以维持，行业进入了相对稳定的发展时期。与此同时，新兴组织、经营者的行业准入受到了严格的限制，出租车行业内形成了相对较为封闭的政策子系统。此后，处于相对弱势地位的出租车司机进行停运的目的只是为了改善收益、反对黑车，初期争取营运许可的动机不复存在。

3. 监管政策工具的应用

在此阶段，政策工具的使用依旧是以管制型工具为主，占比超过 80%。同时，限权型的管制工具增多，占比超过 30%，这说明针对监管者的行政性规制增多；偏温和的信息型政策工具有所提高，占比达到 15%。特许经营制度建立阶段监管政策的工具类型及频数分布见表 5.6。从政府行政成本来看，信息型的政策工具在人力和物力方面比较节约，也便于改变或取消。从社会影响来看，信息型的政策工具有利于提高国民的相关专业知识水平，增强公民的参与意识和参与责任。在此阶段市场型政策工具和社会型政策工具的使用频率偏低，均为 1%。2006 年，中央政府开始在出租车行业实行财政补贴，财政补贴对象主要是出租车司机群体。这既提高了司机的收入水平，维护了行业的稳定，也符合民众对社会公平的期望，因而容易推行。

表 5.6　特许经营制度建立阶段监管政策的工具类型及频数分布

政策工具			编码序号	频数合计
管制型	赋权型	制定标准、示范合同、应急预案	9-1，9-4，12-3-1，12-5-2，13-1/2，15-3-1，15-3-6	8
		适时调整价格	9-3,13-5	2
		数量管制	9-1	1
		准入管制	10-15-1/2/3	3
		质量管制	12-2-4	1
		规范企业经营行为	9-4，12-3-4，13-2	3
		成立、统一管理部门	11-1，13-4，14-2-4，14-5-2，15-2，15-3-2	6
		非法运营专项治理	9-2，9-5，12-1,12-3-3，13-4，14-2-1/2，15-1，15-3-3	9
		合计（49%）		33
管制型	限权型	接受整顿验收	9-3-7，12-4-4，14-3，15-3-7	4
		禁止出台经营权有偿出让的政策	9-2，12-3-1，13-1，15-3-3，	4
		严格控制出台针对出租汽车的收费政策，严禁乱收费	9-3，12-3-2，12-3-5，13-3，15-1，15-3-5	6
		严惩徇私舞弊	9-5，12-2-2/3，12-3-5，13-4，14-2-3，15-3-5	7
		不得限制节能型小汽车	13-1	1
		合计（33%）		22
		合计（82%）		55
信息型		举行听证会，吸取意见	9-2，15-3-4	2
		标准向社会公布	9-3，12-3-2，13-3	3
		宣传、教育	9-6，14-4-4，15-3-6	3
		调研	12-2-5，15-3-4	2
		合计（15%）		10
市场型		财政补贴	13-6	1
		合计（1%）		1

（续表）

	政策工具	编码序号	频数合计
社会型	畅通司机诉求电话	13-1	1
	合计（1%）		1

5.2.3 网约车合法化阶段监管政策要素的嬗变

此阶段监管政策的出台频率较高。随着网约车的出现，政策目标也随之进行了调整，信息型政策工具和市场型政策工具应用比例显著提高，政策场域愈加多元开放。

1. 监管政策的数量和目标

网约车合法化阶段，中央政府及其下属部门8年间共出台了20项监管政策，年均出台2.5项，频率较高且分布相对均衡。随着网约车的出现，出租车行业监管政策的目标也随之发生改变。这一阶段监管政策目标可概括为"稳定""改革"和"创新"。此阶段初期，网约车与传统出租车处于蜜月期，两者之间更多的是融合而非竞争。出租车行业监管政策保持了上一阶段的目标，以"构建和谐劳动关系，保障出租车司机的合法权益"为主要着力点。2014年前后，网约车进入了快速发展阶段，传统巡游出租车市场受到冲击，两者之间的利益冲突愈发严重，因而"改革传统出租车行业，大力推进巡游出租车的电召模式，协调传统巡游出租车与网约车的关系"成为了2014—2016年监管政策的主要目标。网约车合法化后，2017—2018年出租车行业监管政策的主要目标是创新监管方式，落实网约车合法化政策，并推进巡游出租车与网约车的融合发展。网约车合法化阶段监管政策的目标见表5.7。网约车出现后，有些既有政策不再适用，需要予以废止。2016年，住建部和公安部联合发文废止了1998年颁布的《城市出租汽车管理办法》，2018年交通运输部废止了2011年颁布的《出租汽车服务质量信誉考核办法（试行）》，并出台了《出租汽车服务质量信誉考核办法》。

表 5.7　网约车合法化阶段监管政策的目标

编号	监管政策目标	编码
16	规范出租汽车经营行为，建立完善出租汽车行业诚信体系，提升出租汽车服务水平	16-1
17	贯彻落实全国交通运输工作会议精神，加强对出租汽车服务管理信息系统试点工程建设工作的指导，保障试点工程质量和进度	17-前言
18	通过在出租汽车行业开展和谐劳动关系创建活动，推动出租汽车行业建立现代企业制度，全面贯彻落实劳动保障法律法规和政策规定，规范企业经营和用工管理，加强企业党、团、工会组织和企业文化建设，广泛开展关爱驾驶员活动，维护驾驶员合法权益，促进企业健康发展，推动形成规范有序、公平合理、互利共赢、和谐稳定的出租汽车行业劳动关系	18-2-2
19	贯彻编号 16 政策，做好 2012 年度出租汽车服务质量信誉考核工作	19-前言
20	切实维护好出租汽车市场秩序，保护出租汽车经营者和人民群众合法权益，各地要继续深入开展打击"黑车"等非法出租汽车经营活动	20-前言
21	在地方人民政府的统一领导下，将和谐劳动关系创建活动作为今后一段时期出租汽车管理工作的重点，与质量信誉考核、行业监管和推动行业转型发展结合起来，进一步创新工作方法，加大工作力度，采取有力措施，推动和谐劳动关系创建活动不断深入，促进出租汽车行业健康发展	21-1
22	初步建成出租汽车服务管理信息系统，大力推进出租汽车电话约车服务，方便群众乘车，减少空驶，提升出租汽车行业服务能力和服务质量，规范出租汽车电召服务发展	22-前言
23	适应手机软件召车等出租汽车电召服务快速普及推广的新形势，维护出租汽车市场良好秩序，提升出租汽车服务质量，保障广大乘客及各方合法权益，促进出租汽车行业健康发展	23-前言
24	规范出租汽车经营服务行为，保障乘客、驾驶员和出租汽车经营者的合法权益，促进出租汽车行业健康发展	24-1
25	贯彻落实中央全面深化改革的决策部署，积极稳妥地推进出租汽车行业改革，促进行业创新发展、转型升级，更好地满足人民群众出行需求，实现出租汽车行业健康稳定发展	25-前言
26	更好地满足社会公众多样化出行需求，鼓励出租汽车服务创新，促进出租汽车多元化服务融合发展，保障运营安全和乘客合法权益，规范网络预约出租汽车经营服务行为	26-1-1

（续表）

编号	监管政策目标	编码
27	贯彻落实中央关于全面深化改革的决策部署，积极稳妥地推进出租汽车行业改革，鼓励创新，促进转型，更好地满足人民群众出行需求	27-前言
28	更好地满足社会公众多样化出行需求，促进出租汽车行业和互联网融合发展，规范网络预约出租汽车经营服务行为，保障运营安全和乘客合法权益	28-1-1
29	住房和城乡建设部、公安部决定废止《城市出租汽车管理办法》	29-前言
30	优化服务、规范操作，方便网约车经营者，公布网约车经营线上服务能力认定工作流程	30-前言
31	根据《网络预约出租汽车经营服务管理暂行办法》和《关于网络预约出租汽车经营者申请线上服务能力认定工作流程的通知》，发挥互联网技术优势，营造网约车新业态发展的良好营商环境，满足行业监管的基本需要	31-前言
32	根据《网络预约出租汽车经营服务管理暂行办法》等相关规定，加强网约车监管信息交互平台的运行管理工作，规范数据传输，提高网约车行业监管效能，营造良好的营商环境	32-1-1
33	贯彻落实《国务院办公厅关于深化改革推进出租汽车行业健康发展的指导意见》，进一步规范网约车管理，强化行业事中事后监管，维护市场公平竞争秩序，保障乘客合法权益	33-前言
34	依法依规推进出租汽车（含巡游出租汽车和网络预约出租汽车）信用体系建设，加强对出租汽车行业市场主体的信用监管，建立失信联合惩戒主体名单制度，完善失信惩戒的联动机制，促进行业健康发展	34-前言
35	进一步完善出租汽车信用管理体系，提升出租汽车服务水平	35-前言

2. 监管政策的行动主体

网约车合法化阶段，出租车行业监管政策的发文主体主要有国务院及其下属的交通运输部、人社部、全国总工会、工信部、公安部、商务部、国家工商总局、国家质检总局、国家网信办、住建部、中国人民银行、国家税务总局及

国家市场监督管理总局 13 个部门，这些主体颁布政策的频数依次为：国务院 1
项，交通运输部 18 项，公安部 4 项，工信部和网信办各 3 项，人社部、全国
总工会、中国人民银行和国家税务总局各 2 项，商务部、国家工商总局、国家
质检总局、住建部及国家市场监督管理总局各 1 项（图 5.3）。单一主体发文共
14 项，其中交通运输部 13 项、国务院 1 项；联合主体发文共 6 项，其中 5 项
是交通运输部与其他部门合发，1 项是住建部和公安部联合废止文件。在此阶
段，交通运输部是主要行业监管主体，从文本内容也可看出，交通运输部及县
级以上道路运输管理机构（含出租汽车管理机构）负责具体实施出租汽车管理
工作（可参见编码序号为 24-6、26-1-4、28-1-4 的具体内容）。网约车合法化之
后，联合主体发文有 3 项。政策主要是为了发挥不同部门的职能作用，解决网
约车运营过程中在通信、支付、社会安全和服务质量等方面可能出现的问题。

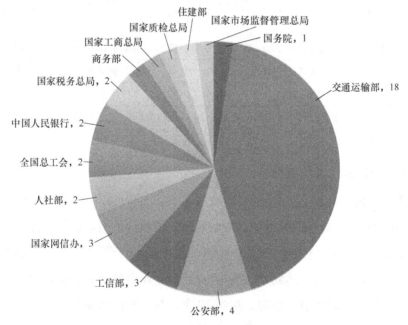

图 5.3　网约车合法化阶段不同政策主体的发文数量

　　网约车公司的出现打破了出租车政策场域的相对封闭性。一方面，作为
新兴利益主体的网约车公司及网约车司机要求打破既有的利益藩篱，希望获得
合法性。另一方面，网约车公司在服务理念、服务模式、财力资源及与媒体的

关系方面拥有得天独厚的优势，产生了广泛的社会影响和经济影响，吸引着利益相关者参与新政策的议程设置。网约车公司清晰、弹性的经营模式挑战着传统出租车行业复杂、僵化的经营模式。网约车服务所秉承的共享经济理念得到了部分政府部门的肯定和社会大众的欢迎。网约车平台资金实力雄厚，如发展初期的滴滴、快的、易到等为人们所熟知的网约车公司得到了腾讯、阿里巴巴及海尔等知名企业的支持与投资。发展初期网约车公司的背景、特色见表5.8。网约车本身是互联网发展的产物，与媒体有着天然的亲密关系。因而，此阶段出租车行业的政策场域呈现出开放、多元、互动的状态。

表5.8　发展初期网约车公司的背景、特色

公司名称	成立时间	产品定位	支持/合作的企业
易到用车	2010年5月	专车、出租车、快车	海尔等
滴滴打车	2012年6月	出租车、专车、快车、顺风车、代驾、大巴	腾讯、宇通
快的打车	2012年5月	专车、快车、出租车	阿里巴巴
人民优步（Uber）	2014年7月	出租车、专车、快车、顺风车	百度
神州专车	2015年1月	专车（中高端客户群体）	神州租车

注：滴滴打车与快的打车于2015年2月14日进行战略合并，2016年8月滴滴与优步合并

3. 监管政策工具的应用

网约车合法化阶段，管制型的政策工具占比61%，其中赋权型占57%，限权型占4%。管制型的政策工具依旧是占比最高的，但对监管主体限权型的管制型工具在减少。管制型政策工具中，运用指标、标准进行质量管制的管制型工具使用数量最高，达到45次；旨在规范企业经营行为、保障司机合法权益的管制型工具运用数量次之，达到19次；与之相近的则是惩罚型的管制工具运用，达到18次。信息型政策工具的运用增多，占比22%。社会型政策工具占比12%。市场型政策工具偏少，占比6%。网约车合法化阶段监管政策的工具类型及频数分布见表5.9。

表 5.9　网约车合法化阶段监管政策的工具类型及频数分布

政策工具			编码序号	合计
管制型	赋权型	制定标准、应急预案、法律法规、规范合同	17-3，18-4-2，18-5-1，21-2-2，22-2-4，25-6-19，30-1-1/2/3/4/5/6	12
		建立价格调整机制	18-5，21-2-5，22-2-2，25-3-7，25-5-13，27-3-6，27-4-8，26-1-3	8
		价格管制	23-6，26-4-20，28-4-20	3
		不应具市场支配地位，进行不公平竞争	26-4-21，28-4-21	2
		信息管制	26-4-22，27-4-9，28-4-26/27	4
管制型	赋权型	经营区域管制	26-4-231	1
		经营方式管制（不得巡游）	26-4-23	1
		数量管制（动态调整）	25-1-3，27-2-3	2
		资金管制	26-4-25	1
		电召准入管制，发展电召	17-4，20-3-2，23-3/4	4
		规范企业经营行为，加强监管	18-4-1，21-2-1/4，21-3-2，22-2-4，23-5，23-7，24-34/35/36/37/38/39/41/43，25-3-7，26-4-24，27-3-5，27-4-9	19
		打击非法运营	20-1/2，24-42，25-5-17	4
		鼓励公车公营，规模化、集约化、公司化经营	21-2-3，24-5，25-3-9，27-3-7	4
		质量管制，制定指标、标准	16-5/6/7/8/9/10/11/12，17-5，24-15/22/23/24/25/26/27/28/29，25-3-8，26-3-12，26-4-16/17/18/19，26-4，28-2-12/14，28-4-16/17/18/19/23/24/25，28-7-39，35-2-5/6/7/8，35-3-10/11/12/13，35-5-23/24	45
		惩罚	16-5-32，24-6-47/48/49/50/51，26-6-37/38/39/40/41/42/43/44，28-6-34/35/36/37	18
		经营许可	24-8/9，26-2-10，28-2-8，33-3-1/2	5
		依服务质量配置经营权	16-5-27，24-12/13，25-2-5/6，27-3-4	6
		经营权无偿有期限使用	25-2-4，27-3-4，	2
		总计（57%）		139

（续表）

政策工具			编码序号	合计
管制型	限权型	规定时间内出具许可书	24-10/11，26-2-8/9，28-2-7，30-2/3/4	8
		规范行政执法	20-3-3	1
		总计（4%）		9
	总计（61%）			148
信息型		建立信息平台、共享信息	16-13/14，21-2-7，23-2/8，25-4-10，26-5-28，27-5-13，28-5-32，31-1-1/2，31-2/3，32-2-5/6/7/8/9/10/11/12/13/14/15	24
		公布考核结果	16-13/18，19-3，27-5-13，28-5-29，32-4-16/17/18，35-4-20	9
		培训	16-24/31	2
		宣传、教育	18-5-2，19-2，20-3-3，22-3-4，25-6-20	5
		公示管理服务费用	21-2-4	1
		召开座谈会、交流会	21-3-3	1
		加强诚信体制建设	22-2-3，25-5-12，27-5-12，33-5，34-1-1/2，34-2-3/4，34-3-1/2	10
		公开透明的监管机制	25-5-15	1
		总计（22%）		53
市场型		取消燃油补贴	25-5-14	1
		开展竞赛活动，奖励	16-4-6/7，16-5-28/30，18-5-3，19-4，21-3-3，22-2-5，23-5，24-46	10
		补助	17-2	1
		总计（5%）		12
社会型		申诉、举报	16-19/25，24-31/45	4
		提供查询服务	16-22，35-6-29/30	3
		鼓励第三方组织，制定标准	16-35，19-3，21-2-2，25-3-7	4
		保障、关爱驾驶员权利	18-4-3/4，21-2-2，21-2-5/6	5
		建立驾驶员联络员会议制度	16-4-8	1
		完善运营配套设施	18-4-8，20-3-2，21-2-7，22-3-1/2/3，23-4，24-32，25-5-16，27-5-11	10
		组建工会	21-2-1，28-5-33	2
		总计(12%)		29

5.3　出租车行业监管政策变迁的表征

上文分析了出租车行业监管政策文本要素的嬗变情况，本节对其进行概括总结，对监管政策三个阶段的政策数量、政策目标、政策工具及政策行动主体进行综合比较，进而凸显出租车行业监管政策变迁的具体表征。

5.3.1　年均监管政策数量不断攀升

政策数量是反映政策稳定性的一个重要维度，但某一周期内政策出台的多少与政策稳定性的强弱并不成正比关系，并不是政策颁布得越多，政策就越不稳定，政策出台得越少，政策就越稳定，即两者不是线性关系。公共政策是有方向的，这个方向取决于政策的目标或价值。当公共政策方向出现了逆转，则表明政策的承诺性减弱，社会的预期目标难以持续，原有的政策秩序难以持续；倘若公共政策方向没有发生逆转，尽管政府出台了多项相关政策，调整了政策内部的要素，政策出现了一定的波动性，但此时政策的基本方向没有发生变动，政策波动是围绕着既有的政策方向进行的，社会预期目标有着强烈的稳定性需求。

在出租车行业监管政策发展的三个阶段，年均颁布的政策数量呈不断攀升趋势。第一阶段年均颁布 0.32 项监管政策，第二阶段则增长至年均颁布 1 项监管政策，第三阶段则攀升至年均颁布 2.5 项监管政策。在第一阶段，数量管制工具使用之后，监管政策方向发生转变，在社会性监管基础上，经济性监管愈发受到重视。在这个阶段，地方政府频繁出台监管政策促进出租车经营者进行兼并或联合，以期发展实力强、规模大的经营主体来建立有序的行业经济秩序。政策方向的转变使得原有的发展多元化经营主体的政策承诺难以维持，结构性短期行为普遍产生，场域内行动主体更注重短期利益目标的实现，监管政策所倡导的长期有序的经济秩序难以实现。

尽管第二阶段年均监管政策颁布数量大约是第一个阶段的 3 倍，但与第一个阶段相比，政策体系显示出了较强的稳定性。"打击非法运营，实现出租车行业健康发展和社会稳定"是这一阶段的主要目标。每项新监管政策的出台均是为了继续贯彻、执行之前的政策目标。此阶段进行的财政补贴、建设和谐劳资关系等相关政策调整属于正常的政策波动范畴，是一种弹性的自我调适。因为政策目标和政策工具相对稳定，公众对政策系统形成了坚定、持久的信任行动主体愿意遵从、支持既有的政策，并自觉地在其限制下选择自身的社会行为。出租车营运许可证价格的持续上涨及二级市场范围的扩大是监管政策稳定的一个表现。此阶段监管政策稳定的另一个表现是政策子系统的结构趋于稳定。出租车司机的抗争目标不再是争夺营运许可权，而是如何在既有的关系下提高自身的福利待遇，如要求政府打击非法运营、要求提高薪资待遇等。

在出租车行业监管政策发展的第三个阶段，年均颁布政策数量最高，是第二阶段的 2.5 倍，第一阶段的近 7.5 倍。网约车兴起之前（2014 年之前），出租车行业监管政策依旧维持着既有的方向。但网约车壮大之后（2014 年之后），政府维持既有政策的能力急剧下降，数量管制、价格管制和准入管制等行业主要监管工具失效，既有的监管政策难以得到有效的遵从和支持。2014—2016 年，共有 9 项监管政策出台，除去废止的 1 项政策，有 8 项政策旨在促进传统巡游出租车与网约车融合、规范行业发展。网约车合法化后，2018 年出台的 4 项监管政策主要是为了落实对网约车的监管措施。

在出租车行业监管政策发展的三个阶段，政府年均颁布的政策数量不断升高。第一阶段和第三阶段均出现了政策方向转变，政策稳定性较差。相比之下，第二阶段政策方向未发生根本改变，政策的稳定性相对较高。但不论是稳定阶段还是调整阶段，政府颁布的监管政策数量都呈上升趋势。这一方面说明政府对出租车行业问题的重视，以及监管政策体系的动态性和循环性；另一方面也说明监管政策体系不够稳定。

5.3.2 监管政策目标逐渐叠加

出租车行业监管政策变迁的每个阶段，监管政策目标逐渐叠加、日益多元，形成了结构性、层次性及多元性特征。

出租车行业监管政策变迁的第一阶段，监管政策目标从保障安全、质量等社会性监管转向维护既有经营秩序、取缔非法运营的经济性监管。在第一阶段后期，监管政策目标的结构性特征凸显，通过"推行数量管制，减轻经营者负担"，维护了出租车经营者的利益。在出租车行业监管政策变迁的第二阶段，监管政策目标的结构性特征得以继续维持，但由于出租车司机群体性事件增多，保障司机的基本权利也成为了监管政策目标。至此，监管政策目标不仅聚焦于市场领域，司机个人的权利也成为了新的聚焦点，监管政策目标的层次性特征显现。在出租车行业监管政策变迁的第三阶段，改革传统出租车行业、促进巡游出租车与网约车的融合发展成为监管政策的主要目标，复杂、动态的行业问题决定了监管政策目标的选择必须平衡效率、公平及安全等诸多因素，这促成了监管政策目标的多元性特征。在行业的不同发展阶段，为了应对出租车行业出现的具体问题，政府确立了监管目标，出台了相应的回应性监管政策。但是，为了应对具体问题而确立的监管目标很难具有内在的一致性和系统性，随着政策场域内行动主体不断增多，行业发展的动态性和复杂性日益显著，监管政策目标的结构性特征必然与层次性特征和多元性特征出现矛盾冲突，此时，监管目标的部分内容流于形式，难以有效实现。这是因为监管目标的实现有赖于政策行动主体的认同和遵从，这又需要以稳定统一的目标体系作为支撑。

5.3.3　监管政策工具应用由管制型发展为复合型

政策工具是政府将出租车经营者、出租车司机及消费者作为目标群体，为解决出租车行业问题而采取的实际方法和手段，故而，将每个阶段中对政府赋权的政策工具剔除，可得到出租车行业监管政策变迁的三个阶段管制型工具、信息型工具、市场型工具及社会型工具的具体数量和比例，见表5.10。通过表5.10可以发现，在第三阶段，政策工具使用频数最多，达到151次。第一阶段政策工具的使用频数为134次，第二阶段使用频数最少，为61次。

表 5.10   出租车行业监管政策变迁三个阶段政策工具应用的数量和比例

工具类型	第一阶段		第二阶段		第三阶段	
	次数	比例	次数	比例	次数	比例
管制型工具	128	96%	49	80%	57	38%
信息型工具	1	1%	10	16%	53	35%
市场型工具	3	2%	1	2%	12	8%
社会型工具	2	1%	1	2%	29	19%
总计	134	100%	61	100%	151	100%

三阶段政策工具应用的比例结构如图 5.4 所示。从不同阶段政策工具的应用比例结构来看，在出租车行业监管政策变迁的第一阶段，政策工具应用比例结构图几乎是一条直线，管制型工具使用比率畸高，达到了 96%，市场型工具、信息型工具及社会型工具使用比率畸低，加总才达到 4%。在第二阶段，政策工具应用比例结构近似于一个直角三角形。与第一阶段相比，管制型工具使用频率开始减少，信息型工具使用频率逐渐增多。在第三阶段，政策工具应用比例结构类似于菱形，与第二阶段相比，管制型工具使用比率急剧下降，信息型工具应用比率迅速提高，管制型工具与信息型工具使用比率相当，社会型工具使用比率接近 20%，市场型工具应用比率也有所增长，达到 8%。

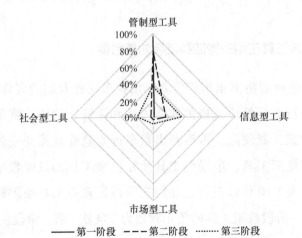

图 5.4   出租车行业监管政策变迁三个阶段政策工具应用的比例

总体来看，在出租车行业监管政策变迁的三个阶段，政策工具应用从以管制型为主的单一结构逐渐发展为多种政策工具融合使用的复合多元型结构。尤其是在第三阶段，政府监管政策创新能力明显增强，大力推进信息型工具和社会型工具的应用范围和频率。但不容忽视的问题是，市场型工具比例依旧偏低，这表明政府在市场型政策工具的应用能力方面尚需提高。

5.3.4　监管政策制定主体转移频繁

政策制定主体拥有广泛的权力，对政策的制定和决策有重大影响[162]。出租车行业监管政策变迁的三个阶段政策制定主体转移频繁，转移的路线是从地方政府到中央政府再到地方政府，如图 5.5 所示。从中央政府层级来看，尽管监管政策制定的参与主体越来越多，从第一阶段的 5 个发展到第三阶段的 12 个，但中央政府部门之间制定监管政策的权责日益规范清晰。然而，监管政策制定主体在中央政府（部门）与地方政府（部门）之间频繁转移，这也为市场和社会力量利用制度缝隙介入行业监管创造了机会。

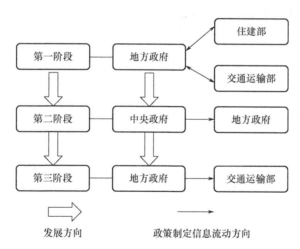

图 5.5　出租车行业监管政策变迁三个阶段政策制定主体的转移

在出租车行业监管政策变迁的第一阶段，政策制定主体是地方政府。尽管地方政府部门需要接受中央政府（部门）的领导和指挥，但鉴于典型的地方政策试验常常是中央政府（部门）制定政策的信息来源，因而在行业监管政策制定方面，地方政府和中央政府之间存在着双向交流的关系。交通运输部和住建部是中央政府层级监管政策制定的直接主体，从发文的次数和权重来看，交通运输部的职责要略显突出，其余5个部门是监管政策制定的参与主体。由于两者的分工并不很明晰，因而，城市出租车行业的业务主管部门既可能隶属于交通运输部，也可能隶属于住建部。

在出租车行业监管政策变迁的第二阶段，政策制定主体是中央政府（部门），即由中央政府（部门）制定监管政策，并监督促进地方政府（部门）执行。此阶段实行了牵头监管模式，住建部是牵头单位，是监管政策制定的直接主体，其余10个部门参与监管政策制定。

在出租车行业监管政策变迁的第三阶段，政策制定主体从中央政府（部门）转向地方政府（部门）。网约车合法化之前，中央政府（部门）是监管政策的制定主体。网约车合法化之后，在与中央政府监管政策保持一致的前提下，地方政府又被赋予了制定地方网约车监管政策细则的权力，因而监管政策制定主体又转向地方政府（部门）。此阶段交通运输部是监管政策制定的直接主体，其余12个部门参与制定监管政策。

第6章　出租车行业监管政策变迁的
模式、过程与动力

对任何政策发展的过程都必须从历史的角度进行分析，要涵盖几年、几十年甚至更长的时间[252]。观察政策发展过程可以更好地了解逐步趋于稳定发展的政策是如何被"打断"的，发现常规政策变迁和范式政策变迁之间的关联，理解政策变迁机制中的必然条件、可能条件和不可能条件，分析制度特征与政策子系统变化的相互作用和关系。公共政策是一种持续现象，稳定和变化是政策变迁这枚硬币的两个方面，两者总是并存的。描述、衡量这种变化是研究的重点。本书第4、5章通过重要的事件——关键节点，政策的构成要素——政策目标、政策行动者、政策工具，从微观和宏观两个方面阐释了出租车行业监管政策变迁各阶段的基本表征。本章主要对出租车行业监管政策变迁的模式、过程及动力三个问题进行阐述。

6.1　出租车行业监管政策变迁的模式

政策变迁研究有两个重要的基础性问题，即政策为什么变迁和政策如何变迁。前者注重的是政策变迁的动力机制，后者凸显的是政策变迁的方式、程度和方向，即政策变迁的模式。相对来说，学者对前者的关注度高，并对其提出了许多应用广泛、影响深远的动力模型。而后者由于衡量指标、判断方法多样，研究内容广泛、庞杂，因而是研究的一个难点，其关注度不如前者高。尽管如此，也有不少西方学者对其展开了深入研究，形成了令人瞩目的研究成果，为本节研究的展开奠定了坚实的理论基础。

6.1.1 政策变迁模式的类型

从变化程度上看，最基本的政策变迁模式是演化性变迁和革命性变迁。演化性变迁与林德布洛姆（Lindblom）提出的渐进性变迁[253]内涵基本等同，指小的变化逐渐累积并成为大的变化。霍尔提出的范式政策变迁的提出启发了渐进主义，自然累积性政策变迁的理念被打破，长期相对稳定的政策何时及以何种形式被"打断"等问题开始成为公共政策学者感兴趣的问题。政策变迁研究中政策要素的变化序列、政策思想、成员资格的改变等因素获得了更深刻的阐释，形成了丰硕的研究成果，例如，霍尔提出三个序列变迁理论[230]，马奥尼等学者构建了政策变迁的四种基本模式理论[254]，鲍姆加特纳和琼斯则发展了间断均衡理论[97]，豪利特和拉米什在霍尔的基础上提出常规政策变迁和范式政策变迁两种政策变迁形式[13]。基于以上研究，本节提出了判断政策变迁程度的两个影响因子——理念和新兴行动者，以及判断政策变迁方向的影响因子——政策的可逆性与不可逆性。

1. 四种典型的政策变迁形式

哈克（Hacker）指出，没有一种固定的政策变迁模式。不论是渐进的调整还是"大爆炸"式的突然变革，政策变迁都具有多种形式，包括政策叠加（Layering）、政策转变（Conversion）、政策漂移（Drift）和政策修订（Rivision）等[255]。在此基础上，西伦（Theleen）、斯特里克（Streeck）、马奥尼（Mahoney）等学者进一步丰富、发展了该分类框架，认为政策叠加、政策转变、政策漂移和政策替换（Replacement）是政策变迁的四种基本表现形式。政策叠加是指"在已存在的政策基础上引入新的政策"[254]。最初，西方学者用"治理厚度的渐增"[256]说明政策叠加的程度，倾向于关注哪一层面的主体为什么及如何参与到已存在的治理机制之中。目前则发展为从行动主体、制度安排两个方面，行动主体的增加[257]、政策安排的增加[258]和行动主体和政策安排都有所增加[259]三个维度衡量政策叠加的程度。政策转变是指由于战略部署的变化，政策执行发生了改变。有时，政策自身没有发生改变，但是被用来实现新的目标，也有学者称为政策的"双重性"。政策漂移是指由于环境的改变而导致的规则影响力发生转变。此时，政策的影响力可能变强，也可能变弱，新规则或新的行为主体被接受的程度越来越高，新政策的影响力就越来越强，而既有政策的影响力则越来越弱。政策替换是指"旧政策的移除，新政策的引进"[260]。政策替换强调的是一个过程：新政策与旧政策并存并相互竞争，最终新政策取代旧政策。政策替换与政策叠加、政策转变和政策漂移不同，因为在后三种情况下，既有政策部分地、全部地或象征性地存在着，而政策替换强调的是既有政策最终被新政策替代。

2. 三阶政策变迁模型

霍尔认为，政策变迁表现为第一序列、第二序列和第三序列的变化[230]。第一序列的政策变迁是指政策工具设置的变化，表现为具体的政策指标水平的变化，如扶贫政策中具体补助金额的变化。第二序列的政策变迁是指政策工具的变化，表现为某一政策领域中政策工具应用的创新，如为控制公共支出而采取的"限额制度"。第三序列的政策变迁是指政策主导目标的改变，如西方经济政策导向从凯恩斯主义转向货币主义。在霍尔看来，第一序列和第二序列政策变迁两者之一发生或两者同时发生，都是一种常规化的政策变迁，在广泛意义上维持了既有政策的模式。而第三序列的政策变迁，即政策目标的改变，则是一种根本性的、激进性的变迁，是政策断裂，更值得关注。另外需要注意的是，前两个序列的变化并不必然导致第三序列的发生。

3. 常规政策变迁模型与范式政策变迁模型

在霍尔研究的基础上，豪利特和拉米什又进一步阐释了常规政策变迁（他们也将其称为政策风格）和范式政策变迁的表现形式。[13] 他们认为，常规政策变迁是政策子系统通过"吸取教训"的学习方式所进行的一种政策变革，是内生式的，政策的根本基础没有发生改变。范式政策变迁是一种在"社会学习"基础上根本性的政策变迁，理念的变化、关键行动主体的出现及政策企业家的推动是政策变迁的动力，在这一点上他们与霍尔持基本相同的观点。

4. 缓慢或快速的常规政策变迁模型与缓慢或快速的范式政策变迁模型

杜兰特（Durrant）和蒂尔（Diehl）将政策变迁的程度（渐进或范式）和变

迁的速度（快速或缓慢）相结合，提出了政策变迁的四种模式，分别是快速的范式变迁、缓慢的范式变迁、快速的渐进变迁、缓慢的渐进变迁，杜兰特和蒂尔的政策变迁模式见表 6.1[261]。霍尔认为，解释范式政策变迁过程应突出利益和理念两个方面的因素。在上述研究的基础上，豪利特和拉米什（Howlett, Ramesh）以理念和利益为衡量指标，修正、充实了杜兰特、蒂尔的模式分类。他们认为，理念决定着变迁的程度，如果政策理念没有发生变化，则是常规变迁，反之，则是范式变迁；而变迁的速度则取决于是否出现了关键行动者（利益组织），政策子系统内关键行动者的出现会促使政策发生迅速的变化，豪利特和拉米什的政策变迁模式见表 6.2[262]。

表 6.1　杜兰特和蒂尔的政策变迁模式类型

变迁的程度	变迁的速度	
	快速的	缓慢的
范式变迁	快速的范式变迁	缓慢的范式变迁
常规变迁	快速的常规变迁	缓慢的常规变迁

表 6.2　豪利特和拉米什的政策变迁模式类型

理念变化	关键行动者（利益组织）是否出现	
	是	否
是	快速范式变迁	缓慢范式变迁
否	缓慢常规变迁	快速常规变迁

5. 政策变迁模式的影响因子

如前所述，由于政策变迁的衡量指标、判断方法多样，研究内容广泛庞杂，因此，目前既不存在对变化类型的明确定义，也不存在对变化类型的详尽分类，从而导致增量变化和范式变化仍是尚未明确的概念。但是，从已有研究来看，变迁程度、变迁方向和变迁速度是衡量政策变迁模式的三个基本维度，由于在不同时间跨度下政策变迁的速度是不同的，而且相较于变化的实质影响，变化的速度就不那么重要了。因此，本书拟从政策变迁的程度和方向两个维度提出影响政策变迁模式的因子。

（1）变迁程度的两个影响因子：理念和新兴行动者

通过政策文本分析可以很容易捕捉政策工具设置及政策工具具体类型的

变化，但对于判断政策变迁模式至关重要的政策理念变化很难根据经验进行评估，因而其应用存在着明显的局限性[263]。而理念在政策科学中的作用又日益受到重视，因为理念能够简化对现实的诠释和处理方式，减少不确定性，并且可按照一以贯之的框架将多种政策捆绑在一起。政策理念能够发挥强大的影响力[264]。因此，尽管缺乏精确的评估工具，但是理念的作用不容忽视。

莱格罗（Legro）认为，理念的转变包括崩溃和巩固两个过程，理念崩溃过程是指社会普遍认为既有理念对现实问题的解释力不足，需要被更换，理念巩固过程则是指关键事件结果可以进一步验证支持理念的解释框架，因此现有理念会得到进一步的巩固与强化。[265]。理念的崩溃或巩固均与关键事件相关。莱格罗阐述了关键事件行为和结果之间的关系，如图 6.1 所示[265]，图 6.1 纵坐标代表的是关键事件行为类型，包括被理念支持的事件行为和被理念禁止的事件行为。理念塑造一系列的社会预期，社会预期则反映了什么应该或者被希望发生。当恪守理念时，事件结果应当与社会预期相匹配，即如果采取了理念所支持的事件行为，会带来相应的社会预期，如果采取了被理念禁止的行为，则会带来不良后果。横坐标反映了在理念指导下，关键事件行为的真实结果。如果事件行为结果符合社会预期，则该事件行为结果被认为是成功的；如果事件行为结果不符合社会预期，则该事件行为结果被认为是失败的。图 6.1 提出了关于理念变化的四种理想类型，每种类型都具有特定的连续性或变化逻辑，下面结合图 6.1 阐述理念变化的典型类型。

事件结果

事件 行 为		成功	失败
	理念支持的事件	类型 1：传统理念 持续	类型 2：采取行动 转型
	理念禁止的事件	类型 3：如果它没有被破坏 持续	类型 4：就该如此 持续

图 6.1　关键事件行为和结果之间的关系

关键事件发生时，如果社会采取了理念所支持的行为，并产生了相应的社会预期，可认为事件结果成功，类型 1 产生，传统理念得以持续；关键事件发生时，如果社会采取了理念所支持的行为，但是事件行为结果与社会预期不一致，可认为事件结果失败，类型 2 产生，既有的理念受到质疑和批评，需要采取行动转型；关键事件发生时，如果社会采取了理念所禁止的行为，并且事件结果成功，虽然事件结果与社会预期不一致，但是鉴于新的理念尚未形成，人们更倾向于将之视为偶然事件，认为既有的秩序并未发生改变，因而类型 3 产生，既有的理念得以持续；关键事件发生时，如果社会采取了理念所禁止的行为，并且事件结果失败了，既有理念的支持者会借此进一步强化传统理念，警告偏离行为会招致惩罚，类型 4 产生，既有理念得以持续。根据以上莱格罗的阐述，类型 1、类型 3、类型 4 情景下，政策理念均得以维持，此时发生常规政策变迁；类型 2 情景下，政策理念受到质疑，需采取行动创新政策理念，此时更易于发生范式政策变迁。

即使政策存在负反馈积累，但如果新理念尚未形成或新理念在发展过程中受阻，政策理念可能又会回归原位，此时依据政策理念的变化判定范式政策变迁存在困难。豪利特的研究则进一步综合了理念和行动者与范式政策变迁的关系，他指出，范式政策变迁的根本原因在于既有的"政策垄断"被打破[13]，即新兴的利益组织进入了政策子系统。间断均衡理论认为，这种进入的方式是在外部动荡的情况下发生的，但从现有的研究来看，范式政策变迁未必都源于外部动荡，内部积累也有可能导致范式政策变迁。① 但是，政策子系统成员的改变、政策子系统垄断被打破则是促成范式政策变迁的必要条件，鉴于关键节点处这种改变会更加明显，因而关键节点处是否有新的行动者进入政策子系统、结构性条件是否发生改变应该是判断范式政策变迁的必要条件。

综上，正如豪利特所述，从程度方面衡量政策变迁模式的影响因子有政策理念和新行动者（利益组织）。但是，由于理念的转变是一个结构过程，理念的崩溃过程可以通过政策负反馈衡量，而理念的巩固过程经常难以衡量，所以理念转变虽然是范式政策变迁的充分条件，但在实际判断时可能存在缺失。相对而言，政策场域中是否出现了新兴行动者（利益组织）则易于衡量。新兴

---

① 如科尔曼（Coleman, 1996）等人对欧盟、加拿大和澳大利亚 20 年来农业政策变化的研究揭示了一种模式，即政策设置和工具的累积增量变化逐渐导致了范式变化；卡帕诺（Capano, 2003）指出，在意大利的行政体系中，雇佣和人事政策的变化都是多年来积累起来的，直到整个政策的最初目标无法识别为止。

行动者（利益组织）的出现促使政策场域内结构性条件发生转变，并打破既有的"政策垄断"，进而促成范式政策变迁产生。

（2）政策发展方向的可逆性与不可逆性

政策动态评估必须考虑变化的"方向"，即区分政策发展方向随着时间变化呈现出的差异性，确认变化与既有的方向保持一致还是发生了转变。简而言之，政策动态评估要判断这些变化是进化的还是革命的、是可逆的还是不可逆的、是线性的还是非线性的、是偶然的还是局部的。吉里贝托（Giliberto）在已有研究的基础上，依据变化方向的不同概念，将政策变迁归结为五种历史序列类型：周期性的变化模式（变化发生但又回到现状）、辩证的变化模式（变化通过否定和综合的过程发生）、线性的变化模式（变化以进化的方式发生，但没有任何明确的观点）、目的论的变化模式（变化发生在方向上）、混沌与复杂性模式[165]。

本节将政策的可逆性和不可逆性作为判断政策变迁方向的维度。政策的可逆性／不可逆性需通过对政策实施结果的比较分析加以确认，属于微观层面的经验观察和推理。线性模型的内在变化是不可逆的，混沌理论的结构非线性变化也是不可逆的，因为历史是非各态历经的，初始条件难以再现。政策的可逆性／不可逆性并不是政策的固有属性，而是一种干预变量。从认识论的视角来看，当新政策被证明不能够充分应对最初设计试图解决的问题时，持续的利益冲突可促使政策结果发生逆转。

6.1.2   时间视阈下范式监管政策变迁模式

关键节点是历史制度主义理论对时间序列的分割，关键节点处理念是否发生改变，政策子系统是否出现新的行动者（利益组织）是判断常规性变迁和范式变迁的影响因子，而政策叠加、政策转换、政策漂移、政策替代则是政策变迁的具体表现形式。出租车行业监管政策近 40 年的发展历程中共出现了三个关键节点，运用上述维度考察出租车行业监管政策变迁的三个关键节点可以发现，关键节点一和关键节点三处产生了范式政策变迁，关键节点二处产生了常规政策变迁。另外，据此可以判断，政策制定主体的变化并不是政策变迁的动力因素，而是政策变迁的结果，常规政策变迁或范式政策变迁都可能发生政策制定主体的转变。

1. 关键节点一：范式政策变迁模式

出租车行业监管政策变迁的第一个关键节点存在着两个明显的变化。第一个变化是政策理念的转变。政府出台政策允许出租车行业进行市场化经营，原有的计划理念被市场理念取代。第二个变化是，除了国有企业之外，集体企业、外商投资企业及个体工商户等主体取得了合法地位，可以进入行业、参与市场竞争，这标志着新的利益组织进入了政策场域。这两个转变说明关键节点一处属于范式政策变迁模式。另外，这一变迁过程伴随着政策制定主体的转变，监管政策的决策、执行主体从中央政府转向地方政府。因为出租车行业由政府自上而下推行市场化改革政策，政府机构并没有完全撤销旧有的政策，在此基础上，政府颁了新的政策，增加了相应的监管机构。这属于政策叠加式的变迁类型。

2. 关键节点二：常规政策变迁模式

在出租车行业监管政策变迁的第二个关键节点处，频繁发生的出租车司机罢工事件、消费者日益增长的不满情绪及政策企业家对行业监管模式提出的质疑等因素促使监管政策的负反馈不断累积，原有的政策理念受到质疑，但新的政策理念仍处于探索之中，尚未形成明显的宏观政策理念转变，同时，也没有新的利益组织进入政策场域。尽管政策制定主体再次发生转移，由地方政府转向中央政府，但既有的政策并没有被消减、终止，政策变迁的形式依然以政策叠加的方式进行。这一时期，政策子系统内的政策垄断进一步加强，地方政府和出租车经营者在政策子系统结构中处于优势地位，但同时该优势地位也受到了来自中央政府、消费者群体及司机群体的约束。因此，路径的自我复制机制得以维持，但速度减慢。总的来说，关键节点二处，政策理念处于渐进变化之中，没有新的行动者（利益组织）进入政策场域，因而此阶段属于常规政策变迁模式。

3. 关键节点三：范式政策变迁模式

在出租车行业监管政策变迁的第三个关键节点处，携带新兴技术而来的网约车平台公司及随之产生的网约车司机群体和消费者群体先后进入了出租车行业政策场域，既有的结构关系面临瓦解的风险。通过堵截、打击网约车运营，监管政策努力保持在既定的平衡位置上，但是新兴利益组织的不断发展壮大及监管政策负反馈的持续增加，促使监管政策向新的方向位移。2016年，新的监管政策产生，网约车取得了合法运营资格。这一阶段政策变迁的过程就像旋转的陀螺一样，在旋转时不断地经历一些（增量）变化，但保持在一个平衡位置，直到外力（网约车公司、司机、消费者群体的壮大）将其移动到一个新的位置[110]。另外，此阶段在新兴利益组织的推动下，新发展型政策理念逐步形成、稳固（下一节有详细论述）。可见，在关键节点三处，政策理念发生了改变，新兴的利益组织涌入政策场域，因而此阶段属于范式政策变迁。

关键节点三处政策变迁的表现形式多样，既有以维护、巩固既有政策为目的的政策叠加，也存在促使政策结构发生改变的政策漂移。例如，网约车合法化前，武汉市交通局客管处通过其官方网站发布紧急通知，要求各出租车企业对使用打车软件的驾驶员进行监管，2013 年 7 月上海市交通委发布《关于规范本市出租汽车预约服务管理的通知》及各地旨在促进巡游车和网约车差异化运营的新政策，均属于政策叠加。政策漂移则发生在网约车合法化前。由于强大的政策支持联盟及其四方协议等非正式制度的创设、广泛应用，既有政策的范围被侵蚀，政策功能发生变化，形成了政策漂移变迁形式。另外，此阶段政策制定主体从中央政府再次转向地方政府。

综上可见，出租车行业监管政策变迁的三个关键节点处存在着不同的政策变迁模式和政策变迁方式。将三个关键节点进行比较可发现，常规政策变迁和范式政策变迁中政策制定主体都发生了改变。出租车行业关键节点处监管政策变迁模式比较见表 6.3。关键节点二处理念的变化、政策工具及其设置的变化都是存在的。此处理念的变化是渐进的，正统理念受到质疑，但新的理念尚未形成。

表 6.3　出租车行业关键节点处监管政策变迁模式比较

	理念变化	行动者变化	政策变迁模式	政策变迁形式	政策制定主体变化
关键节点一	是	是	范式政策变迁	政策叠加	是
关键节点二	是（渐进）	否	常规政策变迁	政策叠加	是
关键节点三	是	是	范式政策变迁	政策叠加、政策漂移	是

6.1.3　空间视阈下倒"U"形监管政策变迁模式

网约车共享经济平台的出现，彻底改变了现有的经济和社会秩序[137]，在西方国家同样掀起了监管政策改革浪潮，但在不同的国家，监管政策改革的程度、方向不同。世界各地的网约车均奉行"先进入、后道歉"的宗旨，即在发展之初不合法，但是经过一系列的监管冲突之后，网约车被合法化或禁止。此后，各国监管政策的发展方向有所不同。

为了更好地理解我国出租车行业监管政策变迁模式的特点，我们可以考察同一阶段西方国家网约车监管政策创新的模式。根据西伦对美国、德国和瑞典三个发达国家网约车监管政策变迁模式的比较，可以发现上述国家监管政策创新的程度不同：美国监管政策的创新程度最高，大部分城市选择创新监管政策以适应网约车发展；德国监管政策创新程度最低，完全禁止；瑞典监管政策的创新程度介于两者之间，在不关闭优步的情况下实施了更多的限制。但从创新的方向上看，监管政策颁布后均未发生政策逆转，即政策均保持在既有的方向上。尽管上述三个国家监管政策创新的程度不同，但是创新后（或者没有创新），监管政策的发展方向是保持不变的。而我国的监管政策创新则发生了一定程度的逆转。

图 6.2 更明晰地反映了我国与上述国家在网约车合法化时期及其前后监管政策创新的程度和方向上的差异。图 6.2 纵坐标反映监管政策创新程度，分为低、中、高三种。横坐标代表网约车监管政策发展的三个阶段，分为合法化前阶段、合法化阶段、后合法化阶段。网约车监管政策发展阶段的划分主要以监

管政策中是否界定了网约车的法律地位为依据，合法化前阶段主要是指政府尚未出台监管政策，没有明确界定网约车的法律地位；合法化阶段主要是指政府出台了相关监管政策，并明确界定网约车的法律地位，包括许可网约车运行，也包括禁止网约车运行；后合法化阶段是指合法化阶段后，政府又陆续出台了相关网约车监管政策。虽然各国监管政策创新和发展的具体时间并不完全相同，但发展历程大致相同，可概括为上述三个阶段。从网约车监管政策创新方向来看，可以概括为两种情况，一是网约车合法化后，后续阶段监管政策的发展方向没有发生逆转，即监管政策方向在最后两个阶段保持一致。二是网约车合法化后，后续阶段监管政策的发展方向发生了一定程度的逆转，即监管政策方向在最后两个阶段并不完全一致。

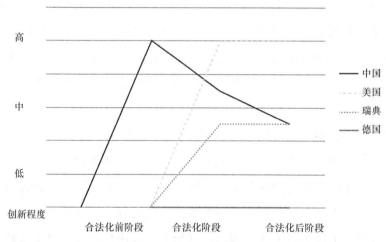

图 6.2 中国、美国、瑞典、德国出租车行业监管政策创新程度演变

在合法化前阶段，各国政府并未直接出台监管政策对网约车的法律地位予以界定，此阶段，各国监管政策创新程度均处于较低状态。在合法化阶段，我国和美国监管政策创新程度最高，其次是瑞典，德国网约车监管政策创新程度最低。我国是世界上第一个承认网约车合法化的国家，并且中央政府监管政策的限制条款较少。美国在经历了一系列的监管冲突后，网约车取得了合法性，并通过创建运输网络公司（Transport Network Company, TNC）对网约车进行分类监管，"相对于 TNC 的法规（或缺乏法规），传统出租车处于劣势[116]"。可见，在网约车合法化阶段，我国和美国的监管政策创新程度均较高。瑞典网约车监管政策创新程度居中，既没有完全禁止网约车，也没有无条件地完全接纳网约车，而是要调整现有法规，确保网约车平台遵守瑞典相关的税收政策。德国网约车监管政策创新程度最低，完全禁止网约车运营。在德国，原有的出租车行业组织良好并且有多个实力强大的国家级行业协会，这些协会一方面通过迅速的协同行动，拉拢司机、降低服务价格，对网约车形成竞争打压之势；另一方面与运输管理局、政党代表人结成国家级联盟，积极捍卫现有的监管框架，认为网约车公然藐视法律，是良好的公共交通秩序的破坏者。最终，网约车在德国一年内被完全禁止。与合法化阶段相比，在后合法化阶段，美国、瑞典、德国监管政策创新的程度和方向均没有发生改变。与上述国家相比，我国则有所不同。2016年，国务院颁布两项政策，这标志着网约车进入合法化阶段。2017年，地方政府陆续推出了网约车监管细则（试行），由此进入网约车合法化后的第一个时期。2018年，地方政府正式颁布了网约车监管细则，由此进入网约车合法化后的第二个时期。这样划分基于以下两方面政策产出的考虑：一是2017年大部分地方政府颁布的网约车细则（试行），对网约车的限制明显高于中央政府，见表6.4；二是2018年地方政府正式颁布的网约车细则的限制条款又多于政策试行时期，如南京市对网约车实行了数量管制，深圳市计划于2018年8月1日后禁止非纯电动车辆注册为网约车等，虽然也有进一步放松网约车监管的城市，但相对来说数量不多。因而，网约车后合法化阶段，我国监管政策创新的程度是有所下降的，与2016年中央政策相比发生了一定的偏离，根据图6.2中线条的形状，可将之称为倒"U"形监管政策创新模式。

表6.4　与中央政府相比，地方政府增加的限制性网约车准入条件

许可证	地方政府增加的限制性准入条件
平台证	设立分公司、平台数据接入本市监管平台、签社会责任承诺书、办理承运人责任险
网约车驾驶证	户籍或居住证、劳动合同、司法考试、身体健康、年龄、文化程度
车辆运输证	轴距、排量、车龄、车价、功率、车长、车宽、车高、行驶里程、车辆保险，使用新能源汽车

6.2 出租车行业监管政策变迁的过程

从政策网络发展的角度来看，出租车行业监管政策子系统内部的政策网络结构呈现由封闭逐渐走向开放的趋势，网络主体之间的协调、互动活动不断强化。政策网络是特定的政策子系统内多元行动者为解决共同面临的政策问题互动形成的集合体[266]。这些参与者在政策子系统内部拥有不同的资源，占据不同的位置，形成了不同的沟通方式，构成了独特的政策网络。而政策过程发生于相互依赖的多元主体之间，政策制定、执行和变迁都反映了政策网络的塑造与制约[267]。因此，政策网络的发展变化反映了政策变迁的进程与方向，主要表现为政策子系统内各行动主体的权力结构、利益关系和沟通机制的变化。

英国学者罗茨（Rhodes）将政策网络分为五种类型，分别是政策社群、专业网络、政府间网络、供应网络、议题网络[268]。借鉴以上分类，根据出租车行业的主要行动主体，可以将出租车行业的政策网络分为三种类型，他们共同存在于出租车行业的政策子系统内，形成不同的权力结构、利益关系、沟通机制。第一种类型是政策社群，是行业监管政策的决策和执行层，主要指中央政府（相关部门）和地方政府（相关部门）；第二种类型是供应网络，他们是监管政策实施的对象，主要是出租车公司及司机（包括后来的网约车及公司），他们之间存在着竞争和联盟；第三种类型是议题网络，主要包括服务消费层和政策支持层[269]，服务消费层是指消费者和大众，政策支持层主要指媒体、行政机构管理人员、业界专家和科研机构。

依据第3章提到的出租车行业监管政策发展的三个阶段，可将每个阶段政策网络的结构特征通过图6.3、图6.4、图6.5表现出来。可以发现，出租车行业监管政策发展过程中，权力结构由塔式向扁平化方向发展，利益关系由简单、同质向多元复杂转变，沟通机制由单向低频向双向高频转变。

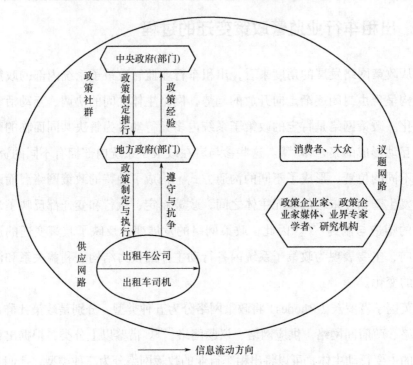

图 6.3　出租车行业监管政策发展第一阶段政策网络结构特征

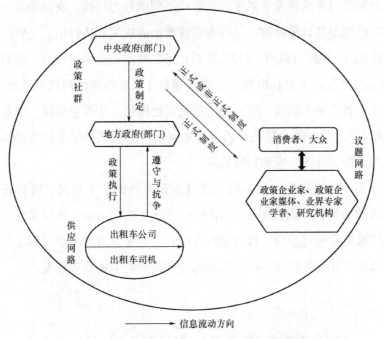

图 6.4　出租车行业监管政策发展第二阶段政策网络结构特征

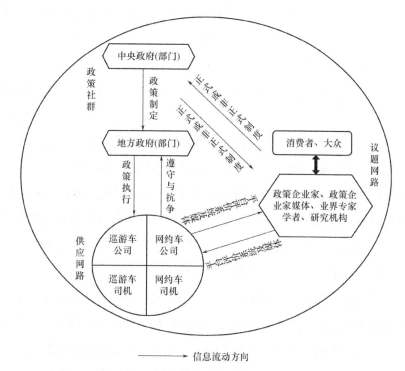

图 6.5　出租车行业监管政策发展第三阶段政策网络结构特征

6.2.1　权力结构由塔式向扁平化方向发展

出租车行业监管政策的发展过程伴随着议题网络的形成与发展、供给网络市场能力与独立性的增强、政策社群主导作用的逐渐削减。这些力量的变化促使政策网络的权力结构由塔式走向扁平。

在出租车行业监管政策发展的第一阶段，政策子系统内议题网络尚未形成，与政策社群和供应网络处于脱嵌状态。政策社群与供应网络沟通频率相对较高，处于政策网络的核心地位。如果忽视脱嵌的议题网络，两者构成了相对单一、封闭的政策场域。政策网络之间的权力结构关系呈现出半科层制的特征，形成了一种类似"塔式的治理结构"[270]，政府即政策社群处于主导地位，对网络内的资源进行配置，多采用行政命令式的沟通方式。但当资源配置不得当时，供应网络会采取市场反应，最小化政策的副作用，消融政策目标的可实现性，或者采取抗争行为。

在出租车行业监管政策发展的第二阶段，政策子系统内议题网络逐渐形成，并通过正式或非正式渠道对政策社群的政策能力产生影响，同时政策社群也通过颁布政策等制度渠道对议题网络进行回应。在此阶段，政策网络关系进一步扩展，但行动主体之间的结构关系处于一种半开放、不平衡的状态。值得注意的是，此阶段政策社群的制定主体发生了转变，从地方政府转向中央政府，中央政府成为政策的制定主体，地方政府则是政策的执行主体。供应网络的抗争活动依旧存在，但趋于平缓，不足以对结构产生根本影响。

在出租车行业监管政策发展的第三阶段，政策网络主体的权力结构逐渐呈分散化趋势。首先，网约车公司、网约车司机作为行动主体参与到供给网络之中，与传统的出租车公司、司机产生了冲突矛盾，但这并没有削弱供给网络的力量，反而由于竞争秩序的扩展使供给网络的专业服务质量得以提高，具有了较大的话语权与影响力。其次，议题网络愈发成熟有力，不仅通过正式或非正式制度对政策社群产生影响，同时，借助科技赋予的技术权力，也开始对供应网络产生巨大影响。当然，这种影响力一部分源于新闻媒体的发展，另一部分则源于新兴互联网经济模式的政治溢出效应。最后，由于政策社群内部上下级之间存在着信息、利益的阻滞，以及政策子系统范围进一步扩展，政策网络关系愈加多元、复杂，政策社群难以凭借传统政策工具实现对行业的有效、有序治理，因而亟需通过政策创新，借助供给网络、议题网络的力量、资源实现行业治理的有效化、有序化。

6.2.2 利益关系由简单同质走向多元复杂

出租车行业是我国市场化改革较早的一个行业，其起源于 20 世纪 80 年代初。由于刚刚从计划经济中走出来，政策网络中的行动主体缺少发展市场的经验，利益诉求简单同质。随着市场秩序的扩展深化，行动主体的利益诉求日益多元、复杂。首先，经营模式的创新成为供给网络需要考虑的问题。其次，政策网络内部的行动者间的利益差异，如社群网络中中央与地方公共物品供给的责任划分，供给网络中行动主体间的利益冲突与联盟合作，议题网络中消费者服务使用的个性化和排他性等也逐渐显露。总而言之，随着科技的进步、市场化的深入，不论是政策网络间还是政策网络内部的行动主体，他们间的利益关系日趋多元复杂。

6.2.3　沟通机制由单向低频向双向高频转变

政策网络权力结构、利益关系的变化必然导致沟通渠道与方式发生改变。总体而言，出租车行业的政策网络主体间沟通的频率在不断提高，双向沟通方式逐渐增多。在出租车行业监管政策发展的第一个阶段，原本政策社群在政策子系统中位于主导地位，是信息交流机制的中心节点，在信息发布和搜集中占有绝对优势，因而偏好单向沟通。但是，到了第二个阶段，即议题网络崛起后，开始出现多元化的沟通渠道与方式。他们一方面要求正式沟通制度的供给，如出租车价格听证制度；另一方面积极利用非正式沟通渠道表达自身的利益诉求，如通过媒体发起舆情事件。为了维护社会稳定、促进行业健康有序发展，政策社群日益重视舆情的导向作用，因而政府回应逐渐频繁，双向沟通方式亦日渐增多。监管政策发展到第三个阶段，科技不仅催生了新的利益主体（网约车公司与网约车司机），而且也衍生了新的商业模式和新的商业生态。经济属性是这种新的商业模式和商业生态的原本属性，而信息交流属性则是它们的意外衍生属性。网约车公司为服务的提供者和使用者提供了不受时空限制的互评途径，从而使供给网络与议题网络的沟通、交流空前频繁、紧密。

6.3　出租车行业监管政策变迁的动力

尽管理念的转变是政策变迁的必要条件，能够创造变革的动机，但是，政策变迁的动力却并不只由动机提供。"社会很少缺乏变革的观念，但却常常不具备变革的条件"[271]。信息技术的创新和应用催生了新型的生产关系，衍生了新兴利益组织，是出租车行业监管政策变迁的催化剂。理性制度主义坚信"实力界定权利"[272]，即制度塑造行为者的偏好与策略。历史制度主义认同以上观点，但前提是历史的时间序列、惯性会产生异于功能主义的现实结果，实力强的行动者并非一定是胜利者，政策的变迁与维持也未必与强者的逻辑完全一致。"实力"指的是受既定制度影响的实力，并不完全指经济、法律上的实力，还蕴含着政治结构的特点。在不同的制度背景下，即使是相同的法律和经济地位，行动者的力量也存在差异。网约车公司挟技术和资本而来，凭借自身强大的竞争优势，利用既有制度创设非正式制度，在出租车行业政策场域内纵横捭阖，与中央政府、消费者、司机进行联盟，是取得合法性至关重要的一个环节。

6.3.1 理念：变迁的来源

理念① 是特定环境下人们认识问题、分析问题和解决问题时所持有的价值原则和思维取向。"人们持有的信念决定了他们做出的选择，然后，这些选择建构了人类行为的变化"[192]。复杂的社会现实难以衡量、难以计算，或然率风险的大量存在，理念成为减少不确定性的一种过滤机制。在奈特式不确定性广泛存在的情况下，人们难以通过提高计算能力来减少风险和不确定性。不确定程度越高越凸显理念的重要性。此时，理念可以简化现实，可以通过价值体系、思维模式对信息、问题进行诠释和过滤，为问题的解决减少不确定性，提供清晰的路线图。

"公共政策的议程是在一定的话语体系下产生的。……公共政策的制定是在由理念和标准构成的框架体系内实现的，相关的参与者能够理解并认可这一框架[273]"。政策理念是政治话语体系的典型体现，指出了政策问题的实质，为政策改变的方式提供了指南。然而，新的政策理念并非一经引入就能立即导致政策发生改变，新的政策理念需要经过选择、诠释、传播和执行等过程，因而新理念对旧理念的替代存在着一定的时间差。莱格罗（Legro）将新旧理念的变化过程分为两个阶段：既有理念的瓦解和新理念的巩固。当既有的政策理念显示出政策失败或无法适应新环境时，这种理念就会受到质疑与挑战，随之新的理念可能会产生。如果"当可选择的政策思想能够解释过去的错误，并能为力量强大的一方提供安全保障，此时政策变迁最有可能发生"。[265] 相反，"对于替换的方案，理念无法达成共识，政策将保持其连续性，因为社会会反过来

---

① 英语与中文理念相对应的一词是 ideology，该词也被译为观念、信念、意识形态，本书采用中文中更常用的理念一词，但是在外文引用中，或译著中有些译者采用了信念等词汇，本书认为其意义与理念相同。

重新接受原有的信仰体系"。[265] 出租车行业监管政策变迁过程也蕴含了创新型政策理念的产生和巩固两个阶段，政策企业家在理念的质疑、形成和发展方面发挥了重要作用。

1. 创新型政策理念的产生和巩固

在出租车行业监管政策发展的第三个关键节点，即网约车合法化的过程中，行业内的两种政策理念互相竞争、互相冲突。一方面，传统政策理念下异常现象不断累积，引起社会对这些现象、问题的关注、质疑和反思。另一方面，政策企业家在否定旧理念的同时，也在不断地探索新理念。随着网约车的发展，政策企业家将共享经济模式、长尾经济理论及隐性管制理论引入出租车行业的政策子系统内，形成了创新型政策理念，为网约车的合法化提供了必要的理念支撑。同时，政策企业家也致力于促进新理念的快速、广泛传播，促成重叠共识的达成。这是新政策理念在出租车行业的政策子系统中得以巩固的必要条件。

共享经济模式是出租车行业经营模式创新的模板，是创新型政策理念的主要来源。网约车是典型的共享经济，作为共享平台的网约车公司利用信息技术将出租车的服务提供者和消费者进行最优匹配，打破了出租车司机对出租车公司的依附关系，可以直接向消费者提供服务。同时，为了更广泛地接触、了解顾客，出租车司机需要接入网约车平台。这种新的经营模式打破了出租车行业传统的政策理念，也促成了创新型政策理念。

长尾经济理论为出租车行业市场细化、创新提供了理论指向，创新型政策理念则对其进一步强化。长尾经济理论的基本含义是指"只要存储和流通的渠道足够大，需求不旺或销售量不佳的产品所共同占据的市场份额可以和那些少数热销产品所占的市场份额相匹敌，甚至有过之而无不及"[274]。根据长尾经济理论，与传统出租车相比，网约车服务既可以满足临时性、潮汐性的需求，又可以更深入、更细化地细分市场，提供个性化、弹性化的服务。因此，网约车实际上开拓了一种全新的市场，可以吸引足够多的、有个性化需求的消费者形成"规模经济"。在此基础上，创新型政策理念进一步强化。

隐性管制理论为出租车行业监管机制的创新提供了理论支撑，创新型政策理念得以进一步深化。网约车是一种典型的"互联网＋"行业，网络平台创造了一种新的商业生态，内部形成了一种新的治理关系。它既不同于企业内部的行政命令，也不同于市场的交易关系，具有"隐性规制的特点[275]，能够进行自我约束、自我发展，因而是一种监管机制方面的创新，这种创新也使得创新型政策理念进一步深化。

2. 政策理念转变中的政策企业家与政策学习

政策理念转变是范式政策变迁的前提，"政策创新的过程不仅仅是一个冲突生发的过程，也不仅仅是一个新政策设计的过程，它同时还必然是新理念为精英和大众所接受并实体化或外在化为制度的过程"[276]。政策变迁的触发点可能是内源性的，也可能是外生性的，但是范式政策变迁的产生，必然隐含挑战现状的知识和新思想。在质疑旧理念，重构、传播新理念的过程中，政策企业家发挥着至关重要的作用，"政策企业家像企业家一样，愿意投入资源、时间、精力、声誉，有时还愿意投入资金，以期获得未来的回报"[277]。他们凭借自身的专业知识和资源，激发大众质疑习以为常的政策理念，尤其是当政策面临重大抉择时，他们负责界定问题，把握时机"出售并使理念市场化"，促使"政策之窗"开启。政策企业家动员政府官员、经济组织和社会公众质疑政策理念，界定政策问题，构建传播新政策理念的过程，本质上是一种政策学习。在计划经济向市场经济转型过程中，首先由政治精英引介市场制度的知识和信息，然后社会大众不断学习、认识、深化理念，并在实践中进行反思性社会学习，政策企业家则敏感地捕捉到了政策学习的内容，将其概念化，并在适当的时机促进其广泛传播。

首先，政策企业家发起对既有政策理念的质疑，引发公众对其进行广泛的政策辩论。2002年，王克勤的报道引起了政府、社会对出租车行业劳资冲突的关注。事实上，在这之前已有许多学者著文说明、阐释了市场化进程中出租车行业存在的问题。这些研究在2002年达到了一个高潮，主要是对传统监管政策理念提出质疑，认为出租车行业监管政策不稳定，市场化程度有待进一步提升。这种理念质疑尚处于浅层，主要反思如何应对行业监管中出现的负面问题，还停留在政策工具及其设置、调整层面，如调整价格监管标准、放松数量管制及改革行业经营模式等。

其次，界定政策问题，促进深度社会学习。出租车行业市场化进程遇到的问题和危机促使人们重新审视出租车行业市场化的特征、构成要素和运行基础。有学者认为，只有通过进一步的市场化改革才能促进行业发展，也有学者认为，"在不具备能够使市场机制正常运作的制度装置的情况下，缩小国家职能可能导致混乱而非提高效率"[264]。这些争论极大地促进了社会大众对市场经济的理解，使为市场参与者营造公平的竞争环境成为共识。

最后，捕捉机遇，开启"政策之窗"。政策企业家广泛分布于不同的经济领域和行业，分属于多样化的社会群体，他们处于不同政策子系统的连接位置，扮演着协调人、顾问、门卫、代表者和联络人的角色，通过吸引注意力策略、连接策略、关系管理策略及竞技场策略，促进政策议程的开启。在"互联网＋"蓬勃发展的背景下，政策企业家构建了创新型政策理念，指出网约车是一种新业态，属于共享经济范畴，能够进行自我监管，因而"不能用监管传统出租车的方式监管互联网专车"[278]。最终，网约车的监管方式成为了政策议程的核心问题，而非合法性问题。

6.3.2 信息技术：变迁的催化剂

20世纪80年代以来，计算机、互联网的应用、普及推动了人类社会信息技术革命的到来。随着移动互联网、云计算、大数据、物联网等新兴技术的应用、发展，信息的搜集、加工、存贮、传递发生了翻天覆地的变化，对人类生活产生了全面、深远的影响。信息技术在公共政策领域的影响和作用主要体现在以下几个方面。首先，政策客体无形中被赋权、赋能，权利意识进一步提高；其次，政策知识的传播、扩散速度空前增强，促进了社会性的政策学习；再次，诸多领域新生业态的蓬勃发展激发了政策需求；最后，非正式制度的创设、应用促使既有政策的功能发生转变。

1. 信息技术进步促进了政策客体权利意识的提高

网络技术的发展引发了"平民化的改革"[279]，公民个体成为这场改革的聚焦点。新媒体下信息的传递方式呈现出主体性、交互性、开放性的特点，个体不再被动地接受网络价值观念和信息，而是可以主动地表达、创作、分享个性化的观点、信息，因为平台对用户是开放的，是一种面向未来、以人为本的交流模式。为个体提供个性化、便捷化的服务是新兴互联网行业奉行的宗旨，互联网金融、互联网购物、网约车都是针对个体提供的个性化、便捷化的服务。

一方面蓬勃发展的电子商务促进了消费者权利意识的提升。与线下相对封闭的评价体系不同，电子商务为顾客提供了可进行交流、反馈、评价的开放体系，原本关于商品（服务）的隐性知识、信息显露出来，在平台提供的担保机制的作用下，陌生人之间的信任机制得以建立，大众的权利意识、权利主张和权利要求借助线上频繁的交易活动极大增强。可以说，电子商务的服务体系也"培育了用户一种消费者主权意识和自由、平等、参与的理念"[280]。另一方面，互联网政务的发展，为公民政策参与提供了制度化的渠道。2015年10月，交通运输部颁布了《关于深化改革进一步推进出租汽车行业健康发展的指导意见（征求意见稿）》和《网络预约出租汽车经营服务管理暂行办法（征求意见稿）》两份文件，并指出，社会公众可通过网站、电子邮件、信函、电话、座谈会等方式提出政策建议。实际上，97%以上的反馈意见是通过官方网站和电子邮件两种网络化的方式获得的。随后，各地方政府也纷纷效仿，推荐社会公众通过电子邮件、网站、微信公众号等多种渠道反馈意见和建议。深圳市交通委与市法制办还举行了《深圳管理办法》微信听证会。[281]

2. 信息技术进步促进了政策知识的传播和扩散

新媒体是信息技术快速发展的产物。与报刊、广播、电视等传统媒体不同，新媒体依托网络技术、数字技术、移动通信技术，通过互联网、电脑、手机、数字电视等工具提供、传播信息。新媒体的出现改变了传统政策信息正式、有序的传播路径，政策场域中逐渐出现去中心化的、平民化的政策信息。这使政策信息的发布、传播不再局限于特定主体，千千万万的普通人均有机会表达、传播对焦点事件、政策内容、政策执行程序及政策结果的看法和观点，发挥了民间智库和风险感知的作用[282]，并形成多元丰富的政策信息，政策知识的准确性、思辨性得以提高，进而促进政策体系更加民主、科学、合理。

公共政策的有效执行和预期效果的实现离不开公民的理解、信任和遵从，如果网民自下而上的评价和监督能够被政府考虑、采纳，则会大大减少未来政策执行的阻力，提高政策效能。新媒体下的政策信息传递、交互模式无疑有利于政策主体和政策客体提高政策学习的效率和能力。2015年10月10日，交通运输部颁发了《关于深化改革进一步推进出租汽车行业健康发展的指导意见（征求意见稿）》和《网络预约出租汽车经营服务管理暂行办法（征求意见稿）》两份文件，与此同时，还进行了为期一个月的意见征求工作，于11月10日形成了系统、全面的《深化出租汽车行业改革两个文件征求意见总体情况分析报告》，并予以公开。这促进了政府与社会大众之间就有关热点问题进行深入的互动和交流，为后期政策的颁布与执行打下了良好的舆情基础。2017年7月，《国务院办公厅关于深化改革推进出租汽车行业健康发展的指导意见》和《网络预约出租汽车经营服务管理暂行办法》两份文件颁布后，各地方政府陆续开始颁布地方性政策，这进一步引发了舆论的关注与讨论。据人民网舆情检测室统计，2016年7月28日至9月27日，涉及"地方性网约车管理细则"相关的网媒报道总计21 457篇，纸媒报道979篇，论坛帖文1323篇，博客文章914篇，微博1207条（不含二次转发），微信文章7655篇，App咨询901篇[283]。人民日报、新华社、光明网等多家官方媒体均对地方网约车管理细则进行了报道和评论，提倡地方政府应大力创新。这些舆论在一定程度上成为促进地方政府创新的积极因素，甚至倒逼地方政府参与到政府监管创新中来。例如，2016年8月初，兰州率先颁发了网约车管理细则，其中有"网约车数量拟控制在3000辆左右"的规定，这与一直以来社会倡导放开网约车数量管制的舆论相悖。迫于压力，2017年9月，兰州市政府做出了相关调整，取消了数量管制条款，车辆的价格要求从14万元以上降为不低于主流巡游出租车的1.5倍，对驾驶员也取消了取得本市居住证明1年以上的时间要求，只需取得本市居住证明即可。

3. 信息技术进步激发了政策需求

信息技术的蓬勃发展在政治、经济、社会等领域催生了诸多新生利益组织（主体）。一方面，这些新生的利益组织（主体）有着自身的政治诉求、经济诉求和社会诉求，他们希望通过法律和政策途径获得合法性，并实现以上诉求；另一方面，这些新生利益组织（主体）塑造的新生业态对传统业态发挥着融合与颠覆的双向作用，对传统的经济关系、政治关系、社会关系提出挑战，需要法律、公共政策予以规范，确定合理边界。

网约车领域也不例外，存在着同样的问题和政策需求。一方面，网约车平台、司机希望得到法律、政策的认可，实现自身的利益诉求，网约车与传统出租车之间的法律关系、定位需要确定；另一方面，乘客的合法权益、网约车的安全运营有待规范。例如，交通事故中经营主体与乘车人的权利、责任划分，车辆的运营资质、安全可靠性，以及乘客的基本信息保护等问题有待明确界定。

4. 信息技术的进步促使政策既有功能发生转变

信息技术的进步促进了政策知识、政策经验的广泛传播，人的理性思维能力进一步增强，这"不仅提高了个人管理现行制度安排的能力，而且还提供其他领会和创造新制度安排的能力"[284]。为了获得由于技术创新而产生的潜在收益，人们开始对现行的习惯、制度结构体系提出疑问，并试图借助其他正式或非正式的制度安排改变、销蚀现有的制度结构体系，使某些制度安排功能发生改变或不再发挥作用，从而以尽可能低的成本实现政策变迁。

伴随网约车而出现的社会规范发挥着对传统制度替代的效应。第一，随着非正式制度"四方协议"被创设，汽车租赁政策被引入出租车行业，并冲击着传统出租车行业的准入制度。原有的汽车按日、按月租赁的概念被打破，汽车也可以按小时、按分钟进行租赁。这是新兴利益群体利用出租车特许经营制度、合同法、民法而创设出来的一种非正式制度，是原有规则的一种新的解释和运用。它与原有制度同根、同点，但是发展方向却有不同。第二，具有隐性监管能力的网约车平台对传统出租车行业经营模式形成挑战。借助互联网和新媒体技术，网约车平台能够即时吸收利益相关者的反馈，自我革新，保持活力。例如，2015 年，滴滴公司为所有使用平台的司机和乘客购买了综合意外险，尽量降低司乘人员的出行风险。2018 年郑州空姐遇害案后，滴滴公司对顺风车平台进行了整改，接单前必须进行人脸识别、将紧急求救功能提升至显著位置、建立关爱基金保障机制等措施被实施。第三，行业僵化的监管模式面临失败。网约车的出现将竞争机制再次引入出租车行业。在新技术的推动下，网约车市场范围迅速扩大，这使数量管制、价格管制、车辆管制面临无效的风险。信息技术发展背景下，政策非均衡的出现需要正式的法律、政策予以解决，然而，法律、政策变革需要假以时日。而对于企业等市场主体来说，抓住市场机遇、发展业务、实现利益相关者的利益最大化是其发展的根本目标，因此，他们更有动力去调整创新市场规则。与以往不同的是，信息技术的发展与广泛传播无疑赋予了新市场规则更强大的支持力和生命力，极大地促进了企业等市场主体发展目标的实现。

6.3.3　利益博弈：变迁的根本动力

如前所述，网约车监管政策共出现过两次范式政策变迁，第一次是市场化改革阶段，第二次是网约车合法化阶段。较之前者，后者是在出租车行业市场化程度日益加深、政策场域愈发多元开放的情况下新近发生的，因而网约车合法化阶段行动主体的博弈更值得关注。在这一阶段，出租车政策场域内"没有任何一个行动者拥有足够的领导能力来决定其他行动者的策略行动 [285]"，但是，与结构功能主义者所认为的强者界定游戏规则不同，在制度、利益、理念及外部环境的影响下，由行动者凭借各自拥有的资源展开复杂动态的博弈。当然，行动者拥有的权力并不是对等的，既有的制度激励、约束着政策场域中的各个行动主体，为其提供了博弈规则，博弈各方围绕自身的利益进行讨价还价，其讨价还价的能力决定了政策均衡与政策失衡的出现。当博弈各方没有意愿或没有能力改变现行政策时，政策均衡出现，政策得以维持；而当博弈各方力量对比发生改变或新的行动主体参与到对抗与冲突中来，原有的政策无法解决新出现的问题时，政策需求产生，政策供给与需求表现为不平衡，政策失衡出现。"在现存结构中的机会与限制条件下，行动者进行互动——斗争、结盟、行使权力、谈判、合作，同时作用于社会系统并重构这些系统 [286]"。

1. 行动者的资源与行动策略

网约车合法化阶段，出租车行业政策场域中的行动主体分别是政府、传统出租车公司、网约车公司、传统出租车司机、网约车司机及消费者。他们在政策场域中居于不同的结构地位，拥有不同的行动资源，这也促使他们采取相应的行动策略。

（1）政府资源与行动策略

政府是国家权威性的表现形式，是唯一可以合法使用暴力的组织。政府资源一般包括权力资源、人力资源、财政资源及信息资源等，其中权力资源居于核心地位，决定着公共政策的基本方向。

我国中央政府和地方政府政治权力的来源具有同一性。一般而言，政府的集体行动能力强大。但是，政府权力的有效运行依赖于横向的部门配置和纵向的层级配置，这种结构可能会造成央地之间不同的治理偏好和风险感知度，因而，即使是面对同一问题，中央政府与地方政府时常会采取不一致的行动策略。

总体而言，中央政府对网约车持支持鼓励的态度，而地方政府则更倾向于采取压制否定的态度，尤其是在网约车合法化前，中央政府和地方政府在网约车监管问题上形成了相反的治理态度（见表6.5所示）。这主要是由于中央政府在维护政府合法性和权威性方面具有更强的动机，倾向于从行业发展的长期视角进行决策。而地方政府则从区域管理立场出发，竭力规避因行业改革和监管创新而带来的地方成本损失。这些成本既包括有形的成本损失（如通过出租车营运证拍卖和定期收取管理费而获得的财政收入），也包括无形的成本损失（如监管创新所带来的风险性和不确定性）。在中央政府治理态度的持续影响下，2015年5月之后，地方政府逐渐接受、认可网约车的合法化地位，部分城市开始着手对出租车行业进行改革。2016年，在中央政府（部门）颁布了《关于深化改革推进出租汽车行业健康发展的指导意见》和《网络预约出租汽车经营服务管理暂行办法》之后，大部分地方政府颁布了更为严格的网约车监管细则。

表 6.5　合法化前中央政府与地方政府对网约车的治理态度

时间	中央政府（部门）与地方政府（部门）的治理态度
2013 年	①交通运输部发文支持电召服务。2013 年 2 月 21 日下发的《关于规范发展出租汽车电召服务的通知》指出："积极推广电话、网络、服务站点、手机终端等多种出租汽车电召服务模式。" ②上海市交通委发文禁止预约服务。2013 年 7 月上海市交通委发布了《关于规范本市出租汽车预约服务管理的通知》，规定"禁止使用具有价外加价、显示乘客目的地、乘客详细信息等功能的技术产品承接预约服务"。 ③地方政府声讨软件打车公司。2013 年 4 月 17 日，武汉市交通局客管处通过其官方网站发布紧急通知，要求各出租车企业对使用加价打车软件的驾驶员进行监管，督促他们严格执行物价部门核定的收费标准。同年 5 月，南京、深圳、北京、上海等城市先后发表声明，表示要规范打车软件，杜绝加价服务行为。
2014 年—2015 年 5 月	① 2015 年 1 月 8 日，交通运输部明确表示，"网约车"服务对满足运输市场高品质、多样化、差异性需求具有积极作用。各类"网约车"软件公司应当遵循运输市场规则，承担应尽责任，禁止私家车接入平台参与经营。 ②专车及其公司受到严厉打击。2014 年 11 月 23 日、28 日南京开出首张"网约车罚单"，两辆滴滴专车各罚款 8000 元。2015 年 1 月 16 日，太原开展为期 2 个月的打击非法营运专项整治行动，包括对利用互联网和软件工具从事或变相从事非法预约出租汽车客运行为的单位和个人进行治理；2015 年 4 月 30 日，广州市工商、公安部门以涉嫌"无照经营""组织黑车进行非法经营"对 Uber 广州分公司进行了查处。
2015 年 5 月—2016 年 6 月	①交通运输部指出，各级交通运输部门要以开放包容的心态，主动拥抱互联网，充分利用互联网技术推动行业改革创新，加快推进综合运输服务新业态、新模式发展，努力打造移动互联网时代综合运输服务升级版。 ②各大城市政府表态要对出租车行业进行变革。2015 年 5 月，义乌市公布《出租汽车改革运行方案》，规定从 2016 年起将取消出租车营运权使用费；2015 年 9 月杭州市表示，自 2015 年 1 月 1 日起，杭州停止收取经营权有偿使用金，已收取部分将如数退还。 ③网约车公司被约谈。2015 年 7 月 23 日，北京市交通委运输管理局、市交通执法总队、市公安局公交保卫总队、市发改委、市工商局、市国税局、市通信管理局、市委网信办共 8 个部门共同约谈"滴滴""快的""优步"平台负责人，明确指出，其组织私家车、租赁车从事客运服务的行为涉嫌违法组织客运经营、逃漏税、违规发送商业性短信息（垃圾短信）和发布广告等。各部门要求其停止发送商业性短信息（垃圾短信）等行为并限期整改，严格遵守《中华人民共和国价格法》相关规定，依法合规经营。 ④软件打车公司的合法性在一定程度上得到认可。2015 年 10 月 8 日，上海市正式宣布向滴滴快的专车平台颁发网络预约租车平台经营资格许可证。

（2）传统出租车公司的资源与行动策略

传统出租车公司是具有出租车经营权的合法主体，其凭借数量有限的出租车牌照获取行业垄断利润，面临的市场竞争压力较低，具备丰富的线下经营管理经验，并且成立了出租车行业协会。

网约车公司兴起之初，传统出租车公司与之处于蜜月期，但随着网约车的蓬勃发展，私家车借助网约车平台陆续涌入出租车市场，两者之间对立关系凸显。为了应对网约车公司的挑战，传统出租车公司分别采取了以下行动策略。

网约车合法化前，传统出租车公司采取了先抵制后结盟的策略。2014年，面对网约车的蓬勃发展，传统出租车公司采取了坚决抵制的策略，他们依据自身的合法地位，认为网约车属于黑车，只是通过出租车租赁市场将黑车洗白，因而是非法运营。为了维护自身的合法地位，传统出租车公司通过行业协会、媒体等渠道或罢运等行为表达自身的利益诉求。2015年下半年，网约车合法化已然成为趋势，传统出租车公司除了呼吁网约车应该接受与巡游出租车同样的监管条件以进行平等竞争之外，也开始通过联盟的方式积极应对挑战者。他们一方面成立出租车公司联盟抱团取暖，另一方面通过自主创新或与网约车平台公司合作的方式，积极向"互联网＋"转型。例如，2015年8月，杭州市8家出租车企业整合成杭州出租汽车集团，进行集团化运营，并上线统一打车软件"大众出行"。2015年8月，广州出租汽车承包经营费不再实行政府指导价，而是由出租车企业与司机在合同中具体决定，实行市场定价。2015年9月，首汽出租车公司推出"首汽约车"App。2016年4月，上海海博出租车公司与滴滴公司达成合作意向。2018年11月，哈啰出行宣布正式携手"首汽约车"，在北京、上海、杭州、南京、合肥等60多个城市同步开展首汽约车网约车业务。

（3）网约车公司的资源与行动策略

网约车公司是典型的"互联网＋"企业，其利用信息技术，通过软件平台为消费者提供实时叫车服务。作为新兴的"互联网＋"企业，网约车公司有着传统企业无可比拟的资源优势。首先，网约车公司有着雄厚的资金支持。网约车公司是资本的宠儿，受到资本市场的青睐，与资本投资公司有着天然的纽带关系。其次，网约车公司有着强大的经济影响力。一方面，网约车公司是新兴技术型企业，代表着新颖的经济发展模式，可能会成为未来经济发展的主流趋势，给人们带来了无限的想象和期待；另一方面，网约车公司创造了新的工作岗位，培育了新的经济增长点。最后，网约车公司有着较强的动员能力。网约车公司是互联网技术发展的成果，与媒体尤其是网络媒体关系极为亲密，这为其扩大自身话语权、增强社会影响力提供了重要工具。另外，网约车公司可以通过平台管理集体行动，有的放矢地进行市场营销活动，降低集体行动的组织成本，促成有利于自身的监管变革。例如，2014 年营销大战中，网约车公司通过对消费者有针对性的补贴，而不是普遍性地发放福利补贴或进行广告宣传，将搭便车者排除在外，实现了低成本、高效的广告宣传效应，使网约车变得"大而无法禁止"，收获了集体行动的收益。网约车公司凭借自身所具有的资源采取了嵌入和能动两种行动策略。在既有制度的压力下，创业企业往往采用嵌入型策略和能动型策略予以应对 [287]。嵌入型策略是指，企业在合法性制度压力较大的情况下服从制度约束，不断进行制度"同构"以获取合法性，行动策略遵循的是合法性机制；能动型策略则是指企业发挥能动性以积极改变甚至重构与组织发展不匹配的环境，行动策略遵循的是效率机制 [288]。两种策略并不是完全对立排斥的，只是在企业的不同发展阶段两者的侧重点不同。网约车合法化前，嵌入型策略突出，而网约车合法化后，能动型策略更为明显。

网约车公司嵌入型行动策略主要有：①进入行业初期遵循既有的监管政策，向传统出租车司机推广打车软件，致力于出租车服务的线上化，因而具备了初步发展的合法空间；②利用既有政策缝隙创建非正式制度"四方协议"，扩大政策的灰色空间，进一步拓展发展范围；③网约车合法化后，响应行业融合发展的政策方向，与传统出租车公司进一步展开合作，以获得持续发展空间。

网约车公司能动型行动策略主要有：①通过信息技术的应用使出租车行业市场机制的作用范围和程度得到空前扩展，出租车行业既有的监管工具，如数量管制、价格管制、准入管制等面临失灵危机。②塑造共享经济、绿色出行等话语体系，引导政府和社会认知，推动形成公益性企业定位；③通过补贴、微信红包、免费接送等营销策略培育消费者的使用习惯，提高社会认可度；④成立网约车研究院，借助大数据科学分析网约车在方便民众出行、缓解城市拥堵、增加社会就业等方面所发挥的作用，推动有利于自身发展的社会舆论；⑤通过与保险公司合作，提高服务安全性。

（4）传统出租车司机的资源与行动策略

传统出租车司机（不包括拥有牌照的私人出租车运营者）在政策子系统中处于弱势地位，但是他们的基本权利受到监管政策保护，是行业利润的合法分割者。另外，多年的从业经验使传统出租车司机具备了一定的集体行动能力，可以相对快速地组织起来进行抗争活动。他们采取的策略主要有停运、罢工等。网约车出现后，出租车司机的收入出现大幅度下滑，他们通过罢工、集体停运的方式表达自身的利益诉求。例如，2015—2016年，沈阳、南京、天津、杭州等大城市发生了出租车司机罢运事件。出租车司机与出租车公司是合同关系，一旦合同到期，如果网约车公司提供了更高的收入，他们则会选择跳槽到网约车公司，成为网约车司机。

（5）网约车司机的资源与行动策略

网约车司机也是新兴群体，集体行动能力薄弱。在网约车的不同发展阶段，司机群体的来源并不相同。发展初期，网约车司机主要是出租车司机。蓬勃发展之际，网约车司机主要是私家车车主，多数是兼职从业者。合法化后，网约车经营模式多样，有滴滴公司的C2C模式，也有神州公司的B2C模式，因此从业司机既有兼职人员也有全职人员。总体来说，网约车司机群体集体行动能力差，难以进行有效的集体行动。

网约车司机普遍支持发展网约车，反对对网约车进行监管，但是由于与网约车公司并非处于平等的权利关系之下，因而对网约车公司的利润分配方案、严格的管理制度持有不满情绪。由于网约车业务发展历程不长，网约车司机群体的组织性和稳定性程度均不高，因此，集体行动能力薄弱，参与行为不积极。

（6）消费者的资源与行动策略

出租车行业消费者规模庞大，消费者的基本权益，如人身安全、交易信息及服务质量等均受到监管政策保护。随着信息技术的发展，消费者表达权利的渠道也得以进一步扩展。但是，由于消费者之间处于松散的状态，因而集体行动成本偏高。

消费者采取的行动策略主要有利益诉求的制度化渠道和利益诉求的非制度化渠道，前者主要包括向出租车行业主管部门反应自身诉求，通过听证会、座谈会、官方微信、微博的方式表达自身的利益诉求和相关意见，后者主要包括通过微博、微信、公众号、发帖等方式形成舆论效应，引起监管者和社会对其诉求的关注。

2. 行动者联盟与影响

勾画行动者联盟的轮廓，将行动者划分为支持变革的联盟和反对变革的联盟，进而解释行动者的立场选择是一个适宜的、在政治学界具有广泛共鸣的出发点[174]。由于不确定性普遍存在，因而霍尔认为，联盟之间的博弈可以通过机会成本、动员性及理念变化三方面予以阐释。网约车出现后，出租车行业形成了支持行业变革联盟和反对行业变革联盟，简称为支持者联盟和反对者联盟。支持者联盟主要由网约车公司、中央政府、网约车司机、部分传统出租车司机及消费者组成，倡导对传统出租车行业进行改革。反对者联盟主要由传统出租车公司、地方政府（部门）及部分传统出租车司机组成，倡导政府维持出租车行业既有的监管体系。网约车合法化前和网约车合法化后上述两个联盟的力量对比存在差异，因而需从两个阶段阐释上述两个联盟的变化。

（1）网约车合法化前支持者联盟占据优势

网约车合法化前，网约车公司担当了诺思（North）所称的政策创新的"第一行动集团"，他们及时捕捉到了由政策非均衡而产生的获利机会。发展初期，网约车公司主要采取的是嵌入型行动策略，因而出租车行业政策场域内联盟处于隐性状态，尚未显露。网约车蓬勃发展之际，传统出租车公司在市场竞争方面难以与网约车公司抗衡，因而将问题从经济场域引入政治场域。显然，在政治场域，反对者联盟的机会成本远低于网约车公司，因为，如果不进行行业监管变革，网约车公司很可能不复存在。但此时网约车公司将能动型策略作为主要的行动策略，他们对消费者的需求更为敏感，社会动员能力明显强于传统出租车公司，能够将分散的司机和消费者组织起来，降低政策参与的成本。除了机会成本和动员能力之外，一致的政策理念可以减少行业变革的成本。支持者联盟提出的共享经济理论符合社会对"创新型"政策理念的理解，因而进一步降低了联盟成本。而反对者联盟在利益、绩效考核机制等方面与"创新型"政策理念存在摩擦，因而行动成本上升。支持者联盟在机会成本方面高于反对者联盟，但是在动员性及理念一致性方面均超越了反对者联盟，因而网约车合法化前，支持者联盟在政策子系统中占据优势。

（2）网约车合法化后反对者联盟占据优势

2016年7月，中央层面出台了监管政策，赋予了网约车合法地位。此后，各地方政府陆续颁布网约车监管细则（试行）。网约车合法化后，地方政府成为了本地监管政策的制定主体，因此，反对者联盟的机会成本极大地降低。由于网约车已经获得了合法地位，营利成为了网约车公司的首要目标。在这一阶段，网约车公司主要采取了嵌入型策略，忽视了社会关系的动员和维护，造成了网约车安全事故频发，支持者联盟结构松散，集体行动能力下降。另外，以营利为目的的"共享出行"被质疑，公众认为网约车的C2C模式不能体现配置"闲置"资源的优势，因而不属于共享经济。相反，反对者联盟倡导的安全监管理念则获得了消费者和社会大众的认可。综上所述，反对者联盟的机会成本低于支持者联盟，集体行动能力高于支持者联盟，理念具有较高的一致性，因此反对者联盟在出租车行业政策子系统内处于优势地位。

第7章 出租车行业监管政策变迁的路径、机制与当前态势

我国改革开放进程的开启主要是通过两种形式的政策变迁路径实现的，一种是中央政府主导的自上而下的强制性政策变迁路径，另一种是地方政府主导的中间扩散型政策变迁路径。在上述两种路径中，政府均处于主导地位，由于中央政府和地方政府均具有极强的强制力和权威性，因而可以认为这两种路径均属于自上而下的强制性政策变迁。随着改革开放进程的不断深入，在信息技术创新的背景下，出租车行业监管政策变迁遵循了怎样的路径？与传统的自上而下的强制性政策变迁路径相同还是形成了截然不同的变迁路径？对这些问题的回答不仅有助于深入理解出租车行业监管政策变迁的机制，还可以以小见大地呈现类似行业监管政策的发展方向。本章依据历史制度主义中的路径依赖理论，阐述了出租车行业监管政策变迁的路径，深入分析了该路径形成的机制，并对当前出租车行业监管政策变迁的态势进行了概要性总结。

7.1 出租车行业监管政策变迁的路径

从制度供给者的角度看，制度变迁可分为强制性制度变迁和诱致性制度变迁两类。强制性制度变迁是指由政府命令或法律的引入和实行引起的变迁；诱致性制度变迁是指现行制度安排的变更或替代，或新制度安排的创造，它是由一群（个）人在响应制度不均衡引致的获利机会时所进行的自发性变迁[284]。两者的根本区别在于推动制度创新的主体不同：前者政府是推动制度创新的主体，是一种自上而下的供给主导型的制度变迁；后者企业、组织或个人是推动制度创新的主体，是一种自下而上的需求诱致型的制度变迁。林毅夫认为，为了矫正制度安排供给的不足，政府主导的强制性制度变迁必不可少[284]。因为

政策是制度的一种具体表现形式，因而上述变迁方式同样适用于公共政策^①。显而易见，强制性政策变迁和诱致性政策变迁并不是截然分离的，即便是诱致性政策变迁也离不开政府的行动确认，但是这样的区分有利于洞察政策变迁的路径和动力。

著名学者杨瑞龙提出，在经济转型过程中，地方政府会在政策创新中担任第一行动集团。这种模式被他称为中间扩散型变迁方式，这种模式随后会自发向诱致性变迁方式转变^[289]。这种模式本质上也属于强制性政策变迁。其对一般的经济领域适用，但是难以充分阐释出租车行业监管政策变迁的路径。出租车行业监管政策发展的第一个阶段符合中间扩散型变迁方式，即地方政府将出租车行业视为经济领域，为了促进行业的发展而积极供给促进行业发展的政策。但是在监管政策发展的第二个阶段，政策变迁路径并未自发形成诱致性政策变迁路径，而是监管政策制定主体发生了改变，中央政府成为了监管政策供给的主体。此时，议题网络渐渐形成，对监管政策的供给产生了一定的影响，且政府处于被动回应状态，但尚未形成诱致性政策变迁路径，因此，政策变迁的路径维持稳定，依旧是自上而下的强制性政策供给。在出租车行业监管政策发展的第三个阶段，议题网络、供给网络不断壮大，尤其是供给政策网络充分利用信息科技的作用和影响，创设、应用、扩散非正式制度，出租车行业出现了正式制度与非正式制度同时发挥作用的二元制度体系。尽管非正式制度的合法性不足，但是在新路径自我强化机制的作用下，其对传统的监管体系、工具构成了全面挑战，促使监管政策走向路径分化。另外，中央政府支持"互联网+"行业发展，自上而下地推行强制性政策扩散，因此，出租车行业监管政策变迁所遵循的路径由自上而下的强制性变迁路径走向上下融合型变迁路径。出租车行业监管政策变迁的路径和关键节点如图7.1所示。

① 西方著名的历史制度主义学者皮尔逊（Paul Pierson, 2014）指出：把重大公共政策当成重要的制度，是完全说得通的，公共政策是管治个人和社会组织的核心规则。最直接和最强烈地影响现代公民（当他处理日常生活时）的制度其实是公共政策，而非使政治科学家先入为主的正式政治制度。故而，此处将制度变迁路径与政策变迁路径在同等语义上考量，这有利于从宏观整体视角探讨我国转型期政策变迁路径的总体走向。参见保罗·皮尔逊.时间中的政治——历史、制度与社会分析 [M].黄佩璇，黎汉基译，南京：江苏人民出版社，2014:193.

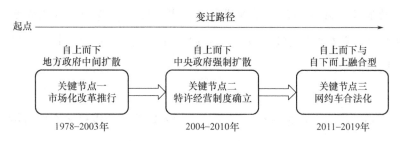

图 7.1　出租车行业监管政策变迁路径

7.1.1　强制性政策变迁路径生成

在出租车行业监管政策发展的第一阶段，政策变迁的路径属于中间扩散型政策变迁路径，地方政府是推动监管政策创新的主体，因此，政策变迁路径也是典型的强制性政策变迁路径。这一路径的形成源于地方政府主导经济发展的角色不断被强化。一方面，计划经济时期的政府治理经验为该路径的形成巩固提供了基础性条件；另一方面，改革开放以来，不断积累的市场经济发展经验及持续推进的财政体制、行政体制改革强化了政府促进经济发展的激励机制，这为该路径的持续发展提供了制度环境。

1. 计划经济时期强制型政策工具的使用惯性影响着政府行业监管工具的选择

在计划经济时期，政府在社会资源配置中居于主导地位，行政手段成为常用的监管工具。改革开放后，受历史惯性影响，行政手段无需行政人员投入过多的时间、资源进行学习，也省去了探索、设计新型监管工具的时间成本，因此，在出租车行业，强制型监管工具依然是政府的首选项。

2. 改革开放强化了政府引导经济发展的地位

市场经济改革初期，民众对于市场经济的运行模式、方式缺乏了解，在实践方面又受到意识形态的制约，因此，行业改革难以快速形成规模化的发展趋势。此时，政府是推动改革的主导者。为了促进经济发展，增加就业，各级政府积极通过公共政策供给为行业市场化改革提供合法性保障和必要支持。出租车行业的发展壮大正是政府政策直接推动的结果。在出租车行业发展的第一阶段，政府监管政策的目标是促进行业发展、提高行业的市场化程度。政府一方面频繁地颁布监管政策，力图通过政策导向促进行业发展壮大，另一方面积极运用行政手段加快行业市场化进程，弥补行业发展初始阶段市场化薄弱的状况。

3. 出租车行业存在市场失灵的风险为政府监管行业提供了合理依据

与一般的商业、制造业不同，出租车行业存在可能导致市场失灵的多重要素，这为政府进行行业监管提供了合理性。首先，在特定的时空内，出租车服务的供需双方很难就出租车服务的价格达成一致，即便双方基于口头合约就价格达成一致，也很难被第三方证实，因此，不具有价格合约实施的保障机制。其次，出租车服务涉及乘客及第三者的生命安全，同时出租车服务供给者拥有信息优势，因此，需要设置安全标准、质量管制等措施防止服务供给者滥用信息优势地位。最后，出租车营运需要占用公共道路资源，如果允许自由进入，可能导致道路拥堵、环境污染等问题。

7.1.2 强制性政策变迁路径稳定

在出租车行业监管政策发展的第二阶段，为了解决行业内部尖锐的劳资冲突，监管政策的制定主体由地方政府转为中央政府，但是，自上而下的强制性政策变迁的路径没有改变，中央政府仍是政策创新的主要供给主体，自上而下的强制性政策扩散、中央与地方利益诉求的相对均衡及出租车政策场域日趋封闭、稳定，使得出租车行业强制性政策变迁路径得以进一步维持并强化。但是，随着经济和技术的发展，议题网络形成并壮大，不稳定的因素随之而来，新路径的自我强化机制渐渐生成。

1. 自上而下的强制性政策扩散促使各地监管政策趋同

政策扩散一般沿着两个方向进行，一个是水平方向，发生于同级政府之间；另一个是垂直方向，发生于上下级政府之间。出租车行业监管政策发展至第二阶段，越来越多的政策负反馈引起了中央政府和社会的广泛关注，监管政策创新的制定主体由地方政府转为中央政府。维护政府监管的合法性、促进行业稳定发展被中央政府提上日程，此时，政策扩散的方向则是自上而下的强制性政策扩散。尽管出租车行业关涉大众出行，但其并不是涉及国家经济发展、社会安全的战略性行业，行政任务简单、易于衡量，更易得到地方政府的推行，因而地方监管政策趋同，自上而下的政策变迁路径得以强化。

2. 中央政府与地方政府政策目标诉求处于相对均衡状态，有利于既定路径的稳定

中央政府介入出租行业监管的主要缘由是维持行业监管的稳定性和合法性，但中央政府不会贸然进行全面的政策创新和政策变革。一方面，中央政府很难做到完全理性并预知创新政策的全部结果，政策创新具有不确定性。另一方面，地方政府既有的政策是中央政府实施政策创新需要考虑的前提条件。尽管在出租车行业监管政策发展的第二阶段，中央政府成为政策制定主体，但是特许经营制度在出租车行业的统一推行进一步强化了地方政府的主导地位。在严格的数量管制下，出租车的运营权成为了稀缺资源，而地方政府对这些资源拥有相当大的调控和配置权力，这不仅强化了地方政府的既有地位，也有利于促进中央政府维护行业稳定政策目标的实现，中央政府与地方政府的监管政策目标达到了相对均衡状态，进而既有政策路径得以维持和巩固。

3. 处于弱势地位的出租车司机群体对既有制度的适用性预期持认同态度

在出租车行业监管政策发展的第二阶段，政策子系统中处于弱势地位的出租车司机对整个系统的结构关系显示出了更多的认同。与第一阶段不同，第二阶段出租车司机的目标发生了转变，主要表现为出租车司机很少再质疑出租车的运营权，更多的是争取在合同签订、谈判中提高自身待遇。这意味着出租车行业的经营模式、运营关系被政策子系统内部的更多人认可、采纳。尽管这种经营模式并不意味着比其他模式更好，但采取这种选择或行为的人数量足够多，形成了规模效应，产生了强大的正反馈，促使路径沿着既定的方向行进。

需要注意的是，尽管在出租车行业监管政策发展的第二阶段，自上而下的政策变迁路径趋于稳定，但是由消费者、政策企业家组成的议题网络逐渐形成，他们通过为政府提供政策建议、发布行业调查报告、发表相关新闻报道等多种方式，引发政府和社会对监管政策提出质疑。议题网络的这些行动为新政策理念的产生提供了必要土壤，同时也为新路径的形成提供了条件。

7.1.3 强制性政策变迁路径向上下融合型变迁路径分化

在出租车行业监管政策发展的第三阶段，政策变迁的路径发生了分化，由政府主导的强制性变迁路径走向由社会创议的诱致性变迁路径。这种转变的根源在于，既有的路径自我强化机制不断弱化，新路径的复制机制不断增强。这种转变的主要表现为：正式制度和非正式制度二元运作体系削弱了既有路径的自我强化机制；监管政策制定主体的碎片化为社会力量发展提供了制度空间；中央政府对互联网创新的支持及生产网络和供给网络的壮大强化了新路径的复制机制。多重治理逻辑之下，政策场域内多元行动主体复杂的互动关系和融合过程，对既有的监管逻辑形成了挑战，但尚未形成完全的新旧路径更替和路径断裂，而是新老监管逻辑之间相互渗透、叠加和融合[290]，形成了自上而下强制性政策扩散与自下而上诱致性变迁相融合的政策变迁路径。

1. 正式制度和非正式制度二元运作体系削弱了既有路径的自我强化机制

正式制度是指国家颁布的法律、政策、规章、制度等，具有强制约束力。非正式制度是指社会发展中人们形成的习惯、习俗、价值观念、意识形态等，由具有相同意识理念、利益基础的人们自觉遵守，不具有强制力。诺思认为，正式制度可以通过行政权力在短时间内发生改变，而非正式制度往往需要较长的时间才能发生改变[196]。也就是说，正式制度和非正式制度并不总是耦合的，有时存在着冲突、矛盾，两者是对立统一的关系。一方面，正式制度与非正式制度存在着融合、兼容。非正式制度是正式制度有效运作的基础，正式制度的实施又影响着非正式制度。另一方面，正式制度与非正式制度又存在着冲突、矛盾。当正式制度无法为政策场域内的行动者提供充分的行动依据，即难以弱化结构性的制度偏差，或无法有效平衡政策场域内效率与公平的关系时，两者就处于对立状态，非正式制度的运行会削弱正式制度的功效。

出租车行业监管政策场域内，以监管政策为基础，产生了特许经营制度、数量管制等具体制度安排，与此同时，黑车经营、四方协议等非正式制度也随之产生。在繁复僵化的正式制度之下，依然存在为获取行业潜在利润而生成的非正式制度。与黑车的完全违法经营不同，四方协议是科技发展下的产物，传播、应用范围广，因而功能和影响力远超前者。四方协议与出租车行业监管政策场域内的正式制度并不是兼容的，两者在价值理念、需求、结构三方面存在偏差。第一，正式制度和非正式制度价值理念的偏差。特许经营、数量管制等正式制度旨在维护具有经营资格的主体进行出租车运营服务，禁止非法运营，遵循的是行政价值逻辑。四方协议是由出租车行业内敏锐的企业家创设的，旨在获取行业内存在的潜在利润，遵循效率价值逻辑。第二，正式制度和非正式制度需求偏差。正式制度是政府从维护有序、稳定的行业运行秩序角度提供的制度安排，维护具有经营资格的相关从业者的利益。而非正式制度是以提高效率为目的、由社会创议提供的制度，在新兴的网约车司机、消费者组成的社会网络关系中传播、应用。因此，两者的需求主体不同，产生了制度需求偏差。第三，正式制度和非正式制度的结构偏差。正式制度维护既有的结构关系，而非正式制度则是对正式制度的挑战和重构。

但是，出租车行业监管政策场域的正式制度与非正式制度并不是完全对立的关系，两者存在统一性。一方面，正式制度既为旧有竞争政策的延续提供保护，又为形成新的竞争政策提供程序机制[291]。四方协议以既有的制度矩阵为基础，继承了原有政策的规范、规则，借助科技对原有制度进行创新应用与强化，是新兴利益群体利用出租车特许经营制度、合同法、民法而创设出来的一种非正式制度，是原有正式制度的一种新的解释和运用。四方协议改变了正式制度的微观运行基础，它既是对旧制度的继承，又是对旧制度的背叛，与之同根、同点，但方向不同，因此，两者存在着融合之处。另一方面，非正式制度是正式制度的有益补充。四方协议源自政策场域内的社会结构孕育[292]。新兴的网约车公司以法定的经营资格为准线，不断调整自身策略以取得合法资格。非正式制度是新兴利益组织对正式制度的一种应用和补充，扩大了出租车行业的政策场域。

正式制度与非正式制度之间的张力促成了政策场域二元的运转体系，随着非正式制度的快速发展、广泛应用，政府与市场、社会之间脱嵌的趋势日渐明显，既有路径的自我强化机制削减，但又并未完全终止，而是在原有路径的基础上出现分岔。

2. 监管政策制定主体的协同性不足为社会力量参与议题创设提供了制度空间

我国出租车行业监管政策制定主体经历了频繁的变动,从地方政府转到建设部(住建部),再转为交通部(交通运输部),最后监管政策制定权力下放到地方政府。这不仅削弱了监管政策的稳定性,而且具体市县监管组织的权责归属也不够明晰。出租车行业监管政策制定主体的碎片化为社会力量参与政策议题创设提供了制度空间。

我国出租车行业监管采取的是牵头监管模式(也被称为不完全集中监管模式)。在这种模式下,某一部门作为牵头单位负责协调、整合各个部门的专业资源,形成灵活弹性的组织力量,解决行业监管中专业资源、人力物力不足的情况。牵头监管模式的优点是专业性强、组织成本低,监管机构间可相互监督制衡,但也存在着协调成本高、决策执行效率低的问题。出租车行业监管政策发展的第二第三阶段均采取了牵头监管模式,即由建设部(住建部)、交通部(交通运输部)分别作为牵头部门,公安部、监察部、国家发改委等11个部门共同作为监管主体监督考核政策的实施。但这种监管模式没有固定常规的组织形式,主体间主要通过非定期会议的形式进行沟通交流、制定实施相关政策。由于组织资源短缺、上下级信息不对称等问题的存在,下级往往通过填写表格、自写检查总结的形式落实工作反馈的职责,因此,行业监管呈现突击性、非常规化的特点,监管流于形式,行业问题根源难以被发现,也不易解决。

3. 中央政府对创新的支持及议题网络、供应网络的壮大强化了新路径的复制机制

在社会政治经济相对稳定的情况下,中央政府更倾向于从顶层设计层面进行政策创新,以期打破政府层级之间、区域之间的发展壁垒。在互联网经济蓬勃发展的背景下,中央政府推行了"互联网+"战略,为互联网企业的发展营造了包容性的发展环境。

在网约车合法化阶段,议题网络的规模和影响力均不断壮大。一方面,除了专家、学者、学术研究机构和非政府组织等参与、引领网约车监管政策议题，生产网络也利用自身的技术特征将消费者带入议题网络之中。另一方面，全媒体时代背景下，议题网络可以采用的信息传播方式更加多元。网约车细则正式公布前，各地方政府均采用多种方式征求社会意见，这意味着议题网络的意见表达渠道逐渐稳定化、制度化。

在供应网络中，网约车公司挟资本和技术而来，在影响政府议程设置和进行社会动员方面拥有得天独厚的优势。中央政府的支持、议题网络及供应网络的壮大增强了新路径的复制机制。

7.2　出租车行业监管政策变迁的机制

尽管探索制度、历史与行动者之间关系的特点是历史制度主义者一直以来的追求，但建立普适性的解释框架、探寻最优的政治制度并不是他们的研究中心。历史制度主义者认为，人类行为受到不同时空背景下制度的限制和约束，因而政治科学难以被提炼为普遍化的知识，而只是一种有限概括。因此，历史制度主义者更注重探究"从某种价值到某种制度转化过程和某种制度的实践过程中的确切状况"和"在特定时空下、在特定制度作用下的人类行为模式和制度变迁的一般规律"[169]。皮尔逊和斯科克波尔（Pierson and Skocpol）认为，通过不同的学者和学术的代际积累，历史制度主义研究不断地向人们提供政治知识的系统积累，而且这种知识积累能够被他人和后人的研究所证伪[293]。正是通过上述活动，历史制度主义学者实现了自身的科学使命。鉴于此，本节基于对出租车行业监管政策变迁的实证研究，力图解释关键节点与制度、路径依赖的关系，制度、行动者、制度矩阵与政策变迁的关系，这在一定程度上可以丰富历史制度主义理论和实践研究，以实现知识积累的目的。

7.2.1　关键节点与制度、路径依赖的关系

出租车行业监管政策在发展的三个阶段先后形成了两种不同的发展路径，即自上而下强制性变迁路径和上下融合型变迁路径，其中，第一阶段形成了以地方政府为主导的中间扩散型变迁路径，第二阶段形成了以中央政府为主导的

自上而下强制性变迁路径，第三阶段则形成了以中央政府为主导的强制性变迁路径和自下而上的诱致性变迁路径相融合的新路径。在前两个阶段，中央政府或地方政府处于主导地位，因而两者都属于自上而下强制性变迁路径，而第三个阶段则是在社会创议形成诱致性政策变迁路径的基础上，中央政府通过强制性政策扩散予以支持，是上下融合型政策变迁路径。

在出租车行业监管政策变迁的过程中，共有两次范式政策变迁，第一次出现在与改革开放同步的行业市场化初期，第二次则出现在信息技术蓬勃发展的共享经济背景下。但是，这两次范式变迁并没有使原有路径发生转换或终止，而是在以往的基础上使路径发生了分离，即新路径的生成是在既有路径的基础上发生的，而非既有路径的断裂。这表明，既有的制度基础没有发生根本的或断裂式的变化，而是处于渐进性变化之中。在既有制度潜在、连续的影响下，自我强化机制在不同的阶段发挥着回报递增和回报递减的双重作用，变迁路径呈现出一定的连续性而非断裂性。

在关键节点一处，即出租车行业市场化阶段，监管政策发展的制度基础虽然发生了一定的改变，但并不是断裂式的全然改变，而是在原有制度基础上发生了一定程度的转变。一是在灵活、弹性的央地关系下，地方政府被赋予了指导行业发展的主导权，因而地方政府在行业发展中居于主导地位。不同的地方政府监管模式也塑造了迥然相异的地方行业经营模式。二是在市场化条件下，单位依然是政府与市场、社会的重要连接纽带，只是与计划经济时代相比，企业化的单位功能发生了转变。地方政府与企业通过单位模式在政策子系统内形成了较为密切的关系，路径依赖的自我强化机制得以不断复制。计划经济时代的单位模式遗产被继承下来，出租车行业监管政策变迁路径只是分岔而非终止或转换。

在关键节点二处，即出租车行业实行特许经营制度实施时期，监管政策的制度基础得以维持。其主要原因是地方政府利用自身的结构优势和央地之间的信息不对称，通过特许经营制度进一步固化已有路径，路径的自我强化机制得以持续。此时，出租车行业监管政策的制定主体发生了改变，但是自上而下的强制性变迁路径并未发生改变。

在关键节点三处，即出租车行业网约车合法化阶段，灵活、弹性的央地关系得以进一步持续，政府与市场、社会的关系发生了较大程度的改变，网约车公司的出现使企业化的单位模式受到严重挑战。但是，地方政府通过网约车轴距、排量、价格等强制型管制工具，力图维持既有路径。同时，取得合法资格的网约车公司更倾向于在已有单位模式的影响下分享行业垄断利润。因此，制度基础并未发生断裂式的变化，既有制度遗产依旧发挥着作用，只是旧的自我强化机制弱化，社会和市场力量的崛起促使新的自我强化机制生成。

7.2.2　制度的历史遗产形构监管政策变迁的方向

制度之所以重要，是因为它既是对行为的一种规制，也是对行为的一种支持，更是对现实世界的一种认知[294]。制度塑造着政策子系统内行动者的目标、偏好及所采纳的政治策略，因而一旦某种制度建立，制度的路径依赖特征便决定了它很难与社会经济系统的变迁之间形成一一对应的变迁关系[295]。出租车行业监管政策发展的制度基础既决定着监管政策变迁的路径，也直接影响着监管政策变迁的模式。而国内外网约车监管政策创新的对比分析，呈现了制度在监管政策变迁中的基础影响。

首先，监管领域灵活、弹性的央地府际关系为社会力量介入和兴起提供了基础，促成了上下融合型监管政策变迁路径。监管政策制定主体的频繁变动、协同性不足等问题为社会力量的兴起和介入提供了基础条件。同时，中央政府与地方政府之间存在着信息不对称，中央政府也需要来自于社会和市场的自下而上的信息供给。

其次，单位模式为出租车行业政策子系统内的行动主体提供了具有吸引力的组织形式，但也限制了行动者的能动性。一方面，单位是计划经济时代政府与社会连接的桥梁。在市场经济条件下，尽管单位模式有所变化，但是其为成员提供权利保护的色彩依旧存在，作为行动者的网约车公司在相对封闭的子系统内获得了资源和支持。另一方面，单位模式所产生的行业垄断利润造成了行动者创新性不足，网络车公司不愿为打破这种结构付出更多的努力。就富有创新精神和创新能力的网约车公司而言，留在半单位组织中，要比完全的市场化获得的收益更高。因为，在半单位组织中，网约车公司更具有竞争优势，一方面与传统出租车公司相比，其具有显而易见的竞争能力，另一方面就潜在的行业进入者而言，网约车公司已然获得了单位模式所赋予的制度优势。因此，网约车公司仅仅将合法化作为抗争目标，而不以促成更公平的行业竞争环境为目标，创新的能动性不足。

最后，迥异的制度基础是中外网约车监管政策创新模式差异的根源。在西伦（Thelen）看来，网约车是世界各国面临的一个共同冲击[135]。但事实证明，这一共同事件是通过国家特定的制度安排转化为不同的实践的，各个国家不同的制度基础调动了不同的行动者，激发了不同的联盟，并最终推动了差异化的监管政策创新。西伦对美国、德国和瑞典的网约车监管政策创新进行了比较。他认为，迥异的制度基础是上述三个国家监管政策差异的根源：在美国，网约车不仅取得了合法地位，而且与传统巡游出租车相比，政府对网约车的监管更为宽松。这主要源于三方面的原因：①开放创新、自由竞争的文化传统使得网约车易于被广泛接受；②劳工法限制了劳工组织作用的发挥，网约车引发的劳工纠纷被限定在了旷日持久的司法纠纷领域，很难引起社会关注；③分散的管辖权限制了传统出租车公司提供跨城市（州）的服务，但却利于网约车提供此种服务。德国的文化则更注重安全和规则，全国性出租车运营商协会强大且反应迅速，并与交通管理机构建立起国家级联盟以保护公众利益、维护有序市场秩序为由，反对网约车公然违抗法律的行为，因而在德国网约车监管政策创新程度最低。在瑞典，出租车行业原本宽松的监管环境为网约车强化与司机、消费者的联盟提供了基础。作为实行高福利制度的瑞典，税收是各个政治组织、利益群体统一的关注点。出租车运营商、工会及公众均要求网约车像其他个体或组织一样，作出他们应有的贡献。因此，瑞典在不关闭网约车的情况下，对其实施了更多的限制。我国是世界上第一个赋予网约车合法地位的国家，但合法化后期监管政策创新的方向却发生了一定程度的逆转，形成了倒"U"形政策创新模式。同样，这也可以从制度基础上探寻相应的原因。在我国，不论是中央政府与地方政府在监管领域内的弹性、灵活的府际关系，还是在市场经济条件下单位模式的演化，这两种制度关系均促成了弹性化和相对封闭的监管体系，造成了政策子系统内生产型利益与分配型利益分割的反复性^[296]，因而，网约车合法化后，监管政策创新方向出现了一定程度的逆转。

7.2.3　行动者的能动性决定监管政策变迁的程度

范式监管政策变迁模式意味着关键节点处政策子系统的结构性条件发生了改变，而这种变化的根本原因在于行动者能动性的发挥。如果行动者能力强大、资源丰富，既有的政策垄断易于被打破，政策子系统结构条件会发生改变；如果行动者能力弱小、资源不足，既有的政策垄断难以被打破，行动者与既有路径保持一致的适用性预期，路径难以改变。当然，这只是一种简化，现实往往是非线性的。制度、偶然性因素及外部环境都会影响到行动者能动性的发挥。与第一次范式政策变迁相比，在出租车行业监管政策的第二次范式变迁过程中，社会和市场的力量明显增强，进而也促成了监管政策变迁路径的改变。这既与政策子系统内强大挑战者的出现有关，也与广泛的社会学习密不可分。

1. 网约车公司不仅撬动了传统出租车行业的经营基础，也促进了行业监管改革

作为挑战者的网约车公司挟技术和资本而来，通过独特的商业模式撬动了传统出租车行业的经营基础，而且还采用创造性的策略促进监管变革。这些新兴的网约车平台公司被西方学者祖儿（Tzur）称为技术企业家。他们运用技术创新改变市场环境，获得消费者的支持，并利用法律的灰色地带使自身变得太大而无法禁止。除此之外，更重要的是，技术企业家还可以凭借自身强大的信息能力，高效、低成本地解决集体行动的问题，进而成功地促进监管改革。利用信息优势，技术企业家可以有的放矢地动员消费者，团结分散的公众，促成监管变革收益向分散的公众转移。首先，技术企业家运用巨大的信息流为用户量身定制相应的信息内容，不仅有利于减少信息不对称，充分发挥信誉机制的作用，而且还能在监管改革的关键阶段传递和发送关键信息，与用户（潜在的网约车支持者）进行有效沟通。其次，减少集体行动的组织交易成本。互联网为企业和消费者建立了即时、高效、低成本的连接通信平台，因而可以动员分散的公众，并推动公众进行自愿的公共游说。网约车北美公共政策主管金茨（Kintz）证实，消费者参与公共游说所需的努力减少，这鼓励了更多的公众参与[297]。再次，网络机制可以将搭便车的消费者排除在监管变迁的受益之外，减少变迁的成本，增加企业家促进监管改革的动机。例如，网约车平台对司机和消费者采取的补贴策略尽管属于成本，但潜在的收益也是显而易见的。另外，由于动员的对象针对性强，技术型企业家在某种程度上成为了他们的代理人，从而保证分散的公众也可以成为政策变迁的受益者。最后，技术企业家拥有先进的专业知识和敏锐的创新意识，他们能够改善已有问题的解决方法，通过网络的扩散性，促使分散的公众应用其提供的方法和技术。

2. 广泛的社会学习提高了行动者对市场理解和应用的能力

从经济发展角度来看，改革开放是我国政府、社会精英和普通大众不断深化对市场经济认识的过程。市场化实践为市场制度建设提供了正反两方面的经验。通过广泛的学习、反思，社会各界对政府与市场的关系等重要问题认识不断深化，这不仅提高了行动主体对市场的理解，而且也增强了行动主体运用市场机制的能力。

改革开放的实践使社会越来越认识到政府与市场并不是二元对立的关系，市场化并不必然意味着放松监管。政府的监管权力应该受到法律的规范和约束。在此前提下，政府的首要职责是为市场参与者营造公平竞争的环境，发挥市场无法替代的终极系统管理者的作用。同时，随着市场制度的不断扩散，行动主体对市场机制的应用能力也在不断增强，与此相对应的是分散化决策机制逐渐发展。市场中的行动主体为谋求现存制度下难以求得利益而产生制度变迁的需求，行动主体一方面从制度结构中获得资源，另一方面又有意识地偏离既有制度结构，以寻求未来的改变[298]。网约车公司也正是利用旧制度和市场机制服务于自身的合法化目标。由此可见，个人和组织的学习是制度演化的主要动力。

7.2.4 制度矩阵的外部性是监管政策变迁的外部条件

社会中各种制度安排是彼此关联的，不参照社会中其他相关的制度安排，就无法估量某个特定制度安排的效率。这些制度之间相互牵制、限定和影响，构成了繁多复杂的制度矩阵。特定的制度结构产生了特定的组织，组织之间内在依赖的联系及其他关系的复杂网络也是在制度结构的基础上搭建起来的。有些时候，制度安排间可能彼此耦合，达到某种平衡。有些时候制度矩阵显得极不协调，功能失调，行动者面临着冲突、多向的激励机制和行动机会。也正是在制度间的摩擦中，才更容易在任何特定时刻的政治中找到变革的种子[299]。

随着市场经济的发展、社会科技文化的进步，烙有计划经济印记的既有制度矩阵耦合性面临着耗散危机，市场机制及与之相关的制度不断发展和完善，既有制度矩阵功能被削弱、被转换或出现危机。在科技创新条件下，行动者利用现存制度创设非正式制度，追求新的政治经济目标，导致非正式制度冲击正式制度。新制度的推陈出新使市场经济体系得以不断地规范完善。社会信用体系的建立弥合了社会主体之间的信任危机，促成了政府信任体系、企业信任体系和个人信任体系的形成和完善，使得科层机制、市场机制及社会机制朝着高效现代的方向发展。在科技创新背景下，出租车行业处于既有的制度矩阵摩擦更为普遍的地方，因而更易发生变革。

7.3　出租车行业监管政策变迁的当前态势

出租车行业监管政策依旧处于持续演化之中，但随着各地网约车细则的陆续公布，出租车行业监管政策已经进入了相对稳定的政策时滞期。因此，有必要对监管政策当前的发展趋势和特点进行概要性的总结，阐明新路径的自我强化机制是如何运行的，并为监管政策未来的发展提供预测基础。

7.3.1　监管政策进入时滞期

陈潭依据政策变迁的时序和表现形态，阐述了政策变迁的三个主要特点，即政策时滞、政策博弈、政策演进[300]。政策时滞是指在某一个时间点、在某事件冲击下，政策实现了创新，但是冲击的影响仍会存在于体系内部，并对政策的演化产生影响。新生力量会利用或减少这种影响，其力度取决于新生力量的能动性。出租车行业监管政策通过上下融合型的变迁路径实现了监管政策创新，网约车获得了合法性，传统出租车行业面临着竞争和改革。总体而言，监管政策向着更高质量、更高效率的方向发展，在互联网技术蓬勃发展的背景下，网约车合法化是监管政策发展的总体趋势。但是，旧制度依然在发挥着作用，政策的记忆仍然有所保留，难以全部挥去。行动者与旧制度的互动使得监管政策进入了新的时滞时期，进行着新的时序演化。

在外部环境基本保持稳定的情况下，网约车服务在很大程度上会沿着合法化路径持续发展下去，发生逆转的可能性很小，这是因为以下三方面因素强化了网约车合法化路径。

1. 规模效应

在互联网技术迅速发展的背景下，市场创新具有快速迭代、传播迅速、影响深远的特点，技术赋予了市场主体不断迭代更新、迅速集结超规模供需的能力。依托互联网技术兴起的社会经济组织在政策子系统中日渐居于重要地位，经常在政策变迁中承担着第一行动集团[①]的作用，互联网金融、互联网支付、电子商务等行业的发展提供了极具说服力的案例。与之相比，传统的市场创新（如1997年陈氏兄弟的IP电话），则不具有这样的力量和优势，极易被扼杀。网约车公司数量的迅速增多、网约车司机群体的不断壮大及政府新机构的成立（如全国网约车监管信息交互平台）均提高了网约车合法化的沉没成本。

2. 协作效应和学习效应

在互联网技术迅速发展的背景下，消费模式的传播、扩散培养了用户的消费习惯，增强了用户黏度，使用户难以回归传统消费模式。这里的用户黏度

---

① 戴维斯和诺思指出，第一行动集团和第二行动集团是制度变迁的主体，两者共同努力实现了制度变迁，并就可能获得的创新收益进行分配。首先，第一行动集团敏锐地捕捉到了由于制度不均衡而产生的潜在获利机会，之后他们提出并选择、评估具体的制度变迁方案，因而第一行动集团是制度变迁的创造者、推动者。第二行动集团是帮助第一行动集团取得预期收入的决策主体，他们可能是个人或团体，也可能是政府部门本身，第一行动集团可以通过选举、贿赂、收买等手段建立第二行动集团，或者现有的制度结构中自动产生第二行动集团，或是利用专门提供制度变迁服务以牟利的社会经济组织，因而第二行动集团不创造收入，只参加收入的再分配。参见：王海涛. 新制度经济学概论 [M]. 沈阳：东北大学出版社，2009：182.

是指消费者基于信任、良性体验对品牌或产品形成的依赖程度和再消费期望程度。"互联网＋"经济模式以消费者的体验为中心，主张为顾客提供多元、便捷、个性化的服务，通过互联网平台经营主体和顾客实现了即时性的互动互通，顾客的不满、疑虑和问题能够及时予以解决。与传统服务模式相比，网络评价功能在供应商、平台、用户（潜在用户）之间架起了自由开放、跨越时空的沟通桥梁。很多供应商、平台公司已经将其作为自身的一种营销策略。一方面可以通过评论发现产品、服务中存在的问题及改进的方向；另一方面，这些评论像"无声的市场营销"，可以为用户（潜在用户）提供关于服务的价格、质量、售后等相关信息，降低他们购买决策的风险。用户积极的评论，供应商和企业主动、及时的回应，增强了用户（潜在用户）的消费信心，提高了他们购物体验的满意度，发挥了营销推广的作用。总之，在"互联网＋"背景下的消费模式具有跨时空、高质量、精准化、便捷性等特点，高效的客户体验，给予消费者充分的重视，促进了消费习惯、消费模式的革新、升级，增强了客户的黏性，反过来用户的青睐与支持也促进这种消费模式的复制、扩散与发展，很难再向传统消费模式回归。

3. 适应性预期

作为第二行动集团的政府颁布了相关监管政策，规范了网约车的运营行为，这为网约车合法化路径的持续提供了基础和保障。在出租车行业监管政策变迁的第三阶段，网约车平台公司作为第一行动集团作出了制度评价和选择，但他们创设的"四方协议"只以非正式制度的形式在出租车市场领域扩散、传播，缺乏强有力的推行者和实施者，难以为行业的发展提供规范化的秩序。而且，由于行业内缺乏有效的惩罚机制，网约车平台公司之间的竞争、博弈也经常陷入囚徒困境，政府则可以凭借自身的规模优势和强制力量，通过颁布监管政策为行业发展"提供最大的可置信的惩罚承诺，促进行业形成合作的纳什均衡"[301]。尽管中央政府与地方政府在进行政策创新的意愿方面存在着差异，但是，在中央政府主张进行政策创新并进行自上而下的强制性政策扩散的情况下，地方政府或主动或被动地进行了监管政策创新，为行业的发展提供了基本的发展方向和规范秩序。在政府对网约车合法化的态度较为明确、稳定的情况下，社会对网约车行业的社会适应性预期也在不断强化，典型的表现就是合法的网约车平台公司不断增多，网约车业务逐年增加。

7.3.2 监管政策创新程度不足并止步于初期

追求利润是网约车平台公司的第一属性，也是其本质属性，这决定了网约车平台公司的利益、要求和倾向，即重视经营利润的获取、忽视本该承担的社会责任。所以，2016年下半年网约车服务取得合法性后，作为第一行动集团的网约车平台公司在监管政策创新尚未达到最优状态的情况下不再致力于推动监管政策持续创新，而是最大可能地追求经济利润，造成行业安全问题频出，致使监管政策创新程度不足，创新成果止步于初期。

政策创新以新政策的出台为标志，但并非止于此点。它是一个复杂、动态的政治过程[302]，通常可分为三个阶段：形成新政策理念、设计新政策方案、实现政策创新。实现政策创新是指"将采纳的政策理念与建议付诸一系列可识别的行为之中"[303]，即新政策的执行。这需要政策场域内行动主体的持续推动与遵从，从而保证政策创新成果的转化、维持和巩固。2016年网约车的合法化仅是监管政策创新的第二阶段，监管政策的执行，创新成果的转化、巩固还有待政策子系统成员的支持、维护，其中第一行动集团的作用尤为重要。然而，网约车平台公司缺乏推动行业向着更加公平、开放的系统转变的内在精神动力，因而难以推动监管政策创新向更高层次发展。另外，网约车平台公司在商业利润和社会价值之间未能形成有效的平衡，投入向前者过度倾斜，导致新监管政策执行期间出现诸多破坏创新成果转化、巩固的问题。

1.网约车平台公司公共精神的缺失，使其难以推动监管政策创新向更高层次发展

网约车合法化前，平台公司曾提出共享经济、隐形监管、长尾经济等具有社会公共性的经济理论以反对行政垄断。然而，取得合法性后，维持现状、获取利润成为了众多平台公司的追求。由于出租车行业涉及大众出行，网约车合法化前，出租车行业还具有准公共物品的性质，故其被定位为公共交通的重要组成部分。可见，出租车行业的属性与淘宝、京东等电商平台不同，具有明显的准公共服务性质，这与网约车平台的营利属性相悖。网约车服务的社会性目标与经济性目标存在冲突，这为政府进行行业监管提供了合理依据。网约车服务属于新生业态，对其进行监管需要进一步厘清政府与市场的界限，即明确政府监管的责任、范围、方式及网约车平台公司的基本权利义务。这不仅有利于推进政府监管向着标准化、科学化的方向发展，也有利于平台公司获得稳定的自主性、独立性，减少制度方面的不确定性，实现长远发展。政府与市场边界的厘清需要网约车平台之间达成基本的共识，形成彼此认同的有利于公平竞争的行业规则。然而，由于公共精神的缺失，网约车平台公司难以促成基本行业共识，也难以推动高质量的行业监管政策变迁。

2. 网约车服务频繁出现的安全问题导致社会信任危机，监管政策创新结果受到质疑

一般来说，与传统出租车服务相比，网约车服务相对更安全。因为网约车服务背后是非常强大和安全可靠的大数据监控，可以对车辆工作状态、实施位置、历史轨迹等进行实时监控。同时，由于网约车车辆的车牌、行驶证和从业人员的驾驶证、身份证、手机、银行卡等信息均与平台系统绑定，一旦恶性案件发生，破案的效率会很高。但是，资本的逐利属性使网约车服务的这些优势并没有充分发挥出来。在新监管政策尚处于文本状态之时，网约车平台公司利用监管政策的灰色地带，混淆网约车与顺风车的运营资质区别，放松对车主的资质审查，使服务安全问题凸显。2015 年 1 月—2018 年 8 月近三年，在我国裁判文书网上，滴滴司机的强奸案件有 15 起[304]。2018 年 5 月，郑州空姐遇害事件及同年 8 月温州乐清女孩遇害事件引起了人们对网约车安全问题的空前关注，一时间舆论哗然，网约车服务的安全性问题引发了巨大的社会信任危机，致使监管政策的创新成果难以进一步推进。

7.3.3　监管政策创新不平衡性凸显

在网约车合法化过程中，出租车行业监管政策创新的程度不均衡、有差异，其主要表现为地方政府监管理念创新的滞后性及区域监管政策创新的差异性。随着行业监管政策制定主体的再次转移，地方政府又一次成为了监管政策制定主体，因此，地方政府的治理风格直接决定、影响着地方出租车行业监管政策的创新程度和执行模式，未来出租车行业监管政策创新的不均衡性依旧会持续，并日渐凸显。

1. 地方政府监管理念创新滞后于中央政府，并滞后于监管工具创新

网约车产生前后，中央政府是监管政策制定主体，促进"互联网＋"行业发展是中央政府的施政要点，但是，交通运输部等相关部门对于具体的推进方式尚未达成共识，因而创新理念的府际传播、推广受到阻碍、影响。同时，网约车监管政策创新既涉及地方政府自身权力范围、行使方式的调整，也涉及新老业态等多元利益主体的平衡，呈现出较高的政治敏感性和维稳压力，高度的不确定性与风险使地方政府创新成本增加。因此，双重压力之下，地方政府的政策理念创新滞后，更倾向于在既有理念的指导下创新监管工具。

2. 迥异的地方治理风格将导致地方监管政策创新差异性凸显

改革开放以来，各地方政府在组织、管理地方经济、社会发展过程中，形成了不同的治理经验和治理风格，影响着未来地方政府治理的方式、方向。随着出租车行业监管政策制定权再次下放给地方政府，行业监管政策地域差异性必然凸显。2016年各地颁发的网约车新政征求意见版初步体现了地方监管政策创新的差异性，2018年后陆续出台的网约车新政正式版本再次凸显了监管政策创新的地域差异性。

2016年7月，国务院和交通运输部的两份文件指出，网约车发展的一般方向与原则，并赋予地方政府以更大的自主权，各地可结合自身实际情况，因地制宜制定网约车、出租车管理政策。截至2016年12月31日，全国省会城市和直辖市（共32个城市）中已有28个城市政府颁布了网约车细则（征求意见稿）。各地细则的主要差异是对网约车轴距、排放量、长宽高低、车价位、司机户口、顺风车等方面规定不同。本书根据车轴距、排放量、车价的不同将各地政策规定的网约车规格分为高档、中档、低档三类，高档车是指轴距大于2650mm或排量不小于1.8L的车；中档车是指车价为12万以上的车；低档车是指车价不低于主流巡游车或排量不小于1.6L的车。依据上述网约车规格，再将各地网约车监管政策分为三种类型。其中，网约车规格为高档车类的监管

政策为严格型，网约车规格为中档车类的监管政策为较为宽松型，网约车规格
为低档车类的监管政策为宽松型。通过对各地网约车监管政策文本内容的具体
分析，本书统计出实行严格监管政策的城市有 20 个，如北京、广州、重庆等，
占比为 71%；实行较为宽松监管政策的城市有 5 个，分别是上海、杭州、长
沙、合肥、太原，占比为 18%；实行宽松监管政策的城市有贵阳、成都、呼
和浩特，占比为 11%（见表 7.1）。这在一定程度上反映了不同城市治理模式
的差异，体现了地方政府部门的治理风格[305]。

表 7.1　各城市网约车监管政策类型及其比例

监管政策类型	城市	总数	比例
管制严格	北京、广州、重庆、深圳、厦门、沈阳、西安、天津、武汉、西宁、郑州、南京、南昌、哈尔滨、长春、石家庄、济南、昆明，福州、海口	20	71%
管制较为宽松	上海、杭州、长沙、合肥、太原	5	18%
管制宽松	贵阳、成都、呼和浩特	3	11%

2018 年伊始，各地方政府在本地网约车新政试行版基础上，陆续颁布了
正式的监管政策。截至 2018 年 7 月，全国有 210 个城市（包括四个直辖市和
206 个地级市）出台了网约车管理细则文件，覆盖率达到 62.1%[306]。有的城市
对试行版修改幅度较大，而有的城市则继续采用征求意见版或是直接颁布第一
版新政。监管政策的严苛或宽松并不与城市的经济发展水平线性相关，即一
线城市的监管政策并非严苛，三、四线城市的监管政策并非就宽松包容。例
如，较试行版，杭州市的正式新政更为宽松，取消了驾驶员居住时长限制，对
巡游车和网约车驾驶员实行统一资格管理，取消了网约车不得进入站点候车的
规定，放松了网约车准入条件，简化了网约车办证手续，促进了新老业态的融
合，并成立了出租车综合管理服务中心为出租车行业、司机提供更为智能、优
质、高效的服务项目。截至 2018 年 3 月 4 日，杭州市取得许可的网约车平台
企业有 7 家，获得网约车从业资格证的驾驶员有 11283 人，办理网约车运输证
的车辆有 9422 台，平台、车辆和从业资格发证数量位居全国城市前列[307]。成
都、三亚、西安、芜湖等城市均实施了宽松、包容的监管政策，打车难问题得

以缓解。成都市已经连续三年不在"全国十大拥堵城市"名单中；三亚市不要求驾驶员拥有三亚户籍或持有居住证，成为全国首个网约车司机申请条件与户籍和居住证脱钩的城市，而且网约车平台和司机之间的劳动关系更为灵活，一辆网约车可以接入多个网约车平台公司提供运营服务，一名网约车驾驶员可以加入多个网约车平台；西安市率先将网约车司机登记为个体工商户，首次明确了网约车司机相对于平台的独立经营者地位；芜湖市对网约车细则主动开展公平竞争审查，取消了与安全无关的车型、价格、轴距、排量等要素限制，创造了公平竞争的市场环境，并简化了行政申请、监督的程序。地方政府对网约车治理的态度凸显了在信息技术发展背景下地方政府的创新理念、治理风格。贵州、河南、安徽、江西、宁夏等省区在信息化发展中也取得了较快的提升速度，探索出一条"变革驱动型"的发展路径[308]。

第8章　结论与展望

8.1　研究结论

本书基于历史制度主义理论的三个核心要素和两个理论基石，在对中外经典政策变迁研究深入分析借鉴的基础上，结合出租车行业监管政策实施的实践和政策文本构建了制度－历史－行动者分析框架，并依此对我国出租车行业监管政策变迁进行了深入的分析探讨。本书研究得出了如下具体结论。

1. 关键节点理论为无缝历史进程的切割提供了有力工具

关键节点理论是历史制度主义理论的重要基石，关键节点是"关键"的，因为它凸显了历史进程中重要的、影响深远的分水岭性事件，为阶段性划分历史进程提供了依据，是分析路径变化特点和趋势的起始点。政策场域内结构性的前提条件、行动者能动性要素及历史进程中偶然性因素的交织促成了关键节点的形成，是分析关键节点的有力框架。

据此可以发现，出租车行业监管政策变迁进程中存在着三个重要事件，也可认为是三个关键时期，一是市场化改革的推行，二是特许经营制度的建立，三是网约车的合法化。每个关键节点的形成都离不开政策场域内特定的结构性条件、行动者的能动性及外部偶然性要素的作用，而结构性条件的变化是范式政策变迁形成的根本原因。在偶然性和能动性要素的作用下，倘若政策场域内的结构性条件没有发生改变，说明既有的政策垄断得以进一步巩固维持，此时仅仅表现为常规政策变迁。在出租车行业监管政策变迁的关键节点一处、关键节点三处，政策场域的结构性条件发生了改变，因此，是范式政策变迁，而在关键节点二处，为出租车行业政策场域的结构性条件再次巩固，因此，是常规政策变迁。另外，关键节点为政策变化提供了机会窗口，影响着政策后期的发展轨迹。在出租车行业监管政策变迁的关键节点处，可以清晰地识别勾画出政策变迁的方向和路径。综上所述，可以看出关键节点理论是历史制度主义学者的重要分析工具，为辨别政策变迁时机、模式和路径提供了有力的理论工具。

2. 制度的黏性决定着路径变化的具体形式

新近理论认为路径依赖是一个过程，包括路径形成、路径稳定和路径分化三个阶段。路径分化的表现并非只有路径锁定，而是包含着路径分离、路径转换和路径终止三种形式。路径依赖通过自我强化机制发生作用，自我强化的双向机制解释着政策的变化与稳定。在关键节点处，行动者勘探着旧制度为政策创新提供的可能资源，倘若旧制度资源枯竭，无以为用，行动者会倾向于采取激进的方式推动旧制度断裂，实现政策创新。反之，行动者则倾向于利用旧制度所具有的"矛盾潜能"为我所用，他们利用旧制度追求新目标，或重新阐释旧制度服务自身利益诉求。总体而言，出租车行业监管政策变迁的旧制度基础并没有出现断裂式的变化，受社会宏观制度矩阵的影响，更多体现为一种渐进性制度变革。因此，受既有制度黏性的影响，出租车行业监管政策变迁的路径表现为路径分离，而非激烈的路径转换或路径终止。

3. 行动者的能动性是影响政策变迁模式的关键因素

制度是政策变迁的基础条件，而在政策场域中的行动者可以通过能动性的发挥、抵制或利用旧制度的基础作用——当然这种能动性作用的发挥与行动者所拥有的能力和资源息息相关——直接影响政策变迁的模式。在出租车行业监管政策发展的第二阶段和第三阶段，政策场域内均存在反抗既有结构的组织群体，前者是出租车司机，后者是网约车公司。从两者在政策场域内所处的结构位置来看，出租车司机处于弱势地位，是反抗者，而网约车公司凭借其所具有的资源，与传统出租车公司形成了竞争关系，是挑战者。从两者推动政策变迁的机会成本来看，传统出租车司机抗争的机会成本较低，如果抗争胜利，则可取得更好的利益条件，如果抗争失败，则意味着维持现状。而对于网约车公司而言，挑战成功与否直接关系自身的"生死存亡"，挑战成功，可以合法存在，挑战失败，则意味无法存在。因此，在推动监管政策变迁方面，网约车公司比传统出租车司机具有更高的机会成本。从行动者具有的资源和动员能力来看，网约车公司在技术、资源和社会动员方面均具有优势。所以，相比之下，与传统出租车司机相比，网约车公司更有动力，也更有能力推动范式政策变迁的产生。但是，在旧制度没有发生断裂的情况下，既有制度对传统出租车司机和网约车公司均产生了影响，行动者的能动性不足，经济利益而非政治目标是他们共同的政策价值诉求。因此，监管政策创新程度不足，创新成果止于初期。

4. 强制性监管政策变迁路径向上下融合型变迁路径转变

出租车行业监管政策发展的三个阶段经历了三种政策变迁路径。首先是地方政府主导的中间扩散型变迁路径，其次是中央政府主导的自上而下强制性变迁路径，最后是自上而下强制性变迁与自下而上诱致性变迁相融合的变迁路径。因为，不论中央政府还是地方政府主导的监管政策变迁均具有强制性的特点，因此，前两者可以归入一类，视为自上而下强制性政策变迁路径。上下融合型政策变迁路径则与之不同，该路径强调中央政府自上而下的支持，是在以中央政府自上而下强制性政策变迁路径为基础的情况下，社会创议自下而上诱致性变迁得以受到重视并持续，因此称为上下融合型政策变迁路径。显然，该路径的形成既来源于中央政府的强制性力量，同时也得益于社会和市场力量的壮大。上下融合型监管政策变迁路径是一种与以往截然不同的新型政策变迁路径，它是在技术迭代创新、平台经济蓬勃发展及共享经济成为趋势的情况下产生的，并与突破式政策创新、范式政策变迁相伴而生。

除此之外，上下融合型政策变迁路径的提出验证和补充了以往相关的理论研究。我国学者杨瑞龙、潘秀珍等人都曾提出，我国制度变迁的路径应该从自上而下的强制性制度变迁路径逐渐走向自下而上的诱致性变迁路径。他们认为，随着市场经济的发展完善，与市场经济体制相适应的分散化决策体制也会逐步形成，个人或组织为了获得潜在的利润会自发倡导、组织和实行自下而上的诱致性制度变迁。此种观点是在借鉴西方制度发展经验的基础上提出的，设想我国市场经济成熟完善之时，政策变迁的路径应该走向社会主导的自下而上的诱致性变迁。然而该观点忽略了既有路径的自我强化机制，即地方政府及既得利益组织为了维护巩固自身的结构优势而采取的策略行为。

本书研究发现，出租车行业监管政策变迁的路径是从地方政府主导的中间扩散型路径发展为中央政府主导的自上而下强制性变迁路径的，最后又走向上下融合型变迁路径。这一研究结论与上述我国学者的观点略有出入，即出租车行业监管政策变迁路径并未从强制性政策变迁直接走向自下而上的诱致性变迁路径，而是出现了新的上下融合型政策变迁路径。这说明，市场经济走向成熟但尚未完善时期，纯粹的自上而下或自下而上的政策路径或许很难再现，未来融合型政策变迁路径或许会成为一种趋势。

8.2 研究不足与展望

8.2.1 研究不足

由于本书作者自身学术能力和学术水平有限，相关资料数据也难以获取，故本书研究还存在着一些不足，例如，对比研究的范围有待扩展。本书研究以出租车行业监管政策变迁为切入点，详尽阐述了出租车行业监管政策变迁的阶段、表征、过程、模式及路径，并依据历史制度主义理论，从制度－历史－行动者分析框架出发，阐释了出租车行业监管政策变迁的动因和机制，得出制度是监管政策变迁的基础条件，行动者是监管政策变迁的关键因素，关键节点处结构性条件的变化决定着政策变迁的模式和路径等结论。但是，由于研究对象只是聚焦于出租车行业单个领域，没有进行更多的案例对比研究，所以，本研究仅仅实现了对政治知识的"有限概括"，缺乏宏观视角下更为普遍化的理论概括。因此，需要在此基础上挖掘更多的类似或相反的案例进行比较分析，进一步推进政治知识的系统化积累，这也正是历史制度主义者所倡导的实现科学化政治学的主要途径之一。

另外，由于本书作者学术水平和研究时间、条件的限制，以及一些城市尚未发布网约车监管细则，因此，对不同地区监管政策创新程度和特点还有待进一步充实，应在未来的研究中继续深入挖掘。

8.2.2　研究展望

出租车行业监管政策变迁是一个现实性很强的研究选题，其既涉及行业监管政策发展的历时性因素，又涉及科技创新、共享经济等现实的共时性趋势。在信息技术日益更新、新兴利益组织迅速崛起的现实背景下，传统出租车行业监管格外引人注意。历史制度主义理论强调历史因素，重视制度结构和行动者能动性，为本书的研究提供了契合的理论视角。本书研究虽然仅仅聚焦于出租车行业监管政策，但是可以"以小见大"地窥探平台经济监管政策创新中可能存在的诸多问题，为实现良性监管政策变迁提供一定的理论支撑和现实思考。在后续的研究中，可以从以下三个方面继续深化，这需要各位同仁和本书作者的共同努力。

1. 通过更广泛的案例对比研究提炼出更具普适化的理论规律

如前文所述，历史制度主义者从中层制度层面出发，致力于探求在特定时空下，特定制度对人类行为模式产生的影响，并对政治知识进行有限的概括总结。随着研究的持续推进，研究者组成了一个"多代际研究共同体"，他们会通过扩展时间框架或扩大观察资料的数量，特意和自觉地证实或证伪已存在的理论性命题，实现政治知识的系统累积。本书研究仅以出租车行业为对象，阐释了行业监管政策变迁的制度基础、关键节点、变迁动力和路径等问题。尽管可以相对客观、深入、准确地把握研究对象，但是研究结论的外在效用受到影响。在本书研究的基础上，未来可以对邮政行业、公用事业行业等类似领域的监管政策变迁过程进行对比研究，以便支持研究结论，提高研究效度，并实现对历史制度主义理论的深入挖掘和完善。

2. 进一步验证丰富融合型监管政策变迁路径

市场经济条件下，社会和市场主体逐渐壮大，政府的权力范围和行使方式必然会受到影响和制约，融合型政策变迁路径很可能是一种趋势。但是，鉴于研究对象的差异及影响特定政策场域的制度安排和制度矩阵不同，融合型政策变迁路径的表现形式和特点可能具有多样性，因此，需要对不同行业领域和不同层次的政策变迁案例进行实证分析研究，从而进一步验证丰富这一结论内涵。

3. 加强对技术型企业家在监管政策变迁中作用的研究

在我国，"互联网+"行业的迅速崛起对传统行业产生了巨大冲击，尤其是在政府监管领域，掀开了传统行业监管改革的新序幕。这在某种程度上标志着我国转型期进入了一个新阶段。这一时期，新兴的互联网企业不仅在技术和资本方面具有无可比拟的竞争优势，而且在社会动员、解决集体行动问题方面也具有潜在的政治能力。这些技术型企业家一方面对根深蒂固的社会经济秩序构成了挑战，另一方面又积极利用自身权力和资源探寻制度中的"矛盾潜能"，降低监管政策创新的机会成本。因此，需要加强对技术型企业家促进监管创新的能力及其行为策略的认识和理解，从而更好地把握监管政策变迁中行动者的能动性作用。

参考文献

［1］周林军.简论我国公用事业产权管制体制改革［J］.西南师范大学学报（人文社会科学版），2003，29（6）：1-4.

［2］孙司芮，刘亚娜.我国网络游戏监管模式问题研究［J］.理论月刊，2015（10）：160-164.

［3］曹富国，秦虹.垃圾处理行业监管制度改革研究：基于推进国家治理能力现代化背景的考察［J］.城市发展研究，2015，22（06）：30-32.

［4］卢显洋.中国典当行业监管立法及其完善：评《典当行业监管规定》［J］.重庆大学学报（社会科学版），2018，24（5）：151-162.

［5］张家宇.垄断行业反垄断法实施的困境与出路：以法经济学为视角［J］.青海社会科学，2015（2）：108-113.

［6］谢地，刘佳丽.国外自然垄断行业政府监管机制研究述评［J］.经济社会体制比较，2012（1）：224-229.

［7］徐双敏.市场监管的国际经验初探［J］.中国行政管理，2016（2）：18-21.

［8］付金存，任建辉.公私合作制下城市公用产品质量规制的关键问题与政策设计［J］.宏观质量研究，2017，5（4）：101-108.

［9］陈富良，吴佐文.中国产业规制政策执行研究：新政治经济学视角［J］.管理现代化，2012（6）：3-5.

［10］刘郁，陈钊.中国的环境规制：政策及其成效［J］.经济社会体制比较，2016（1）：164-173.

［11］于潇.环境规制政策的作用机理与变迁实践分析：基于1978—2016年环境规制政策研究的考察［J］.中国科技论坛，2017（12）：15-24.

［12］王程韡：中国食品安全规制政策的社会学习：以"馒头国标"为例［J］.公共管理学报，2008，5（4）：1-8，122.

［13］豪利特，拉米什.公共政策研究：政策循环与政策子系统［M］.庞诗，译.北京：

生活·读书·新知三联书店，2006：91，307.

[14] 钟庭军，刘长全.论规制、经济性规制和社会性规制的逻辑关系与范围［J］.经济评论，2006（2）：146-151.

[15] 颜卉，于梦晓，孙逸崎.农产品供应链网络信息平台的市场监管政策研究：基于三方博弈模型理论的分析［J］.价格理论与实践，2017（11）：58-61.

[16] 王红梅.中国环境规制政策工具的比较与选择：基于贝叶斯模型平均（BMA）方法的实证研究［J］.中国人口·资源与环境，2016，26（09）.

[17] 黄岩.社会认证：劳工权利监管的政策工具创新：以苹果公司供应链企业审查为例［J］.公共行政评论.2015，8（5）：94-113.

[18] 刘鹏，李钢.美国环境管制政策的演化及对中国的启示［J］.安徽农业科学，2016，44（32）：222-226.

[19] 郭籽实，张雷，邓宗豪.印度转基因生物发展现状及政策研究［J］.管理世界，2017（5）：176-177.

[20] 吴文强，郭施宏.价值共识、现状偏好与政策变迁：以中国卫生政策为例［J］.公共管理学报，2018（1）：46-57.

[21] 曲纵翔.公共政策终结：基于"过程"角度的阐释［J］.中国行政管理，2017（11）：79-83.

[22] 骆苗，毛寿龙.理解政策变迁过程：三重路径的分析［J］.天津行政学院学报，2017（2）：58-65.

[23] 杨代福.西方政策变迁研究：三十年回顾［J］.国家行政学院学报，2007（4）：104-108.

[24] 魏淑艳，路稳玲.我国的政策转移与公共政策创新［J］.理论探讨，2015（6）：144-148.

[25] 孙岩，刘红艳，李鹏.中国环境信息公开的政策变迁：路径与逻辑解释［J］.中国人口·资源与环境，2018（2）：168-176.

[26] 柏必成.改革开放以来我国住房政策变迁的动力分析：以多源流理论为视角［J］.公共管理学报，2010，7（04）：76-85，126.

[27] 魏娜，缪燕子.新中国成立以来社会救助政策变迁：历程，原因与趋势：基于间断-均衡理论的视角［J］.教学与研究，2018（2）：78-85.

[28] 杜兴洋，裴云鹤.政策网络视阈下的户籍政策变迁透析［J］.中国行政管理，2016（5）：88-93.

［29］刘东彪，傅树京．观念、话语、制度：一个教育政策分析的三位框架［J］．现代教育管理，2018（2）：29-33．

［30］王向民．公众人物如何影响中国政策变迁［J］．探索与争鸣，2015（12）：67-71．

［31］朱旭峰．中国社会政策变迁中的专家参与模式研究［J］．社会学研究，2011（2）：1-27．

［32］王星霞．义务教育发展政策变迁：制度分析与政策创新［J］．河南大学学报，2017，57（2）：109-117．

［33］吴磊，俞祖成．多重逻辑、回应式困境与政策变迁：以中国社会组织政策为例［J］．江苏社会科学，2018（3）：89-98．

［34］陈文胜．中央一号文件的"三农"政策变迁与未来趋势［J］．农村经济，2017（8）：7-13．

［35］包国宪，马翔．兰州市洒水治污政策变迁路径与动力研究：基于定性比较分析法［J］．北京理工大学学报（社会科学版），2018，20（04）：29-39．

［36］许阳．中国海洋环境治理政策的概览、变迁及演进趋势：基于1982—2015年161项政策文本的实证研究［J］．中国人口·资源与环境，2018（1）：165-176．

［37］陈明艺．我国出租车市场组织形式管制的效应评价［J］．企业经济，2007，318（2）：165-176．

［38］王智斌．出租车数量监管模式之探讨［J］．行政法学研究，2005，（03）：37-44，51．

［39］顾海兵，郑杰．出租车价格制度的经济学剖析：以北京为例［J］．价格理论与实践，2002（4）：16-18．

［40］余晖．政府管制失败的经典案例评《管制成本与社会公正：透过北京市出租车行业看政府管制的失败》［C］// 张曙光．中国制度变迁的案例研究（第四集）．北京：中国财政经济出版社，2005：496-506．

［41］郭锐欣，毛亮．特大城市出租车行业监管效应分析：以北京市为例［J］．世界经济，2007（2）：75-83．

［42］唐小斌，敦雪梅，满艺．多角度破除出租车行业垄断：由北京出租车调价说起［J］．法制与经济，2014（9）：12-14．

［43］于左，高玥．出租车行业规制的困境摆脱及其走势判断［J］．中国与全球化，2015，256（6）：12-14．

［44］黄益新，刘东．出租车营运证产权交易与公车公营的制度实现［J］．现代经济探

讨, 2015（9）: 88-92.

［45］李俊慧. 从经济学角度看出租车与专车之争的本质: 行政垄断还是道路资源的产权界定?［J］. 社会科学家, 2015（8）: 50-54.

［46］陈明艺. 国外出租车市场规制研究综述及其启示［J］. 外国经济与管理, 2006, 28（8）: 41-48.

［47］王军. 为竞争而管制: 出租车业管制改革国际比较［M］. 北京: 中国物资出版社, 2009.

［48］徐天柱. 网约车崛起背景下出租车规制制度改革探讨［J］. 新疆大学学报（哲学·人文社会科学版）, 2018, 46（1）: 16-23.

［49］蔡瑞林, 庄国波. 分享经济时代政府监管方式的创新路径: 以网约车新政为例［J］. 内蒙古社会科学, 2017, 38（5）: 132-139.

［50］冯博, 杨童. 中国网约私家车监管路径转型研究［J］. 大连理工大学学报（社会科学版）, 2018, 39（3）: 108-115.

［51］陈东进. 互联网专车时代政府管制的范式变迁［J］. 浙江社会科学, 2016（6）: 56-64.

［52］唐清利. "专车"类共享经济的规制路径［J］. 中国法学, 2015（4）: 286-302.

［53］孙天承. 略论"专车"监管的法制化［J］. 学海, 2016（4）: 189-194.

［54］王军, 李静, 沈鹏. 管制政策下的北京出租汽车业［J］. 比较法研究, 1999（Z1）: 483-495.

［55］李志锋. 北京市出租车行业准入管制的效应及改革途径［D］. 北京科技大学, 2010.

［56］王小芳, 赵宇浩. 中国网约车规制政策述评［J］. 长安大学学报（社会科学版）, 2016, 18（3）: 109-115.

［57］徐昕. 网约车管理细则的合法性及法律救济［J］. 山东大学学报: 哲学社会科学版, 2017（3）: 76-81.

［58］张海柱. 话语联盟、意义竞争与政策制定: 以互联网"专车"论争与监管政策为例［J］. 公共行政评论, 2016（5）: 3-23.

［59］田帆, 常兴华. 专车运行模式及政策评价［J］. 经济与管理研究, 2016, 37（6）: 98-104.

［60］宋心然, 张效羽. 网约车地方规制细则成本收益分析: 以北京市网约车规制细则为例［J］. 国家行政学院学报, 2017（5）: 123-130.

［61］张永安，伊茜卓玛.各地网约车政策评价与比较分析［J］.北京工业大学学报
（社会科学版），2018，18（3）：45-53.

［62］马亮，李延伟.政府如何监管共享经济：中国城市网约车政策的实证研究［J］.
电子政务，2018（4）：9-20.

［63］文宏.间断均衡理论与中国公共政策的演进逻辑：兰州出租车政策（1982-2012）
的变迁考察［J］.公共管理学报，2014，11（2）：70-80，73.

［64］宋心然.中国网约车监管政策变迁研究：以倡议联盟框架为分析视角［J］.中国
行政管理，2017（6）：103-107.

［65］张丽，刘明.我国出租车政策变迁的动力机制：基于倡导者联盟框架的分析［J］.
长白学刊，2018（5）：84-91.

［66］黄扬，李伟权.网络舆情推动下的网约车规制政策变迁逻辑：基于多源流理论的
案例分析［J］.情报杂志，2018，37（8）：84-91.

［67］HOTELLING M H. The general welfare in relation to problems of taxation and of
railway and utility rates［C］// DARNELL A C. The collected economics articles of
Harold Hotelling. New York：Springer，1990：141-165.

［68］伊特维尔，纽曼，米尔盖特，等.新帕尔格雷夫经济学大辞典：第4卷［M］.
北京：经济科学出版社，1996：55.

［69］ALFRED，EDWARD，KAHN. The economics of regulation：principles and institutions
［M］.New York：Wiley，1970.

［70］URTTON M A. The economics of regulation industry［M］. Oxford：Basil Black
Well，1986.

［71］STIGLER G J. The theory of economic regulation［J］. The Bell Journal Of
Economics And Management Science, 1971, 2(1):3-21.

［72］BUCHANAN J M. Social choice, democracy, and free markets［J］. Journal of
Political Economy，1954，62(2)：114-123.

［73］LITTLECHILD S. Regulation of British Telecommunications profitability［R］. A
Report to the Secretary of State for Trade and Industry，1983.

［74］CARPENTER D P. Corrosive capture? The dueling forces of autonomy and industry
influence in FDA pharmaceutical regulation［C］// CARPENTER D P, MOSS D A.
Preventing Regulatory Capture. New York：Cambridge University Press，2014.

［75］FERNANDEZ-GUTIERREZ M，JAMES O，JILKE S，et al. Competition and

Switching in public service markets : can they reduce inequalities? [J] .Regulation & Governance, 2017, 11 (1): 41–63.

[76] HABER H. Rise of the regulatory welfare state? Social regulation in utilities in Israel [J] . Social Policy & Administration, 2017, 51 (3): 442–463.

[77] BENISH A, HABER H, ELLAHOU R. The regulatory welfare state in pension markets : mitigating high charges for low-income savers in the United Kingdom and Israel [J] . Journal of Social Policy, 2017, 46 (2): 313–330.

[78] LEVI-FAUR D. The welfare state : A regulatory perspective [J] .Public Administration, 2014, 92 (3): 599–614.

[79] MOLAS-GALLART J. Coping with dual-use : a challenge for European research policy [J] . Journal of Common Studies, 2002, 40 (1): 155–165.

[80] WILLIAMS B, OLIVIER C, SMITH E. Governing 'dual–use' research in Canada: a policy review [J] . Science and Public Policy, 2014, (41): 76–93.

[81] GLATTER E S, IENCA M. Life scientists' views and perspectives on the regulation of dual-use research of concern [J] . Science and Public Policy, 2018, 45 (1): 92– 102.

[82] 经济合作与发展组织.OECD 国家的监管政策: 从干预主义到监管治理: 第 3 章 [M] . 陈伟, 译.北京: 法律出版社, 2006, 14, 15

[83] OECD. Recommendation of the council on regulatory policy and Governance [M] . Paris: OECD, 2012.

[84] OECD. OECD regulatory policy outlook [M] . Paris: OECD, 2018: 20.

[85] RADAELLI, FRANCESCO. Regulatory quality in Europe : concepts, measures and policy process [M] . Manchester: Manchester University Press, 2007.

[86] CARVALHO, MARQUES, NETTO. Regulatory Impact Assessment (RIA): an ex-post analysis of water services by the legal review in Portugal [J] . Water Resource Management, 2018, 32 (2): 675–669.

[87] ELLIG, FIKE. Regulatory process, regulatory reform, and the quality of regulatory impact analysis [J] . Journal of Benefit-Cost Analysis. 2016, 7 (3): 523–559.

[88] KNILL, SCHULZE, TOSUN. Regulatory policy outputs and impacts : exploring a complex relationship [J] . Regulations & Governance, 2012, 6 (4): 427–444.

[89] FREMETH, HOLBURN, SPILLERF. The impact of consumer advocates on

regulatory policy in the electric utility Sector［J］. Public Choice, 2014, 161（1-2）: 157-181.

［90］VOCIN. American regulatory policy : factors affecting trends over the past century［J］. The Policy Studies Journal, 2003, 31（3）: 441-450.

［91］SKOGSTAD. The WTO and food safety regulatory policy innovation in the European Union［J］. Journal of Common Market Studies, 2001, 39（3）: 485-505.

［92］THROWER. Policy disruption through regulatory delay in the Trump Administration［J］. Presidential Studies Quarterly, 2018, 48（3）: 517-536.

［93］COGLIANESE. Bounded Evaluation : cognition, incoherence, and regulatory policy ［J］. Stanford Law Review, 2002, 54（6）: 1217-1238.

［94］萨巴蒂尔. 政策过程理论［M］. 彭宗超, 译. 北京: 生活·读书·新知三联书店, 2004.

［95］MINTROM M, VERGARI S. Advocacy coalitions, policy entrepreneurs, and policy change［J］. Policy Studies Journal, 1996, 24（3）: 420-434.

［96］WEIBLE C M, SABATIER P A, MCQUEEN K. Themes and variations : taking stock of the advocacy coalition framework［J］. Policy Studies Journal, 2009, 37（1）: 121-140.

［97］BAUMGARTNER F R., et al. Punctuated equilibrium in comparative perspective［J］. American Journal of Political Science, 2009, 53（3）: 603-620.

［98］FLINK C M. Ordering chaos : the performance consequences of budgetary changes［J］. American Review of Public Administration, 2018, 48（4）: 291-300.

［99］BURNS C, CLIFTON J, QUAGLIA L. Explaining policy change in the EU : financial reform after the crisis［J］. Journal of European Public Policy, 2018, 25（5）: 728-746.

［100］FOWLER L, NEABES T T, GOSBY A G. Cultural penetration and punctuated policy change : explaining the evolution of US energy policy［J］. Review of Policy Research, 2017, 34（4）: 559-577.

［101］KUHLMANN J, VAN DER HEIJDEN J. What is known about punctuated equilibrium theory? And what does that tell us about the construction, validation, and replication of knowledge in the policy sciences?［J］. Review of Policy Research, 2018,35（2）: 326-347.

［102］CAIRNEY P, MICHAEL D J. Kingdom's multiple streams approach : what is the empirical impact of this universal theory?［J］. Policy Studies Journal, 2016,44（1）: 37-58.

［103］KNAGGARD A. The multiple streams framework and the problem broker［J］. European Journal of Political Research, 2015, 54（3）: 450-465.

［104］MINTROM M, NORMAN P. Policy entrepreneurship and policy change［J］. Policy Studies Journal, 2009, 37（4）: 649-667.

［105］REAL-DATO J. Mechanisms of policy change : a proposal for a synthetic explanatory framework［J］. Journal of Comparative Policy Analysis, 2009, 11（1）: 117-143.

［106］ADRIAN K. Policy failures, policy learning and institutional change : the case of Australian health insurance policy change［J］. Policy and Politics, 2017, 45（1） S1: 87-101.

［107］LIBERMAN R C. Ideas, institutions and political order : explaining political change［J］. American Political Science Review, 2002, 96（4）: 697-712.

［108］SCHMIDT V A, RADAELLI C M. Policy change and discourse in Europe : conceptual and methodological issues［J］. West European Politics, 2004, 27（2）: 183-210.

［109］SCHMIDT V A. Does discourse matter in the politics of welfare state adjustment?［J］. Comparative Political Studies, 2002, 35（2）: 168-193.

［110］HOWLETT M, CASHORE B. The dependent variable problem in the study of policy change : understanding policy change as a methodological problem［J］. Journal of Comparative Policy Analysis: Research and Practice, 2009, 11（1）: 40, 37.

［111］WEYLAND K. Theories of policy diffusion-lessons from Latin American pension reform［J］. World Politics, 2005, 57（2）: 262-295.

［112］MARSH D, SHARMAN J C. Policy diffusion and policy transfer［J］. Policy Studies, 2009, 30（3）: 269-288.

［113］BAUER M W, KNILL C. A conceptual framework for the comparative analysis of policy change: measurement, explanation and strategies of policy dismantling［J］. Journal of Comparative Policy Analysis, 2014, 16（1）: 28-44, 2014, 16（1）: 28-44.

［114］VAN DER HEIJDEN J. A short history of studying incremental institutional change :

does explaining institutional change provide any new explanations? [J] . Regulation & Governance, 2010 (4): 230-243.

[115] DOUGLAS G. Price regulation and optimal service standards [J] . Journal of Transport Economics and Policy, 1972 (5): 35-36.

[116] SHREIBER C. The Economics Reasons for Price and Entry Regulation of Taxicabs [J]. Journal of Transport Economics and Policy, 1975 (3): 268-279.

[117] BEESLEY M E. Regulation of taxi [J] . The Economic Journal, 1973 (83): 150-172.

[118] FRANKENA M W, et al. An economic analysis of taxicab regulation [R] . Federal Trade Commission, 1984, 23-35.

[119] GAUNT C. The impact of taxi deregulation on small urban areas : some New Zealand evidence [J] . Transport Policy, 1995, 2 (4): 257-262.

[120] TONER J P. English experience of deregulation of the taxi industry [J] . Transport Reviews, 1996, 16 (1): 79-94.

[121] MOORE A T, BALAKER T. Do economists reach a conclusion on taxi deregulation? [J] . Econ Journal Watch, 2006, 3 (1): 109-U71.

[122] KING D A, SALDARRIAGA J F. Spatial regulation of taxicab services : measuring empty travel in New York City [J] . Journal of Transport and Land Use, 2018,11 (1): 181-194.

[123] SEYMOUR D T. Free to cruise : designing a market for tradable taxicab rights [J] . Economics of Transportation, 2018 (16): 1-20.

[124] POSEN H A. Ridesharing in the sharing economy : should regulators impose Uber regulations on Uber? [J] . Iowa Law Review, 2015, 101 (1): 405-433.

[125] HARDING S, KANDLIKAR M, GULATI S. Taxi Apps, regulation, and the market for taxi journeys [J] . Transportation Research Part A : Policy and Practice, 2016 (88): 15-25.

[126] ANDERSON, D N. " Not just a taxi " ? For-profit ridesharing, driver strategies, and VMT [J] . Transportation, 2014, 41 (5): 1099-1117.

[127] AARHAUG J, SKOLLERUD K. Taxi: different solutions in different segments [J] . Transportation Research Procedia, 2014, 1 (1): 276-283.

[128] JOKINEN J P. On the welfare optimal policies in demand responsive transportation

and shared taxi services［J］. Journal of Transport Economics and Policy, 2016, 50（1）: 39-50.

［129］FLORES-GURI D. Local exclusive cruising regulation and efficiency in taxicab markets［J］. Journal of Transport Economics and Policy, 2005（39）: 155-166.

［130］SCHALLER B. Entry controls in taxi regulation : implications of us and Canadian experience for taxi regulation and deregulation［J］. Transport Policy, 2007,14（16）: 490-506.

［131］QIAN X W, SATISH V. Spatial variation of the urban taxi ridership using GPS data［J］. Applied Geography, 2015（59）S1: 31-42.

［132］SCHALLER B, GILBERT G. Villain or bogeyman? New York's taxi medallion system［J］. Transportation Quarterly, 1996, 50（1）: 91-103.

［133］TONER J, MACKIE P J. The economics of taxicab regulation: a welfare assessment［R］. Transport Policies MS Elected Proceedings of the Sixth World Conference on Transport Research, 1992.

［134］CETIN T, ERYIGIT, K Y. The economic effects of government regulation : evidence from the New York taxicab market［J］. Transport Policy, 2013（25）: 169-177.

［135］THELEN K. Regulating Uber: the politics of the platform economy in Europe and the United States［J］. Perspectives on Politics, 2018, 16（4）: 938-953.

［136］COLLIER R B, DUBAL V B, CARTER C L. Disrupting regulation, regulating disruption : the politics of Uber in the United States［J］. Perspectives on Politics, 2018, 16（4）: 919-937, 931.

［137］TZUR A. Uber Über regulation? Regulatory change following the emergence of new technologies in the taxi market［J］. Regulation & Governance, 2017（9）: 1-22.

［138］FELDMAN E. Review : comparative public policy : field or method?［J］. Comparative Politics, 1978, 10（2）: 287.

［139］宋佳. 我国出租车行业政府管制行为的研究［D］. 西安: 长安大学, 2015: 9.

［140］荣朝和. 也谈出租车行业的性质与规范化管理［N］. 经济学消息报, 1995-10-13.

［141］DUBASH N K, MORGAN B. The rise of the regulatory state of the south : infrastructure and development in emerging economies［M］. Oxford : Oxford

University Press, 2013：11.

［142］拉丰，梯若尔. 政府采购与规制中的激励理论［M］. 石磊，王永钦，译. 上海：上海三联书店，2004：5.

［143］刘鹏. 中国监管行政府建设：一个分析框架［J］. 公共行政评论，2011（2）：51-69.

［144］OECD. The OECD Report on regulatory reform：synthesis［R］. Paris：OECD，1997.

［145］伊特维尔，纽曼，米尔盖特，等. 新帕尔格雷夫经济学大辞典：第4卷［M］. 北京：经济科学出版社，1996：135.

［146］植草益. 微观经济学［M］. 北京：中国发展出版社，1992：1-2.

［147］丹尼尔·史普博. 管制与市场［M］. 余晖，等译. 上海：格致出版社，上海三联书店，上海人民出版社，1999：45.

［148］王俊豪. 政府管制经济学导论［M］. 北京：商务印书馆，2001：1.

［149］李亘. 食品安全监管中的风险交流策略研究［D］. 哈尔滨：哈尔滨工业大学，2017：27.

［150］MITNICK B M. The pilitical economy of regulation［M］. New York：Columbia University Press,1980:7.

［151］STIGLER G J. The theory of economic regulation［J］. Bell Journal of Economics and Management Science，1971，2（1）：3.

［152］LAFFONT, TIROLE. A theory of incentives in procurement and regulation［M］. Massachusetts: MIT Press, 1993.

［153］KAHN A E. The Economics of Regulation: Principles and Institutions［M］. Cambridge, MA: MIT Press, 1988.

［154］臧传琴. 政府规制 - 理论与实践［M］. 北京：经济管理出版社，2014：6.

［155］王蕾. 政府监管政策绩效评估研究［M］. 北京：首都经济贸易大学出版社，2012：5.

［156］纽曼. 规制与时间：规制发展的时序模型［J］. 张敏，译. 国际行政科学评论：中文版，2015（1）：17-35

［157］OECD. Recommendation of the Council on Regulatory Policy and Governance［EB/OL］. Paris：OECD Publishing（2012-11-2）［2018-12-21］. http：//dx.doi.org/10.1787/9789264209022-en.

［158］余晖.美国政府管制的法律体系［J］.中国工业经济，1994（12）：63.

［159］余晖.监管热的冷思考［DB/OL］.（2006–07–07）［2018–12–21］.

http：//finance.sina.com.cn/economist/jingjixueren/20060707/08532713195.shtml.

［160］安德森.公共决策［M］.北京：华夏出版社，1990.

［161］Brian H W, Peters. Policy Dynamics［M］. New York：St. Martin's Press, 1983：

25, 25–81.

［162］陈振明.公共政策学：政策分析的理论、方法和技术［M］.北京：中国人民大

学出版社, 2004：321, 236.

［163］苏志英.基于政策过程理论的广州"禁电"政策变迁研究［D］.合肥：中国科

学技术大学, 2016：5.

［164］罗腊梅.民办高等教育政策变迁研究［D］.重庆：西南大学, 2015：20.

［165］GILIBERTO C. Understanding policy change as an epistemological and theoretical

problem［J］. Journal of Comparative Policy Analysis, 2009, 11（1）S1：7–31,

27, 15.

［166］BOUSHEY G. Policy diffusion dynamics in America［M］. New York：Cambridge

University Press, 2010.

［167］陈振明.政策科学教程［M］.北京：科学出版社, 2015：225–227, 28.

［168］卢梭.社会契约论［M］.北京：商务印书馆, 1996：前言译注①.

［169］何俊志.结构、历史与行为：历史制度主义对政治科学的重构［M］.上海：复

旦大学出版社, 2004：44, 14, 257, 141, 145, 288, 122–124.

［170］马奇，奥尔森.新制度主义：政治生活中的组织因素［J］.殷敏，译.经济社会

体制比较, 1995（5）：37–40.

［171］霍尔，泰勒.政治科学与三个新制度主义［J］.何俊智，译.经济社会体制比

较, 2003（5）：20–29.

［172］KATZNELSON I. Structure and configuration in comparative politics［C］//

LICHBACH M I, ZUCKERMAN A S. Comparative Politics, Rationality, Culture and

Structure. New York：Cambridge University Press, 1997：103.

［173］Hall P A, Taylor C R. Political science and the three new institutionalisms［J］.

Political Studies, 1996, XLIV：936–957, 947.

［174］Hall P A. Historical institutionalism in rationalist and sociological perspective［J］.

Explaining Institutional Change：Ambiguity, Agency, Power. New York：Cambridge

University Press, 2009: 5, 5.

［175］SEDDON J. History matters : How international regimes become entrenched and why we suffer for it［J］. International Studies Quarterly, 2017(61): 455–470.

［176］FIORETOS O, FALLETI T G, SHEINGATE A. The Oxford Handbook of Historical Institutionalism［M］. New York: Oxford University Press, 2016.

［177］雷艳红. 比较政治学与历史制度主义的渊源［J］. 社会科学研究, 2006 (1), 75–79.

［178］胡冰. 历史制度主义及其在中国当代问题研究中的价值［J］. 河北学刊, 2012, 32 (2): 196–199.

［179］韩国明, 李伟珍. 村庄公共产品供给框架下农民合作社的生成路径分析: 基于历史制度主义视角［J］. 农村经济, 2012 (1): 107–111.

［180］韩鹏云. 历史制度主义视阈的农村五保供养制度变迁研究［J］. 西北农林科技大学学报: 社会科学版, 2015, 15 (1): 15–20.

［181］杜英歌. 历史制度主义视角下中国地级市的变迁［J］. 南京社会科学, 2015 (10): 83–89.

［182］马得勇. 历史制度主义的渐进性制度变迁理论: 兼论其在中国的适用性［J］. 经济社会体制比较, 2018 (5): 158–170.

［183］PETERS G. Institutional Theory in Political Science: The "New Institutionalism"［M］. London: Continuum Publishing Corporation, 2000: 69.

［184］IMMERGUT E M. The theoretical core of the new institutionalism［J］. Politics & Society, 1998, 26 (1): 5–30.

［185］THELEN K. Historical institutionalism in comparative politics［J］. Annual Review of Political Science, 1992 (2): 369–404.

［186］肖晞. 政治学中新制度主义的新流派: 话语性制度主义［J］. 华中师范大学学报（科学版）, 2010,49(2):26-27.

［187］DIMAGGIO P J, POWELL W W. The iron cage revisited: institutional isomorphism and collective rationality in organizational fields［J］. American Sociological Review, 1983, 48(2): 147-160.

［188］皮尔逊. 时间中的政治: 历史、制度与社会分析［M］. 黎汉基, 黄佩璇, 译. 南京: 江苏人民出版社, 2014: 36, 56, 66, 159, 36, 77–81, 32, 47.

［189］STINCHCOMBE A. Constructing social theories［M］. New York : Harcourt,

Brace, 1968: 103-118.

[190] THELEN K, STEINMO S. Historical Institutionalism in Comparative Politics [C] // STEINMO S, THELEN K, LONGSTRETH F. Structuring politics : historical institutionalism in comparative analysis. Cambridge : Cambridge University Press, 1992 : 3, 2.

[191] 诺思. 经济史中的结构与变迁 [M]. 陈郁, 罗华平, 等译. 上海: 上海三联书店, 上海人民出版社, 1994: 225-226.

[192] 诺思. 理解经济变迁过程 [M]. 钟正生, 刑华, 等译. 北京: 中国人民大学出版社, 2008: 58, 22.

[193] DAVID L, IKENBERRY G J, MICHAEL M. The State and American foreign economic policy [M]. Ithaca and London: Cornell University Press, 1988: 19.

[194] 齐超. 行动者、网络结构与网络互动: 上海市体育公共服务政策变迁 [J]. 天津体育学院学报, 2016, 31 (5): 443.

[195] MAHONEY J. Legacies of liberalism : path dependence and political regimes in central America [M]. Baltimore: Johns Hopkins University Press, 2001: 7.

[196] 诺思. 制度、制度变迁与经济绩效 [M]. 杭行, 译. 上海: 格致出版社, 2014: 147, 61-68.

[197] SCHWARTZH H. Down the wrong path : path dependence, increasing returns, and historical institutionalism [EB/OL]. Unpublished Manuscript, University of Virginia, 2004. [2019-03-21]
https: //uva.theopenscholar.com/hermanschwartz/

[198] ASISKOVITCH S. Digging their own graves : unexpected consequences of institutional design and welfare state change [J]. Social Policy & Administration, 2009, 43 (3): 226-244.

[199] 卡波奇, 凯莱曼. 关键节点研究: 历史制度主义中的理论、叙事和反事实分析 [J]. 彭号阳, 刘义强, 译. 国外理论动态, 2017 (2): 14-28.

[200] MAHONEY J, VILLEGAS C M. 历史分析与比较政治 [J]. 浙江社会科学, 2008, 3: 12-19.

[201] HAKCER J. The divided welfare state : the battle over public and private social benefits in the United States [J]. Cambridge: Cambridge University Press, 2002: 54.

[202] PIERSON P. Increasing returns, path dependence, and the study of politics [J].

American Political Science Review, 2000, 94（2）: 251–266.

［203］BRIAN A W. Increasing returns and path dependence in the economy［M］. Anarbor: University of Michigan Press, 1994: 112.

［204］PIERSON P. The limits of design : explaining institutional origins and change［J］. Governance : An International Journal of Policy and Administration, 2000, 13（4）: 475–499.

［205］段宇波，侯芮．作为制度变迁模式的路径依赖研究［J］.经济问题, 2016（2）: 24–31.

［206］TSEBELIS G. Veto Players : how political institutions work［M］. Princeton, N.J. : Princeton University Press, 2002: 8.

［207］段宇波，赵怡.制度变迁中的关键节点研究［J］.国外理论动态, 2016（7）: 104, 102.

［208］SLATER D, SIMMONS E. Informative Regress : critical antecedents in comparative politics［J］. Comparative Political Studies, 2010, 3（7）: 889.

［209］Rhodes R A W. Power dependence, policy communities and intergovernmental networks［J］. Public Administration Bulletin, 1985（49）: 4–31.

［210］浩特，罗密西.政策子系统框架和政策改变：政策过程的后实证分析［J］.鄞益奋，译.国家行政学院学报, 2005（1）: 92.

［211］Baumgartner F R, Jones B D. Agendas and instability in American politics［M］. Chicago: University of Chicago Press, 1993.

［212］MORAN M. Review Article : understanding the regulatory state［J］. British Journal of Political Science, 2002（32）: 391–413.

［213］MORAN M. The British Regulatory State : high modernism and hyper innovation［M］. Oxford: Oxford University, 2005: 4.

［214］何艳玲.理顺关系与国家治理结构的塑造［J］.中国社会科学, 2018（2）: 29.

［215］张静.行政包干的组织基础［J］.社会, 2014（6）: 87–88.

［216］潘祥辉.同病同源：医改、教改与传媒改革的比较制度分析［J］.社会科学论坛, 2011（11）: 148.

［217］格雷夫.大裂变［M］.郑江淮，等译.北京：中信出版社, 2008.

［218］KRASNER S. Defending the national interest［M］. Princeton: Princeton University Press, 1978: 26.

［219］斯科克波尔 . 国家与社会革命［M］. 台北：桂冠图书股份有限公司，1998：30.

［220］央视网 . 温州出租车停运事件真相调查 事发前有传单串联 [EB/OL]. (2009-09-30) [2019-04-08] http://news.cctv.com/china/20090730/104247.shtml

［221］张红凤 . 规制经济学的变迁、学科定位及其整体评价—兼论中国学者面临的规制背景与任务［J］. 中国改革论坛，2008，2（25）.

［222］Cheung S N S. A Theory of Price Control［J］Journal of Law and Economics, 1974(1)：1–22.

［223］WENDT A. Social Theory of International Relations［M］. Cambridge：Cambridge University Press, 1999：188.

［224］高放 . 政治体制与社会主义命运［J］. 中共四川省委省级机关党校学报，2013（2）：6.

［225］HOWLETT M, RAMESH M. Policy subsystem configurations and policy change：operationalizing the post positivist analysis of the politics of the policy process［J］. Policy Studies Journal, 2005（6）：473.

［226］陈振明 . 政策科学：公共政策分析导论［M］. 2 版 . 北京：中国人民大学出版社，2003：403.

［227］陈庆云 . 公共政策分析［M］. 北京：中国经济出版社，1996：53–54.

［228］钱再见 . 公共政策学新编［M］. 上海：华东师范大学出版社，2006：233.

［229］陈振明 . 公共政策分析［M］. 北京：中国人民大学出版社，2003：350–351.

［230］HALL P A. Policy paradigms, social learning and the state：the case of economic policy–making in Britain［J］. Comparative Politics, 1993, 25（3）：278.

［231］HOGWOOD W B, PETERS B G. Policy·Dynamics［M］. New York：St. Martin's Press, 1983：25.

［232］西安市出租车汽车管理处 . 改革开放三十年成果辉煌 . 转引自杨梦露 . 西安市出租汽车行业管理问题研究［D］. 西安：长安大学，2014：25.

［233］张金钱 . 出租车行业政府管制研究：以北京市为例［D］. 北京：中国政法大学，2007：6.

［234］MAY P J. Reconsidering policy design：policies and publics［J］. Journal of Public Policy, 1991, 11（2）：187–206.

［235］湖北省城调队 . 改革开放以来我国消费需求变动对宏观经济发展影响的实证分析［J］. 消费经济，1996（3）：1.

［236］张旭昆.制度演化分析导论［M］.杭州：浙江大学出版社，2007：319.

［237］顾昕.从领航员到服务生：政府主导型发展模式中的政府职能转型［J］.学习与探索，2014，230（9）：59.

［238］E.S.萨瓦斯.民营化与公私部门的伙伴关系［M］.周志忍，译.北京：中国人民大学出版社，2002：129.

［239］王克勤.对中国出租车业体制改革的若干思考［N］.中国经济时报，2009-8-12.

［240］路江涌，戎珂，王萌.滴滴优步如何成功上位：网约车合法化之路及后续挑战［J］.清华管理评论，2016（11）：33.

［241］大数据解读 O2O 专车司机群体［EB/OL］.（2015-09-29）［2018-03-28］.
http：//www.sohu.com/a/33809313_110238.

［242］南京现出租车坟场 降"份子钱"仍留不住司机［EB/OL］.（2018-04-13）
［2018-08-28］.
http：//news.163.com/photoview/00AP0001/2292317.html#p=DEFUMEBB00AP0001
NOS&from=tj_review.

［243］新浪新闻：青岛出租车罢运：成了个笑话［EB/OL］.（2016-06-18）［2018-08-28］.
http：//news.sina.com.cn/pl/2016-06-18/doc-ifxtfrrc3814038.shtml.

［244］朱旭峰，赵慧.自下而上的政策学习：中国三项养老保险政策的比较案例研究［J］.南京社会科学，2015（6）：68-75.

［245］李钢等.公共政策内容分析方法：理论与应用［M］.重庆：重庆大学出版社，2007：1.

［246］劳伦斯·纽曼.社会研究方法：定性与定量的取向［M］.郝大海，译.北京：中国人民大学出版社，2007：392-393.

［247］MCDONNELL L M, ELMORE R F. Getting the job done：alternative policy instruments［J］. Educational Evaluation and Policy Analysis, 1987, 9（2）：133-152.

［248］萨拉蒙.政府工具：新治理指南［M］.肖娜，译.北京：北京大学出版社，2016.

［249］陈振明，何经纬.政府工具研究的新进展［J］.东南学术，2006（6）：24.

［250］ANTHOPOULOS L G, VAKALI A. Urban Planning and Smart Cities：Interrelations and Reciprocities［M］. Berlin: Springer, 2012: 178–189.

［251］张康之, 李圣鑫. 论任务型组织及其主动性［J］. 西北大学学报: 哲学社会科学版, 2007, 37（6）: 70.

［252］SABATIER P A. Policy change over a decade or more［M］// SABATIER P A, JENKINS-SMITH H C. Policy change and learning : an advocacy coalition approach. Boulder, CO: Westview, 1993: 13–40.

［253］林德布洛姆. 决策过程［M］. 竺乾威, 胡君芳. 译. 上海: 上海译文出版社, 1988.

［254］MAHONEY J, THELEN K A. Theory of gradual institutional change［J］. Explaining Institutional Change : Ambiguity, Agency, Power. New York : Cambridge University Press, 2010, 1: 1–37.

［255］HACKER J S. Privatizing risk without privatizing the welfare state : the hidden politics of social policy retrenchment in the United States［J］. American Political Science Review, 2004, 98（2）: 243–260.

［256］BELISLE E L. Information policy and democratic social planning［J］. American Journal of Economics and Sociology, 1944（3）: 599–612.

［257］ACKRILL R, KAY A. Historical insitutionalist perspectives on the development of the EU budget system［J］. Journal of European Public Policy 2006（13）: 113–133.

［258］THATCHER M, COEN D. Reshaping European regulatory space : an evolutionary analysis［J］. West European Politics, 2008（31）: 806–836.

［259］BRUSZT L. Multi-level governance the eastern versions : emerging patterns of regional developmental governance in the new member states［J］. Regional and Federal Studies, 2008（18）: 607–627.

［260］DING X L. Institutional amphibiousness and the transition from communism : the case of China［J］. British Journal of Political Science, 1994, 24（3）: 293–318.

［261］DURRANT, R F, DIEHL P F. Agendas, alternatives and public policy: lessons from the U.S. foreign policy arena［J］. Journal of Public Policy, 1989, 9（2）: 179–205.

［262］HOWLETT M, RAMESH M. Policy subsystem configurations and policy change : operationalizing the postpositivist analysis of the politics of the policy process［J］. Policy Studies Journal, 1998, 26（3）: 466–481.

［263］DAIGNEAULT P M. Reassessing the Concept of policy paradigm : aligning ontology

and methodology in policy studies［J］. Journal of European Public Policy，2014，21
（3）：453-469.

［264］河连燮. 制度分析理论与争议［M］. 李秀峰，柴宝勇，译. 2版. 北京：中国人
民大学出版社，2014：129，139.

［265］LEGRO J W. The transformation of policy ideas［J］. American Journal of Political
Science，2000，44（3）：419-432，427，420，428.

［266］刘海燕，李勇军. 政策网络影响政策产出的模式分析［J］. 经济问题，2015（2）：
46.

［267］范世炜. 试析西方政策网络理论的三种研究视角［J］. 政治学研究，2013（4）：
87-100.

［268］RHODES R A W. Beyond Westminster and Whitehall：the sub-center government of
Britain［M］. London：Unwin-Hyman，1988：4-31.

［269］齐超. 行动者、网络结构与网络互动：上海市体育公共服务政策变迁［J］. 天
津体育学院学报，2016，31（5）：443.

［270］王臻荣. 治理结构的演变：政府、市场与民间组织的主体间关系分析［J］. 中
国行政管理，2014（11）：56-59.

［271］桑本谦. 科技进步与中国刑法的近现代变革［J］. 政法论坛，2014，32（5）：39.

［272］UMBECK J. Might makes rights：a theory of the formation and initial distribution of
property rights［J］. Economic Inquiry，1982，19（1）：38-59.

［273］ANDERSON C W. The logic of public problems：evaluation in comparative policy
research［J］. Comparing Public Policies：New concepts and method，1978，4：23.

［274］百度百科. 长尾经济［EB/OL］.（2016-09-21）［2018-07-29］.
https：//baike.baidu.com/item/%E9%95%BF%E5%B0%BE%E7%BB%8F%E6%B5
%8E/10439571.

［275］BOU K，HAGIU A. Platform rules：multi-sided platforms as regulators［J］.
Platforms，Markets and Innovation，2009，1：163-191.

［276］何俊志. 论历史制度主义的制度生成理论［C］//中国制度经济学年会论文集，
2003：232.

［277］KINGDON J W. Agendas，alternatives，and public policies［M］. 2nd ed. Boston：
Little，Brown & Company，1995：122.

［278］张霞. 网约车僵局［N］. 南方周末，（2016-06-02）.

［279］陈志武.全球经济大环境与互联网创新［EB/OL］.（2016-07-04）［2018-08-10］. http：//www.aisixiang.com/data/100547.html.2016.07.04.

［280］潘祥辉.新媒体的商业属性及其政治效应［J］.文化纵横，2014（3）：100-106.

［281］深圳市交通运输委员会.《深圳市网络预约出租汽车精英服务管理暂行办法（征求意见稿）》意见征集整理情况.［DB/OL］.（2016-11-14）［2018-08-07］. http：//www.sz.gov.cn/jw/hdjl/zjdc/zjfk/201612/t20161206_5612455.htm.

［282］张淑华.新媒体语境下政策传播的风险及其应对［J］.当代传播，2014（5）：72-74.

［283］人民网-舆情频道.舆情观察："地方版"网约车新规征求意见稿出炉引各方争议［EB/OL］.（2016-09-28）［2018-08-10］. http：//www.peopleyun.cn/index.php?m=content&c=index&a=show&catid=29&id=301.

［284］林毅夫.关于制度变迁的经济学理论：诱致性变迁与强制性变迁［C］//科斯，阿尔钦，诺思，等.财产权利与制度变迁.上海：上海三联书店，上海人民出版社.1994：385,384.

［285］RHODES R A W, MARSH D. Policy networks in British politics：a critique of existing approaches［J］. Policy Networks in British Government, 1992.

［286］伯恩斯.结构主义的视野:经济与社会的变迁［M］.北京:社会科学文献出版社，2000：171.

［287］HARGADON A B, DOUGLAS Y. When innovations meet institutions：Edison and the design of the electric light［J］. Administrative cience Quarterly, 2001, 46（3）：476-501.

［288］蔡宁，贺锦江，王节祥."互联网+"背景下的制度压力与企业创业战略选择：基于滴滴出行平台的案例研究［J］.中国工业经济，2017（3）：174-192.

［289］杨瑞龙.我国制度变迁方式转换的三阶段论［J］.经济研究，1998（1）：3-10.

［290］KATZENSTEIN P. Policy and politics in west Germany: the growth of a semisovereign state［M］. Philadelphia：Temple University Press, 1987：81.

［291］李俊峰.APP对出租车市场竞争政策的挑战与重塑［J］.上海财经大学学报，2016，18（2）：93.

［292］黄智军.集体林权改革中正式制度与非正式制度的协同效应与实践中的偏差分析［J］.农村经济，2018（8）：84-89.

［293］PIERSON P, SKOCPOL T. Historical institutionalism in contemporary political science［C］// KATZNELSON I, MILNER H V. Political Science : the state of the discipline. New York: W. W. Norton & Company, 2002, 697.

［294］王家峰. 诠释国家治理内在逻辑的三重路径［EB/OL］.（2019-02-18）［2019-03-20］.

http://www.china.com.cn/opinion/think/2019-02/18/content_74475118.htm.

［295］IKENBERRY G J. The State and American foreign economic policy［M］. Ithaca and London: Cornell University Press, 1988: 223-224.

［296］卢现祥. 寻租阻碍中国自主创新：基于制度视角的分析［J］.学术界，2016（1）: 23-41.

［297］BHUIYAN J. It's already over and uber has won［EB/OL］. BuzzFeed News 21 Feb （2015-02-21）［2018-08-12］

［298］李宏伟，屈锡华. 路径演化：超越路径以来与路径创造［J］. 四川大学学报：哲学社会科学版，2012（2）: 111.

［299］ROBERT C. Ideas, institutions and political order : explaining political change［J］. American Political Science Review, 2002, 96（4）: 702.

［300］陈潭. 公共政策变迁的过程理论及其阐释［J］. 理论探讨，2006（6）: 128-131.

［301］黎秀蓉，刘光岭. 论制度是博弈的结果：对诺思制度变迁理论的修正［J］.经济问题，2009（4）: 4.

［302］朱亚鹏，肖棣文. 政策企业家与社会政策创新［J］.社会学研究，2014（3）: 56.

［303］朱亚鹏. 政策创新与政策扩散研究述评［J］.武汉大学学报：哲学社会科学版，2010，63（4）: 570.

［304］程贤涛. 滴滴的十五起强奸案 滴滴的难题［EB/OL］.（2018-08-28）［2018-12-10］.http://finance.eastmoney.com/news/710689，20180828935154330.html.

［305］路稳玲，魏淑艳. 互联网背景下地方政府治理创新的过程、模式及影响因素：以网约车治理为例［J］.东北大学学报：社会科学版，2018，20（01）: 66-72.

［306］熊剪梅. "网约车新政两周年"：探索中前行：《2018 中国 25 个重点城市网约车包容度排行》［EB/OL］.（2018-08-13）［2018-12-10］. http://yuqing.people.com.cn/n1/2018/0813/c209043-30226181.html.

［307］杨怡微，孙海旭. 杭州网约车新政明起实施［EB/OL］.（2018-03-07）［2018-12-10］. http://zj.people.com.cn/n2/2018/0307/c186938-31318615.html.

［308］中国互联网络信息中心国家信息化发展评价报告［R/OL］.（2016-11-18）
［2018-12-10］. http：//www.cnnic.cn/hlwfzyj/hlwxzbg/hlwtjbg/201611/
t20161118_56109.htm.